Mobile Device Management

Heinrich Kersten und Gerhard Klett

Mobile Device Management

Bibliografische Information der Deutschen Nationalbibliothek
Die Deutsche Nationalbibliothek verzeichnet diese Publikation in der Deutschen Nationalbibliografie; detaillierte bibliografische Daten sind im Internet über <http://dnb.d-nb.de> abrufbar.

Bei der Herstellung des Werkes haben wir uns zukunftsbewusst für umweltverträgliche und wiederverwertbare Materialien entschieden. Der Inhalt ist auf elementar chlorfreiem Papier gedruckt.

ISBN 978-3-8266-9214-7
1. Auflage 2012

E-Mail: kundenbetreuung@hjr-verlag.de

Telefon: +49 89/2183-7928
Telefax: +49 89/2183-7620

www.mitp.de

Lektorat: Ernst H. Pröfener
Satz: III-satz, Husby, www.drei-satz.de
Druck: Westermann Druck Zwickau GmbH

mitp

Inhaltsverzeichnis

Mobile Device Management

Vorwort und Einleitung

Die in den letzten Jahren zu beobachtende Evolution des Mobile Computing und der rasante Anstieg von mobilen Endgeräten wie Netbooks, Smartphones und Pad-Computer im Unternehmenseinsatz haben unsere Arbeitswelt und die IT-Infrastrukturen nachhaltig verändert. Mitarbeiter können orts- und zeitunabhängig auf Ressourcen im Unternehmensnetzwerk zugreifen, Geschäftsdaten abrufen oder E-Mails lesen. Leichter Zugriff von unterwegs mit den eigenen (Stichwort: »Bring Your Own Device«, BYOD) oder unternehmenseigenen mobilen Endgeräten auf Informationen und Ressourcen von Unternehmen steigert nachhaltig Produktivität und Motivation der Mitarbeiter. Der Einsatz mobiler Endgeräte erhöht jedoch die Risiken der Verletzung der Informationssicherheit signifikant und erfordert eine umfassende Integrationsstrategie.

In dem vorliegenden Werk möchten wir nach der Vorstellung der Charakteristika der Hardware der hauptsächlich in der Praxis verwendeten mobilen Endgeräte deren Betriebssysteme und ihre Abstammung diskutieren und einige Details zu ihren Administrationsmöglichkeiten sowie Sicherheitsfunktionen festhalten. Dazu zählt auch die Unterscheidung zwischen dem eigentlichen Betriebssystem und den spezifischen Softwareänderungen durch die Netzbetreiber, dem sogenannten »Branding«. Weiter ist es für die Geräteverwaltung wichtig, die Versorgungsprozesse (»Provisioning«) mit Applikationssoftware – den »Apps« – und Updates oder Patches für die Betriebssysteme zu untersuchen.

»Mobile Device Management« ist ebenfalls ein Thema in Sicherheitsstandards. Dazu betrachten wir die entsprechenden Controls in der ISO 27001 und den Maßnahmen in den Katalogen des BSI-Grundschutzes.

Wie wir bereits erwähnten, nehmen mit dem Einsatz von mobilen Endgeräten die Bedrohungslage und die damit verbundenen Risiken für die Ziele der

Informationssicherheit für die auf mobilen Geräten übertragenen, verarbeiteten und gespeicherten Daten stark zu. Diese Sicherheitsprobleme sind vielfältig; ein wesentliches Ziel des Mobile Device Management ist es, vorgegebene Sicherheitsstandards und Policies zu gewährleisten und die Verpflichtungen des Unternehmens zur Compliance gegenüber Gesetzen, Verträgen und Richtlinien einzuhalten.

Mit welchen Funktionen das Mobile Device Management dazu beiträgt, in welche Komponenten ein Managementsystem unterteilt werden kann und welche Betriebsprozesse damit verbunden sind, ist Inhalt eines weiteren Kapitels.

Bei der Betrachtung der Business Continuity wird gerne vergessen, dass kritische Geschäftsprozesse in immer größerem Maße auf mobilen Infrastrukturen abgebildet werden und dafür auch ein Notfallmanagement mit Business Impact Analysis und Desaster Recovery existieren muss.

Eine weitere Erschwernis der Verwaltung mobiler Endgeräte bringt die immer beliebtere Praxis, Endgeräte, die sich im persönlichen Besitz von Mitarbeitern befinden, für die betriebliche Verwendung in die Unternehmensinfrastruktur einzubinden. Wir betrachten hier das sogenannte »Bring Your Own Device« (BYOD), das zunehmend Anhänger findet, aber die Bedingungen für eine sichere Endgeräte-Administration sehr komplex gestalten kann.

Zum Abschluss des vorliegenden Buches gehen wir noch auf praktische Auswahlkriterien ein und stellen für die organisatorischen Belange des Mobile Device Managements entsprechende Vorschläge für Unternehmensrichtlinien vor.

1 Mobile Device Management – Eine Übersicht

1.1 Mobile Endgeräte

Kein Bereich der Wirtschaft weist so hohe Zuwachsraten und so kurze Innovationszyklen auf wie die Informationstechnik, insbesondere wenn es um Mobile Computing geht. Tragbare Computer sind endlich so klein und handlich, dass sie permanent mitgeführt werden können. Ihre Kommunikationsfähigkeiten verbinden sie an jedem Ort der Welt mit zahlreichen Informationsressourcen im globalen Internet und im Netzwerk des eigenen Unternehmens. »Always online« ist längst keine Fiktion mehr.

Informations- und Kommunikationstechnologien wachsen immer stärker zusammen. Wir erleben diese Konvergenz in Form immer handlicher werdender Netbooks, Smartphones, Tablets oder Pad-Computer. Wir bewegen uns mit diesen Mobile Devices in einer dritten – der digitalen – Lebenswelt. Als erste Lebenswelt wird die biologische, als zweite die Arbeitswelt angesehen.

In dieser dritten Lebenswelt begegnen wir Vernetzungsformen mit Bezeichnungen wie Wireless LAN (WLAN), Bluetooth oder Near Field Communication (NFC) – der modernen Form von Radio Frequency Identification. Objekte mit aufgeklebten oder implantierten Mikrochips werden in Netzwerke eingebunden, bilden ein kommunikationsfähiges Netzwerk in unserer Einkaufstüte und verbinden sich ohne Weiteres mit weiter reichenden, anderen Netzwerken. Neue Anwendungen für Logistik, Warenwirtschaft oder für das tägliche Leben entstehen.

Immer mehr kritische Geschäftsprozesse werden auf mobile Infrastrukturen abgebildet, und die dabei benötigten Rollen werden Personen übertragen, die mithilfe ihrer mobilen Endgeräte von irgendwo auf der Welt diese Rollen ausüben. Dazu benötigen sie die maximale Verfügbarkeit von Informationen zu jeder Zeit, an jedem Ort, in jedem üblichen digitalen Format und zwischen jedem Kommunikationspartner ohne langwierige Anmeldeprozeduren.

Die passenden mobilen Endgeräte sollen folgenden Kriterien genügen:

- Leicht, geringe Abmessung, kleiner »Formfaktor«
- Einfach ständig mit sich zu führen, häufiger »Milieuwechsel«
- Extensive Verwendung drahtloser Netzwerke, zahlreiche Kommunikationsmöglichkeiten
- Intuitive Benutzerschnittstelle mit »Touch«-Displays und Gestensteuerung
- Vielfältige Sensorik (GPS-Navigation, Lage-, Beschleunigungs- und Näherungssensoren etc.)
- Akkubetrieb mit langen Standby-Zeiten
- Schnittstelle für OTA-Verwaltung (»Over The Air«)
- Ausführung von Applikationen (»Apps«) für zahlreiche Bereiche

Durch die Kritikalität der Verwendung mobiler Endgeräte entsteht die Notwendigkeit, diese Gerätschaften entsprechend zu verwalten – egal zu welcher Zeit und an welchem Ort sie sich befinden.

Aber welche mobilen Endgeräte werden überwiegend eingesetzt?

1.2 Smartphones, Pads und Tablet-Computer

Praxisübliche mobile Endgeräte lassen sich prinzipiell in vier Klassen einteilen:

1. Notebooks oder Netbooks: Endgeräte mit leitungsfähigen Prozessoren, vollwertigen Tastaturen und Anzeigen, in ihrer Ausstattung vergleichbar mit stationären Rechnern. Zum Transport werden geeignete Taschen benötigt, das Betriebssystem ist das gleiche wie auf stationären Rechnern, meist von Microsoft oder eine Linux-Variante.
2. Tablet-Computer: Gerätekategorie zwischen Notebooks und Smartphones mit einem ähnlichen Aufbau wie Notebooks. Sie besitzen einen vergleichbaren Funktionsumfang wie Notebooks und haben ein Touch Display, welches mit Finger oder Stift bedient wird. Convertibles haben eine um 180 Grad kippbare konventionelle Tastatur. Als Betriebssystem kommt eine Version von MS Windows zum Einsatz, selten ein angepasstes Linux. Spezielle Applikationen unterstützen die Eingabe von Handschrift, z.B. für Notizen.

3. Smartphones: Mobilfunkgeräte mit Sensorik im Westentaschenformat, überwiegend ohne Tastaturen mit kleinen berührungsempfindlichen Anzeigen und einem Betriebssystem, welches die Ausführung von Applikationsprogrammen, kurz »Apps« genannt, erlaubt. Sie verfügen in der Regel über mehrere Kommunikationsschnittstellen und werden in der Kleidung transportiert.
4. Pad-Computer: »Große Smartphones« im A5-Format. Pad-Computer verwenden bis auf wenige Ausnahmen die angepassten Betriebssysteme von Smartphones und können ebenfalls »Apps« ausführen.

Diese Geräte werden heute hauptsächlich für den Zugriff auf Ressourcen im Unternehmen über Virtual Private Networks, die Nutzung öffentlicher Dienste und Netze, die Speicherung sensibler Daten, Synchronisation von PIM-Daten (Personal Information Manager) wie E-Mail, Kalender, Kontakte etc. und den mobilen Zugriff auf das Internet verwendet, beispielsweise für Cloud-Services.

Hardware und Betriebssystem mobiler Endgeräte bilden mobile Plattformen, welche zwei Kategorien zugeordnet werden können:

Kategorie 1: Die abgeschotteten Plattformen, der sogenannte »walled garden«, lassen keine Wahl zwischen der Hardware verschiedener Hersteller und unterstützen nur eine kontrollierte, eingeschränkte Applikationsentwicklung. Hardware und Betriebssystem kommen vom gleichen Hersteller. Typische Vertreter dieser Kategorie sind Apple mit iPhone und iPad und Research in Motion (RIM) mit BlackBerrys.

Kategorie 2: Bei den partneroffenen Plattformen hat man die Wahl der Hardware von unterschiedlichen Herstellern. Einige Plattformen sind offen für Eigenentwicklungen in Java, C etc. Typische Vertreter von offenen Plattformen sind Android und Symbian.

Für welche Kategorie man sich letztlich entscheidet, hängt vom Einsatzzweck, den Unternehmensrichtlinien und der Unternehmensstrategie ab. Abgeschottete Plattformen verfügen über Schnittstellen und Architekturen zum Mobile Device Management; bei partneroffenen Plattformen lässt sich das, wie wir später sehen werden, nicht voraussetzen.

Bei abgeschotteten Plattformen werden Apps vor der Aufnahme in einen Appstore dynamischen und statischen Tests unterzogen und zum Schutz vor Manipulationen mit einer elektronischen Signatur versehen. Das Endgerät prüft vor der Installation die Signatur und verweigert die Installation bei einer fehlenden oder falschen elektronischen Signatur. Diese Sicherheitsmaßnahme reduziert entscheidend das Risiko, über abgeschottete Plattformen Computerviren und Trojaner zu verteilen.

1.3 Betriebssysteme mobiler Endgeräte

Über die Betriebssysteme von Notebooks und Tablet-Computer müssen wir nicht viele Worte verlieren: hier wird überwiegend Microsoft Windows eingesetzt – und seltener Linux-Varianten. Die Situation bei Smartphones und Pad-Computern ist komplexer; hier gibt es mehrere unterschiedliche Betriebssysteme, die jedoch Gemeinsamkeiten aufweisen.

1.3.1 »Branding«

Bei Smartphones und Pad-Computer kommen zu der eigentlichen Firmware des Herstellers der Betriebssysteme noch die speziellen Anpassungen des Netzbetreibers hinzu. Dieses Aufdrücken eines »Herdenstempels«, »Branding« oder »Customization« genannt, wird häufig von Tochterfirmen des Netzbetreibers vorgenommen.

Hinweis

Nicht nur Netzbetreiber führen »Branding« durch, sondern auch die Hardwarehersteller bei offenen Plattformen, was es ermöglicht, eine Firmware auf Geräten verschiedener Hersteller einzusetzen.

Die Änderungen der Betriebssysteme durch »Branding« umfassen erweiterte Funktionen wie die Einrichtung zusätzlicher Favoritenlisten im Browser und Rufnummerneinträge für (kostenpflichtige) Hotlines oder die Neubelegung von Tasten. Aber auch Sperrungen bestimmter Eigenschaften wie zum Beispiel die Wahlfreiheit bei der SIM-Karte durch die Einrichtung von SIM-Locks sind Bestandteile des »Branding«.

Für das Mobile Device Management von Smartphones und Pad-Computern erschwerend wirkt sich, wie wir später sehen werden, der Einfluss des »Brandings« auf Patches und Updates der Firmware aus, da das Betriebssystem der

Geräte aus den beiden Komponenten »Branding« und Firmware des Herstellers besteht. Bei der Verteilung von Patches und Updates über die Managementsysteme muss für die Endgeräte der »richtige« Patch, also das »richtige« Update der einzelnen Netzbetreiber verwendet werden.

Vorsicht

Die Betriebssysteme von Smartphones und Pad-Computer sind kein monolithisches Gebilde, sondern bestehen aus der Firmware des Herstellers der Betriebssysteme und den spezifischen Anpassungen der Netzbetreiber. Allerdings wird diese Unterscheidung in der Literatur häufig unterlassen und allgemein von Betriebssystemen gesprochen, auch wenn damit eigentlich die Firmware gemeint ist.

1.3.2 Firmware

Die heute auf dem Markt befindliche Firmware für Smartphones und Pad-Computer lässt sich in zwei Kategorien einteilen:

- Der Kernel der Firmware ist ein Unix (Beispiele: iOS, Android).
- Der Kernel ist eine Eigenentwicklung (Windows Phone 7, BlackBerry).

Die Firmware kann vom Benutzer nicht geändert werden und ist in der Regel durch Verschlüsselung, elektronische Signatur und herstellerspezifische Bootloader geschützt; allerdings gibt es dazu Hintertüren wie das »Jailbreaken« beim iPhone/iPad und das »Rooten« bei Androids.

Die zur Zeit (April 2012) am häufigsten auf dem Markt vertretenen Betriebssysteme (Firmware) sind:

- Android
- iOS
- Symbian
- Windows Phone 7
- BlackBerry

Wesentlich kleiner sind die Marktanteile von z.B. Meego, WebOS, Bada etc.

Dazu einige Statistiken und Zahlen:

World-Wide Smartphone Sales

Quarter	Android	iOS	Symbian	RIM	Microsoft	Bada	Other
2011 Q4 [5]	50.9%	23.9%	11.7%	8.8%	1.9%	2.1%	0.8%
2011 Q3 [4]	52.5%	15.0%	16.9%	11.0%	1.5%	2.2%	0.9%
2011 Q2 [6]	43.4%	18.2%	22.1%	11.7%	1.6%	1.9%	1.0%
2011 Q1 [7]	36.0%	16.8%	27.4%	12.9%	3.6%	1.7%	1.6%

Tabelle 1.1: Weltweiter Smartphone-Absatz[1]

Nach den Zahlen aus der Gartner-Studie Ende 2011 sind Android und Apples iOS die zur Zeit am häufigsten verwendeten Betriebssysteme. Interessanterweise haben wir hier an der Spitze mit Android einen Vertreter der offenen Plattformen mit zahlreichen Hardwareherstellern und mit Apple iOS eine sehr abgeschottete Plattform. Die Gründe liegen unter anderem einerseits an den niedrigen Einstiegspreisen für Android-Smartphones und -Pads und dem »Lifestyle«-Faktor von iPhones/iPads andererseits. Die nachfolgende Grafik vermittelt einen Eindruck über die Dynamik der Auf- und Abstiege einiger Betriebssysteme.

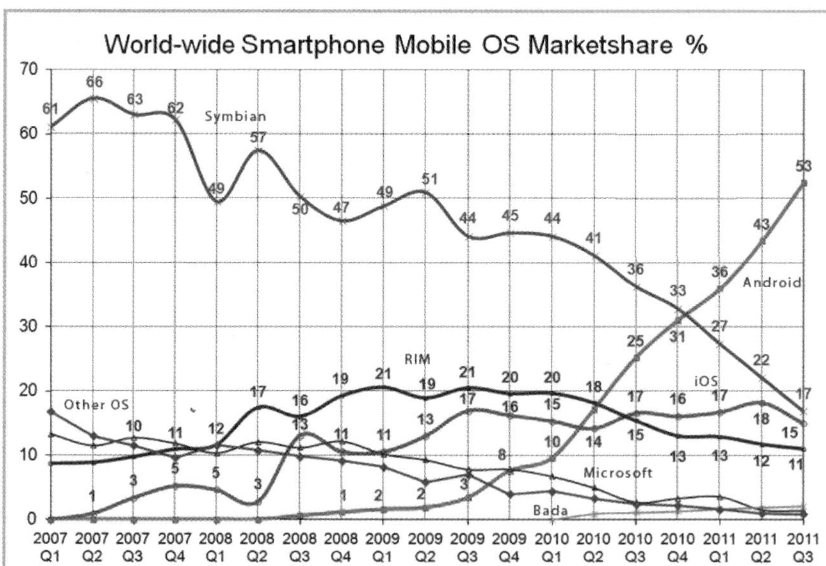

Abbildung 1.1: Weltweite Smartphone-Marktanteile[2]

1. *http://www.gartner.com/it/page.jsp?id=1924314*
2. *http://en.wikipedia.org/wiki/File:World-Wide-Smartphone-Market-Share.png*

Wir wollen im Weiteren die Spezifika der verbreiteten Betriebssysteme näher beleuchten.

1.3.3 Apple iOS

Apple iOS kam 2007 zusammen mit iPhone auf den Markt, das als »iPod, mobile phone and internet communicator«[3] angekündigt wurde. Zu bemerken ist hierbei, dass das iPhone ursprünglich als Medien-Player und Spielekonsole mit Telefonfunktionen für den Endverbraucher gedacht war und dann nach und nach aufgrund der sich einstellenden Nachfrage für den betrieblichen Einsatz weiterentwickelt wurde.

iOS ist im wahrsten Sinne des Wortes das bisher letzte Glied einer darwinistischen Entwicklung – stammt es doch von Darwin ab, einem POSIX-konformen Open-Source-Betriebssystem. Apple entwickelte Darwin aus mehreren frei zugänglichen Softwareprojekten wie zum Beispiel NeXTSTEP und BSD (Berkeley Software Distribution). Apples Mac OS X und das iOS basieren auf Darwin.

Halten wir fest: iOS ist also auch ein Unix-Derivat mit teils schon seit Jahrzehnten bekannten Komponenten. Das lässt schon erahnen, weshalb »Jailbreaks«, das Befreien von Restriktionen, fast zeitgleich mit neuen iOS-Versionen verfügbar sind.

Darwin unterstützt die 64-Bit-Varianten der Intel-x86-Prozessoren im Apple Mac und die 32-Bit-ARM-Prozessoren in iPhones, iPod Touch, iPads und Apple TV.

Darwin-Version	Datum	iOS-Release
9.0	26.10.2007	iOS 1
10.0	28.08.2009	iOS 4
11.0.0	20.07.2011	iOS 5

Tabelle 1.2: Darwin-Versionen und ihr Einsatz in iOS-Releases

3. Jobs, Steve (2007-01-19). Macworld San Francisco 2007 Keynote Address. San Francisco: Apple Inc.

iOS ist ein Betriebssystem für einen einzelnen Benutzer und war zunächst nicht multitaskingfähig. Ab iOS-Version 3.2.2 hat Apple ein begrenztes Multitasking für eine kleine Auswahl seiner Standard-Apps eingerichtet. Beispielsweise war die Ausführung der iPod-App, Mail, Safari und Telefon parallel im Hintergrund möglich. Erst ab der iOS-Version 4 und dem iPhone ab Version 3 ist Multitasking auch für Drittanbieter von Apps möglich. Apple stellt dazu sieben Background APIs (Application Programming Interface) zur Verfügung:

1. Hintergrund-Audio und Video
2. Voice over IP
3. Hintergrundlokalisierung
4. Push-Benachrichtigungen
5. Lokale Benachrichtigungen
6. Beendigung eines laufenden Prozesses im Hintergrund
7. Schnelles Wechseln von Apps

Zugleich wurden mit der Version iOS 4 über 1.500 neue APIs für Entwickler freigegeben, die umfangreiche Funktionen für das zentrale Mobile Device Management ermöglichen.

Für die Entwicklung von Apps für iOS benötigt man ein Apple Software Developers Kit (SDK) und das Entwicklungssystem Xcode. Das SDK besteht aus verschiedenen Komponenten für die Steuerung des Touch-Displays, für die Medienaufzeichnung und -wiedergabe, Netzwerkunterstützung etc., um nur einige zu nennen.

Das SDK wird von Apple frei zum Download angeboten. Zur Einstellung der damit entwickelten Apps in den App Store muss man sich in das kostenpflichtige »iPhone Developer Program« einschreiben und erhält nach einer Überprüfung Zertifikate für digitale Unterschriften, die für das Laden der Apps in den App Store benötigt werden. Das SDK lässt sich nur unter Mac OS X installieren und verwenden.

In Unix-Betriebssystemen werden Einstellungen in sogenannten *config files* innerhalb des Filesystems abgelegt. Das Filesystem von iOS ist für Benutzer nicht direkt zugänglich, eine der Restriktionen von Apple. Dafür existiert eine Schnittstelle, die sogenannte Konfigurationsprofile akzeptiert. Konfigurationsprofile sind XML-Dateien, die gerätespezifische Sicherheitsrichtlinien und Einschränkungen, VPN-Konfigurationsinformationen, WLAN-Einstellungen, Accounts für E-Mail- und Kalenderfunktionen und Authentifizierungszertifikate enthalten. Wir werden später bei der Administration von iPhones und iPads darauf genauer eingehen.

1.3.4 Android

Android Inc. war zunächst ein Softwarehersteller, der bis zum Jahr 2005 überwiegend Software für Mobiltelefone herstellte. In dieser Zeit entstand auch ein Unix-Derivat mit gleichem Namen. Google kaufte 2005 die Firma und gründete 2007 zusammen mit 85 anderen Anbietern von Hardware, Software und Telekommunikationsdiensten die »Open Handset Alliance«[4]. Innerhalb dieser Alliance bildete sich das »Android Open Source Project« (AOSP), welches bis heute die Wartung und Weiterentwicklung von Android zum Ziel hat. Android ist »Open Source«, und außer dem AOSP gibt es weitere, zahlreiche alternative Android-Entwickler[5].

Speziell bei Android sind die Anpassungen der Netzbetreiber und Hardwarehersteller, das bereits erwähnte »Branding«, zu beachten.

Wichtig

Android ≠ Android: Das Betriebssystem gleicher Bezeichnung ist zum Beispiel unterschiedlich bei verschiedenen Hardwareherstellern.

Basis von Android ist der Linux-Kern 2.6. Übernommen wurden die

- Speicher- und Prozessverwaltung,
- Netzwerkkommunikation,
- Abstraktionsschicht der Hardware für Software,
- Gerätetreiber für das System.

Wie iOS weist auch Android eine mehrjährige Entwicklungsgeschichte auf, bei der neben den obligaten Bugfixes weitere Funktionen für den wachsenden Markt und in Hinsicht auf die Entwicklung von Apples iOS eingebaut wurden. In der

4. *www.openhandsetalliance.com*
5. *http://forum.xda-developers.com*

nachfolgenden Tabelle sind zur Übersicht nur die letzten Stationen der Entwicklung aufgeführt und als Bemerkungen nur einige der wesentlichen Neuerungen und Ergänzungen gegenüber den Vorversionen genannt. Für weitere Details sei auf *http://de.wikipedia.org/wiki/Android_(Betriebssystem)* verwiesen.

Version	Release Datum	Bemerkungen
2.2 »Froyo«	20.05.2010	Arbeitsspeicher >256MB, Apps können auf SD-Karten gespeichert werden.
2.3 »Gingerbread«	06.12.2010	Unterstützung von HTML5, Near Field Communication, mehr Sensorik, EXT4 Dateisystem ...
3.x »Honeycomb«	23.02.2011	Unterstützung von Tablet-Computern, volle Verschlüsselung des Systems (dm-crypt)
4.x »Ice Cream Sandwich«	19.10.2011	Entsperren per Gesichtserkennung, Zusammenführen der Entwicklungslinien 2.x, 3.x und Google TV.

Tabelle 1.3: Wesentliche Entwicklungsschritte von Google Android

Auffällig ist, dass zur Zeit gerade die älteren Android-Versionen 2.2. und 2.3. noch am häufigsten eingesetzt werden.

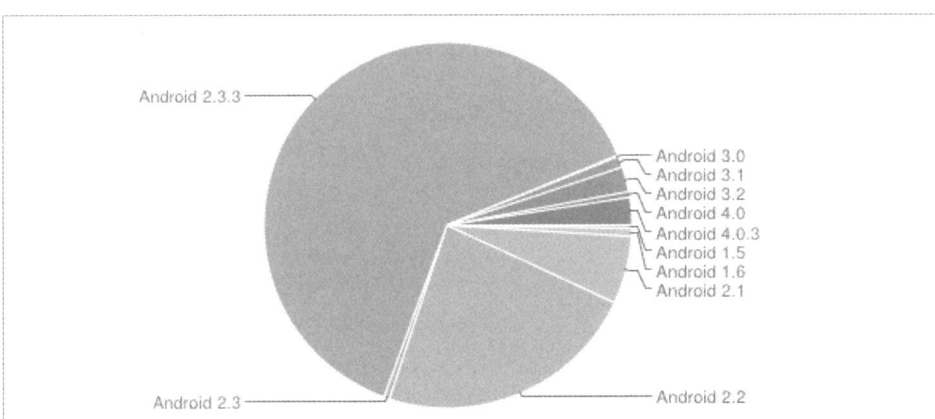

Abbildung 1.2: Verteilung der Android-Versionen nach Zugriff auf Google Play[6]

6. *http://developer.android.com/resources/dashboard/platform-versions.html*, 02.04.2012

Android dürfte heute das modernste Betriebssystem mit einem umfangreichen Rechtemodell für mobile Endgeräte sein. Problematisch für die Sicherheit sind die Apps aus diversen unsicheren Quellen; dazu später mehr in den folgenden Kapiteln.

Die Software Development Kits (SDK) sind Open Source und können für verschiedene Plattformen aus dem Internet geladen werden.

Platform	Package	Size	MD5 Checksum
Windows	android-sdk_r17-windows.zip	37417953 bytes	3af1baeb39707e54df068e939aea5a79
	installer_r17-windows.exe (Recommended)	37410775 bytes	5afaf6511ebaa52bd6d1dba4afc61e41
Mac OS X (intel)	android-sdk_r17-macosx.zip	33867836 bytes	52639aae036b7c2e47cf291696b23236
Linux (i386)	android-sdk_r17-linux.tgz	29706368 bytes	14e99dfa8eb1a8fadd2f3557322245c4

Tabelle 1.4: Android SDK[7]

Entwicklungen von Apps für Android finden überwiegend in Java statt, als Laufzeitumgebung dient »Dalviks Virtual Machine«. Bibliotheken in anderen Programmiersprachen können mit dem »Native Development Kit« (NDK) eingebunden werden. Zur Programmentwicklung werden im Internet zahlreiche Tools, Tutorials und Beispielprogramme angeboten, die eine Eigenentwicklung von Apps sehr vereinfachen. Verteilt und installiert werden Apps über das Android »Application Package File« (APK)[8] und können einfach, beispielsweise über Webportale, in den mobilen Endgeräten installiert werden.

7. *http://developer.android.com/sdk/index.html*
8. *http://www.androidguys.com/2008/10/21/market-index-getting-your-android-app-out-there/*

Folgende Grafik zeigt die Struktur der Android-Systemarchitektur:

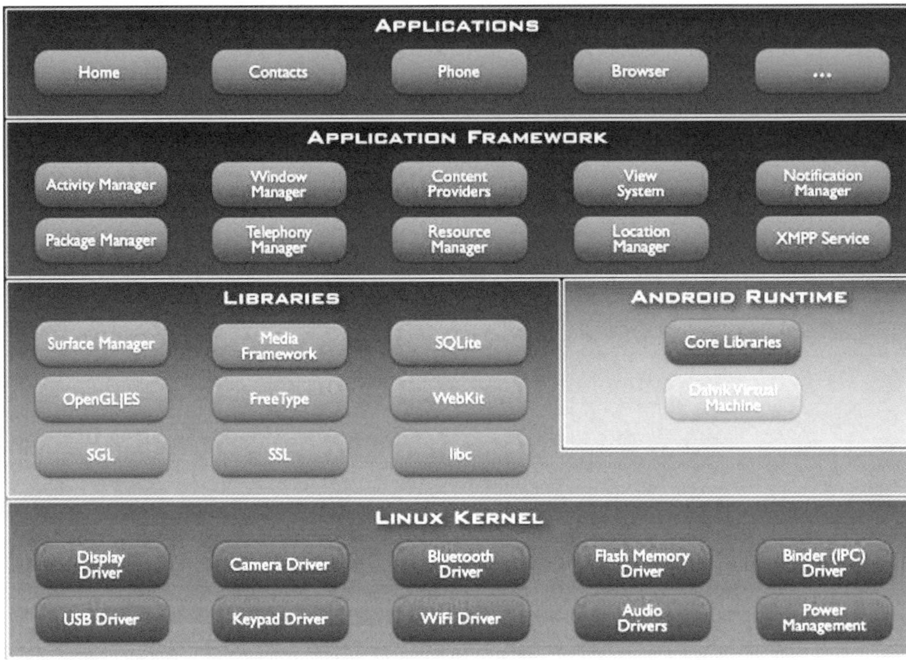

Abbildung 1.3: Die Android-Systemarchitektur

1

1.3.5 Symbian

Symbian ist ein Betriebssystem speziell für Smartphones und wird aktuell von Accenture weiterentwickelt. Bekannt geworden ist Symbian als Betriebssystem der Nokia S 60 Smartphones.

Symbian ist ein Derivat des EPOC-Betriebssystems, welches auf PSION-Organizern eingesetzt wurde.

2008 erwarb Nokia sämtliche Rechte und übertrug sie an die Symbian Foundation. Bis Ende 2010 wurde Symbian von Nokia als Open Source vertrieben, ab April 2011 ist der Quellcode unter der Symbian License erhältlich, die inkompatibel zur Open Source License ist. Im Februar 2011 vergab Nokia im Rahmen eines Outsourcings die Weiterentwicklung von Symbian an Accenture. Nokia verkündete zur gleichen Zeit seine Entscheidung, hochwertige Smartphones zukünftig nach Windows Phone 7 zu migrieren.

Das für die Applikationsentwicklung für Symbian hauptsächlich eingesetzte SDK ist C++ und Qt (gesprochen »Cute«), eine seit 1992 freigegebenen Plattform zur Entwicklung von Applikationen, die mit einer grafischen Benutzeroberfläche ausgestattet sind[9]. Die Programmierung von Symbian Apps kann aber auch mit Phyton, JavaME, .NET, Flash Lite etc. erfolgen.

Symbian Smartphones wurden schon recht frühzeitig von mobilen Computerviren heimgesucht; erst ab Symbian S60 Version 3 im Jahr 2010 wurde Code Signing eingeführt.

news 10.08.2004 17:32

<< Vorige | Nächste >>

Trojaner für Symbian aufgetaucht

Der Informationsdienst informit berichtet , dass erstmals ein Trojaner für das Handy-Betriebssystem Symbian außerhalb eines Labors aufgetaucht sei. Von dem Spiel "Mosquito" gebe es eine manipulierte Variante, die ohne Wissen des Benutzers eine SMS-Verbindung zu einer kostenpflichtigen Rufnummer aufbaue.

Abbildung 1.4: Heise Security News vom 10.08.2004

1.3.6 BlackBerry OS

BlackBerry OS ist ein von Research in Motion (RIM) für ihre Hardware entwickeltes, proprietäres mobiles Betriebssystem. Die erste Version kam mit den ebenfalls »BlackBerry« genannten Smartphones bereits 1999 in den Handel und stieg schnell als »das Geschäftsmobiltelefon mit Push-E-Mail« zum Marktführer innerhalb der »moving economies« auf.

Das BlackBerry OS war von Anfang an für den betrieblichen Einsatz mit dem Schwerpunkt Personal Information Management (PIM), bestehend aus der Synchronisation von E-Mail, Kalender, Aufgaben, Notizen, Kontakte mit Lotus Notes, Microsoft Exchange oder Novell GroupWise, entwickelt worden. BlackBerry OS setzte auch Maßstäbe für das OTA-Management (Over the Air) mit Fernsteuerung durch Policies, die über 450 mögliche Einstellungen erlauben.

BlackBerry OS ist nur auf der Hardware von RIM lauffähig und weist eine sehr geschlossene Architektur auf. Das Betriebssystem ist in C++ program-

9. *http://web.archive.org/web/20031005175911/ http://www.trolltech.com/developer/faqs/noncomm.html*

miert und, sehr verkürzt gesagt, eine Art Fernbedienung für das Network Operating Center (NOC) in der BlackBerry-Infrastruktur. Die Entwicklung von Apps findet mithilfe eines angepassten Java-SDK statt; sie benötigen für die Verteilung einen Lizenzschlüssel, welchen der Programmierer über die BlackBerry App World erwerben kann.[10]

BlackBerry-Apps werden ähnlich den iOS-Apps statischen und dynamischen Tests unterzogen, bevor sie in den BlackBerry App World Market aufgenommen werden.

1.3.7 BlackBerry QNX

Im Gegensatz zu Apple stattet Research in Motion seinen Pad-Computer mit Namen Playbook aktuell mit einem anderen Betriebssystem als seine Smartphones aus. BlackBerry QNX hat ebenfalls eine lange Historie hinter sich, die im Jahre 1982 an der University of Waterloo als ein Unix-Echtzeitbetriebssystem mit der Bezeichnung QUNIX begann. 2001 wurde QUNIX grundlegend erneuert und kommerziell als QNX Neutrino von der kanadischen Firma QNX Software Systems auf dem Markt angeboten und schwerpunktmäßig im Automobilsektor eingesetzt.

2007 wurden von QNX Software Systems Teile des Quellcodes veröffentlicht und nach dem Kauf der Firma durch Research in Motion im Jahre 2010 wieder stark eingeschränkt. Eine Version von QNX ist das Betriebssystem BlackBerry Playbooks mit der Bezeichnung BlackBerry Tablet OS – es soll zukünftig der Kern der nächsten Generation von BlackBerry 10 OS sein.

Die ersten Versionen von BlackBerry Tablet OS hatten keinen nativen Support für E-Mail, Kalender, Kontakte und die Bearbeitung von Dokumenten. Sie mussten über die »BlackBerry Bridge« per Bluetooth auf diese Daten[11] auf einem BlackBerry-Smartphone zugreifen. Erst mit der Version 2.0 von BlackBerry Tablet OS werden E-Mail, Kalender und Kontakte direkt unterstützt.

1.3.8 Windows Phone

Microsofts Start in die mobile Welt begann 1998 mit Windows CE, einer Betriebssystemlinie von Microsoft Windows für die Verwendung in Kleinst-

10. *https://bdsc.webapps.blackberry.com/devzone/appworld/faq*
11. *http://www.marketwire.com/press-release/RIM-Unveils-The-BlackBerry-PlayBook-NASDAQ-RIMM-1325727.htm*

computern. Auf dieser Basis entstand im Jahr 2002 Windows Mobile als Betriebssystem für Pocket PC (Organizer) Mobiltelefone. Bis zur Veröffentlichung der Version Windows Mobile 6.5.3 in 2010 fehlte die Unterstützung für kapazitive Touch-Screens und Multitouch, ein wesentlicher Nachteil gegenüber den Wettbewerbern Apple und Google. Allerdings hatten die Windows Mobile 6.x-Versionen bereits einige Sicherheitsfunktionen wie

- Speicherkartenverschlüsselung mit Advanced Encryption Standard (AES),
- OTA-Notfalldatenlöschung auch der Speicherkarten,
- vereinfachte Verwaltung von Zertifikaten,
- verbesserter Passwortschutz (Gerätesperre),
- »Information Rights Management« zum Schutz vertraulicher Daten.

Windows Mobile 6.5 war eine Notlösung, da eine Neuentwicklung mit Windows 7-Technologien sich verzögerte. Die Einführung von Windows Phone 7 (WP7) Ende 2010 hatte zum Anlass, die Vorgängerversionen in Windows Phone Classic umzubenennen. Windows Mobile-Versionen sind inkompatibel zu Windows Phone 7; es gibt keine Update-Möglichkeiten.

WP7 ist ein Multitasking-Betriebssystem; allerdings sind zur Verlängerung der Akkulaufzeit die Multitasking-Fähigkeiten stark eingeschränkt worden. Systemeigene Anwendungen wie Telefon, Musikplayer oder Webbrowser können im Hintergrund geöffnet bleiben. Apps von Drittanbietern laufen dagegen im Hintergrund nicht, speichern aber ihren Status und können nach erneutem Aufrufen an der Stelle wieder weiterarbeiten, an der sie vorher verlassen wurden. OTA-Steuerungsmöglichkeiten werden über den in WP7 enthaltenen Exchange ActiveSync-Client vorgenommen.

Für die App-Entwicklung für das Windows Phone-System stellt Microsoft das kostenlose Paket »Windows Phone Developer Tools« zur Verfügung. Für die eigentliche Programmentwicklung wird C# und VB.NET eingesetzt. WP7-Apps müssen zur Verteilung Zertifizierungsanforderungen erfüllen, und eigene In-house-Apps sind derzeit nicht möglich.

Wenn wir mobile Endgeräte umfassend OTA verwalten wollen, müssen wir uns auch mit den Kommunikationsmöglichkeiten der Geräte befassen, die in der einen oder anderen Ausprägung in allen zuvor aufgeführten mobilen Betriebssystemen zu finden sind.

1.4 Kommunikationsmöglichkeiten

In den vorgestellten mobilen Endgeräten und ihren Betriebssystemen finden wir zahlreiche, nicht nur drahtlose Kommunikationsmöglichkeiten. Anschlüsse über USB-Ports, Wechselspeicher mit USB-Anschluss sowie SD-Speicherkarten (Secure Digital) dienen ebenfalls der Kommunikation und sind bei der Verwaltung zu berücksichtigen. Beginnen wir aber mit den »Klassikern« der mobilen Kommunikation: den Mobilfunknetzen.

1.4.1 GSM, UMTS und LTE

Das Global System for Communications (GSM) und das später hinzugekommene Universal Mobile Telecommunication System (UMTS) sind weltweit verbreitete Mobilfunkstandards, die neben der Sprachkommunikation auch Datenaustausch ermöglichen. Da GSM nach den analogen Systemen der Standard der zweiten Generation ist, wird auch gerne das Kürzel 2G verwendet.

Für den Datenaustausch bei GSM wird GPRS/EDGE (General Packet Radio Service/Enhanced Data Rates for GSM Evolution) eingesetzt. GPRS bietet nur eine einseitige Authentifizierung; nur das mobile Endgerät authentifiziert sich an der Funkzelle. Dadurch sind Angriffe durch IMSI-Catcher und Rogue Base Station möglich; die Verschlüsselung für Sprache, SMS und Daten wurde ebenfalls gebrochen und bietet keinen Schutz.

Die dritte Generation 3G UMTS/HSDPA (Universal Mobile Telecommunication System/High Speed Downlink Packet Access) hat diese Nachteile nicht. UMTS verwendet eine beidseitige zertifikatsbasierte Authentifizierung. Die Verschlüsselung von UMTS ist derzeit noch ungebrochen, aber die mobilen Endgeräte führen bei gestörtem 3G-Empfang ein Ausweichen (»Fall Back«) auf das unsichere GPRS durch. Es reicht also für Angriffe aus, das UMTS-Signal mit geeigneten Sendern zu stören, um die dann ablaufende Kommunikation über GPRS abzuhören.

Zukünftig wird es mit 4G LTE (»Long Term Evolution«) noch eine weitere Kommunikationsmöglichkeiten geben, über die zukünftige mobile Endgeräte verfügen werden.

1.4.2 WLAN

Zur Übertragung größerer Datenmengen und zur drahtlosen Einbindung der mobilen Endgeräte in Netzwerke dienen Wireless LANs (WLAN) nach den IEEE 802.11x-Standards, die in fast in jedem mobilen Endgerät vorhanden sind. Zum Betrieb von WLANs mit mehr als zwei Teilnehmern und zur Verbindung zu anderen Netzen wie beispielsweise dem Internet benötigt man Access Points, die an öffentlichen Plätzen wie Bahnhöfen, Flughäfen, Zügen, Hotels etc. zahlreich zu finden sind. Einige mobile Endgeräte (z.B. iPhone) können als mobiler Access Point betrieben werden und ein eigenes WLAN für mehrere Teilnehmer aufspannen.

Leider gibt es gerade bei dem oft und gern benutzten WLAN zahlreiche Angriffsmöglichkeiten[12], die eine Reglementierung über das Mobile Device Management erfordern. Wir werden diesen Punkt später noch genauer beleuchten.

1.4.3 Bluetooth

Zur Überbrückung von kurzen Distanzen zwischen mobilen Geräten zwecks Ersatz von Kabeln, z.B. zwischen einem Mobiltelefon und einem Headset, wurde 1998 von dem schwedischen Unternehmen Ericsson ein Funkstandard für Datenübertragung im Personal Area Network (PAN) namens Bluetooth initiiert.

Bluetooth ist ähnlich wie WLAN in so gut wie jedem mobilen Endgerät vorhanden und dient überwiegend zur Anbindung von Tastaturen, Freisprecheinrichtung, Headsets etc. Der Bluetooth-Standard 802.15.1 sieht eine kryptografisch aufwendige Datenverschlüsselung und Authentifizierung der Kommunikationspartner vor.

Leider wurde der Standard von den Herstellern mobiler Betriebssysteme in wiederholten Fällen nicht konsequent genug umgesetzt, was zu Sicherheitslücken führt. Angriffe gibt es meist auf fehlende oder zu einfache PINs, die beim Pairing eingesetzt werden. Pairing bei Bluetooth ist die Phase, bei der sich zwei Bluetooth-Geräte zum ersten Mal begegnen und Authentifizierungs- und Verbindungsdaten austauschen.

12. *http://www.voip-information.de/wlan-sicherheit/angriffsszenarien.php*

Die Verwendung von Bluetooth lässt sich in einigen Fällen über die MDM-Software einschränken.

1.4.4 Near Field Communication (NFC)

Ein weiterer internationaler Übertragungsstandard zum kontaktlosen Datentransfer über kurze Strecken von bis zu 4 cm ist Near Field Communication, über den zunehmend moderne mobile Endgeräte verfügen und der sich insbesondere zur bargeldlosen Zahlung geringer Beträge eignet.

NFC ist ein relativ neuer Standard und kann als eine Verbesserung von Radio Frequency Identification (RFID) angesehen werden. Einige BlackBerry-Modelle unterstützen bereits NFC, und zukünftige iOS- und Android-Versionen[13] werden damit ausgestattet sein, obwohl es zur Zeit noch keinen einheitlichen Standard für NFC[14] gibt. Für berührungslose Zahlung kleiner Beträge in Läden, Nahverkehrseinrichtung etc. existiert ein großer Markt, auf dem sich Google mit »Google Wallet« frühzeitig positioniert und die Entwicklung vorantreibt. Sicherheitsfunktionen wie Verschlüsselung können je nach Anwendung vorgesehen werden.

Derzeit sind den Verfassern keine Verwaltungsmöglichkeiten von NFC in Mobile Device Management Systemen bekannt.

1.4.5 Universal Serial Bus (USB)

Fast alle mobilen Endgeräte auf dem Markt verfügen über einen USB-Anschluss mit verschiedenen Steckverbindern. Bei Smartphones wird dazu meist der Micro-B USB-Stecker verwendet. Im iPhone ist der USB-Anschluss im Dock-Connector zusammen mit anderen Schnittstellen integriert.

USB gewährt hohe Datenraten per Kabel und wird häufig mit Ladestationen für mobile Endgeräte bei der Aufladung der Geräteakkus verwendet.

USB-Ports lassen sich auf Note- und NetBooks umfangreich verwalten; auf Smartphones und Pad-Computer sind die Verwaltungsmöglichkeiten eher eingeschränkt. Auch werden für die Verwaltung der USB-Schnittstelle dieser

13. *www.giga.de/smartphones/iphone-5/news/nfc-im-iphone-5-geheimprojekte-und-grose-erwartungen/*
14. ISO/IEC 13157, -16353, -22536, -28361

Geräte vorgegebene Partnerprogramme wie bei iOS iTunes und bei WP7 Zune auf PCs verwendet.

1.4.6 Speicherkarten

Plattformoffene Smartphones und Tablets haben häufig einen Card Slot nach dem SD-Standard eingebaut. SD (Secure Digital) ist der Standard für externe Speichererweiterungen und ermöglicht es, große Datenmengen auf den mobilen Endgeräten zu speichern und auszutauschen. Bei den meisten Geräten können die Daten auf den SD-Karten verschlüsselt und für den Transport sensibler Daten verwendet werden. Bei Android-Smartphones wird über SD-Karten auch eine alternative Android-Firmware, sogenannte » Custom ROMs«, geladen.

1.4.7 Kamera

Als letzten Kommunikationskanal wollen wir die Kamera, wie sie heute in einem oder zwei Exemplaren in jedem mobilen Endgerät vorhanden ist, anführen. Man kann sich fragen, was eigentlich eine Kamera zur Aufnahme von Fotografien oder Videos mit Kommunikation zu tun hat. Es ist nicht die Kamera selbst, sondern die umfangreiche Nachbearbeitung per Software, die Kommunikationskanäle eröffnet und Daten übermittelt.

QR- und traditionelle Barcodes werden von der Kamera gelesen, decodiert und an Server zum Aufruf einer Webseite, zur Preisermittlung einer Ware etc. geschickt. Da QR-Codes Aktionen auf den mobilen Endgeräten auslösen können, geht von ihnen eine gewisse Gefahr aus. Man kennt den Inhalt eines QR-Codes vor dem Scannen nicht, weshalb die Möglichkeit des Missbrauchs besteht. Der Code könnte zum Beispiel die Anweisung enthalten, eine teure Sonderrufnummer zu wählen oder eine SMS an einen Premiumdienst zu schicken. Er könnte auch eine URL enthalten, die einen nicht zur versprochenen Webseite führt, sondern auf eine manipulierte Webseite, die versucht, Schadcode auszuführen oder den Browser anderweitig zu manipulieren. Ein QR-Code ist ähnlich gefährlich wie ein unbekannter Link. Man sollte einen Code unbekannter Herkunft ebenso wenig direkt ausführen lassen, wie man auf Links in unseriösen E-Mails oder auf zweifelhaften Webseiten klickt.

Augmented Reality, die »angereicherte Wirklichkeit«, verwendet die Kamera für Umgebungsaufnahmen und stattet die Aufnahmen mit Zusatzinformationen wie Daten über Bauwerke, Straßen, Denkmäler etc. aus.

Google Goggles ist eine Anwendung für Android-Smartphones, die anhand aufgenommener Fotos eine Suchabfrage durchführt. Der Suchdienst vergleicht elementare Teile des Bildes mit den Datenbeständen in der Google-Bildersuche. Bei einer Übereinstimmung gibt die Suchmaschine die Begriffe aus, die sich auf das passende Bild im Bestand beziehen. Dass bei der oben skizzierten Verwendung der Kamera auch sensible Daten unwissentlich übermittelt werden, ist nicht auszuschließen und muss bei dem Mobile Device Management mit ins Kalkül gezogen werden.

Viele MDM-Systeme können die Kameras restriktiv deaktivieren.

1.5 Mobile Endgeräte und ihre Appstores

Wir wollen zum Abschluss des ersten Kapitels die Provisionierung der mobilen Endgeräte mit ihrer Anwendungssoftware und deren Aktualisierung sowie Anpassungen betrachten.

Die speziell an die Zielplattform angepassten Anwendungsprogramme, die »Apps«, haben schon seit geraumer Zeit Kultstatus erreicht und machen den eigentlichen Reiz eines mobilen Endgerätes aus. Apps gibt es in einer bis dato unglaublichen Vielfalt für alle Lebensbereiche und Situationen. Ihre Zahl und Einsatzmöglichkeiten sind so stark angestiegen, dass es mittlerweile Apps zum Auffinden von Apps mit vorgegebenen Eigenschaften gibt, Journale nur über Apps verlegt werden und spezielle Suchmaschinen beim Auffinden von Apps helfen.[15]

Begonnen hat das kostenlose oder kostenpflichtige Laden von Programmen für mobile Endgeräte schon vor einiger Zeit mit unkomfortablen Downloads von Portalen der Mobilfunkanbieter mithilfe des »Wireless Application Protocol« (WAP). Die Navigation in diesen Portalen war nicht gerade selbsterklärend, und es kam zu häufigen Verbindungsabbrüchen. Apple hat mit seinem Store-Konzept iTunes 2008 diese Idee massentauglich perfektioniert und ein äußerst profitables Gebilde mit vielen Nachahmern geschaffen.

15. *http://appsfire.com/appmixes*

Mobile Endgeräte mit dem passenden App Store bilden ein »digitales Ökosystem«, dessen Ausbreitung und Größe ein entscheidender Marktfaktor darstellt. Wichtig sind dabei die Abdeckung der Bereiche Hobby, Reisen, Fitness, Lifestyle, Business, etc. und die Qualität und Anzahl kostenloser Apps als Anreiz, den Store häufiger zu besuchen und auch kostenpflichtige Apps zu laden.

Wir können die existierenden App Stores in zwei Kategorien unterteilen:

1. Plattformen mit exklusivem App Store, d.h. Apps für diese Plattformen können nur über eine einzige Quelle angeboten und bezogen werden.
2. Plattformen mit offenem Distributionsweg. Apps für diese Plattformen können aus verschiedenen Stores oder auch von anderen Quellen aus dem Internet angeboten und geladen werden.

Apples App Store, Microsofts WP7 Marketplace, Nokias Ovi Store und BlackBerry App World sind Vertreter der ersten Kategorie, Android ist eine Plattform der zweiten Kategorie.

1.5.1 Apple App Store

Das von Apple 2008 eingeführte Internet-Verkaufsportal für Programme, die nur auf iPhone, iPad und iPod Touch lauffähig sind, baut auf der Infrastruktur des iTunes Store auf. Apps für die erwähnten »unjailbroken« Geräte können nur über den App Store oder iTunes gekauft und verwaltet werden. Neu entwickelte Apps können von zertifizierten Entwicklern über iTunes Connect für den Store eingereicht werden, wobei sich Apple das Recht vorbehält, nach Prüfung der Apps diese abzulehnen oder (sogar nach erfolgter Aufnahme in den Store) sie bei aufgetretenen Regelverstößen wieder zu entfernen. Dieser Vorgehensweise, die von vielen als Zensur angesehen wird, dürfte es zu verdanken sein, dass bisher fast keine »malignen« Apps – Programme mit »bösartigem« Verhalten wie Trojaner und Computerviren – im App Store vorhanden waren. Was allerdings auftritt, sind Apps mit zweifelhaftem »Nachkaufverhalten«, sogenannte »In-App-Purchases«. Dieses Verhalten lässt sich aber per Konfiguration unterbinden; wir werden bei der Verwaltung von iPhones speziell darauf eingehen.

Apps aus dem App Store können OTA geladen und aktualisiert werden. Bei Apps mit einer Größe von weniger als 50 MB kann das Laden über das Mobilfunknetz erfolgen; bei größeren Programmen und beim iPod Touch benötigt man eine Internetverbindung über WLAN.

Der App Store hat mittlerweile riesige Dimensionen angenommen, die nachstehende Tabelle verdeutlicht die immensen Wachstumsraten:

Datum	Verfügbare Applikationen	für das iPad optimierte Apps	Anzahl heruntergeladener Applikationen
11. Juli 2008[8]	500	0 (iPad erschien im April 2010)	0
9. September 2008[9]	3000		100.000.000
21. Oktober 2008[10]	7500		200.000.000
5. Dezember 2008[11]	10.000		300.000.000
16. Januar 2009	15.000		500.000.000
17. März 2009[12]	25.000		800.000.000
23. April 2009[13][14]	35.000		1.000.000.000
8. Juni 2009[15]	ca. 50.000		?
28. September 2009[2]	> 85.000		2.000.000.000
4. November 2009[16]	> 100.000		> 2.000.000.000
27. Januar 2010[17]	> 140.000		> 3.000.000.000
8. April 2010[18]	> 185.000	> 3.500	> 4.000.000.000
7. Juni 2010[1]	> 225.000	?	> 5.000.000.000
22. November 2010[1]	> 300.000	> 40.000	?
22. Januar 2011[19]	> 350.000	> 60.000	> 10.000.000.000
6. Juni 2011[20]	425.000	> 90.000	> 14.000.000.000
7. Juli 2011[21]	> 425.000	> 100.000	> 15.000.000.000
4. Oktober 2011[7]	> 500.000	> 140.000	> 18.000.000.000
7. März 2012[22]	> 585.000	> 200.000	> 25.000.000.000

Tabelle 1.5: Apple App Store: Verfügbare Applikationen[16]

Die Attraktivität des App Stores rührt nicht unwesentlich von der hohen Anzahl (~250 000) von qualitativ hochwertigen, kostenlosen Apps her, die in vielen Kategorien angeboten werden.

1.5.2 Windows Phone Marketplace

Für die Installation von Apps auf ein mobiles Endgerät mit WP7-Betriebssystem existiert, ähnlich wie bei Apples App Store, nur die Möglichkeit, die Apps über den Marketplace zu laden. Alle Apps werden von Microsoft vor der Aufnahme in den Marketplace überprüft und zertifiziert. In dem geschlossenen Marketplace gibt es im Gegensatz zu anderen App Stores das Angebot, die Apps vor dem endgültigen Kauf mit eventuell eingeschränktem Funktionsumfang auszuprobieren (»Try Before You Buy«). Von der Größe her ist der

16. *http://de.wikipedia.org/wiki/App_Store#cite_note-21*

Windows Phone Marketplace mit zur Zeit ca. 80.000 Apps noch sehr überschaubar; die Zuwachsraten sind jedoch recht ansehnlich.

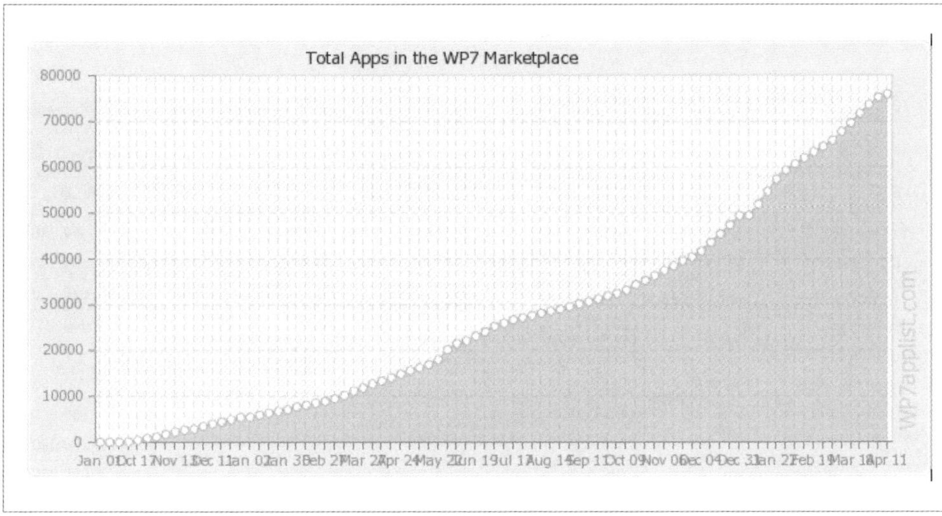

Abbildung 1.5: Microsoft Marketplace: Verfügbare Applikationen[17]

Zur Anpassung von »Fremd-«Apps bietet Microsoft ein sich in der Entwicklung befindliches Werkzeug (»Interoperability Bridge«) für die Portierung von iOS, Android und Symbian Apps auf WP7 an.[18]

Der Windows Phone Marketplace ist mit einem WP7-Endgerät, dem Musik-Player Zune und mittlerweile auch über das Internet erreichbar.

1.5.3 Nokia Store

Inhalt des früheren Nokia Ovi Store und heutigen Nokia Store sind Apps für die von Nokia verwendeten Betriebssysteme Symbian, Meego und Maemo. Der Store kann über einen Browser oder mit der App »Nokia Store Client« aufgerufen werden. Auch der Nokia Store gehört zu den geschlossenen Systemen, bei denen die Inhalte explizit von Nokia nach Prüfung freigegeben werden. Für Mobilfunkanbieter führte Nokia 2011 das »Store in Store«-Konzept ein, bei dem die Mobilfunkanbieter eigene Anwendungen und Dienste unter dem Schirm des Nokia Stores anbieten können. Laut Nokia beinhaltete der

17. *http://wp7applist.com/en-US/stats/*
18. *http://wp7mapping.interoperabilitybridges.com/library?source=iPhone*

Nokia Store Anfang 2011 ca. 40.000 Apps[19], ungefähr die Hälfte davon sind kostenlos. Kostenpflichtige Apps kann man per Kreditkarte oder über die Mobilfunkrechnung bezahlen, was allerdings ein Laden der App über eine Mobilfunkverbindung voraussetzt.

1.5.4 BlackBerry App World

Apps für das BlackBerry-Betriebssystem von Research in Motion werden hauptsächlich über die BlackBerry App World mit einem Angebot von ca. 60.000 Apps vermarktet[20] (Stand Februar 2012); davon sind etwa 75 % kostenpflichtig. Im Gegensatz zu den anderen geschlossenen Plattformen, die wir zuvor kennenlernten, lassen sich BlackBerry-Apps auch außerhalb der App World beziehen. Als Beispiel wäre hier GetJar[21] zu nennen.

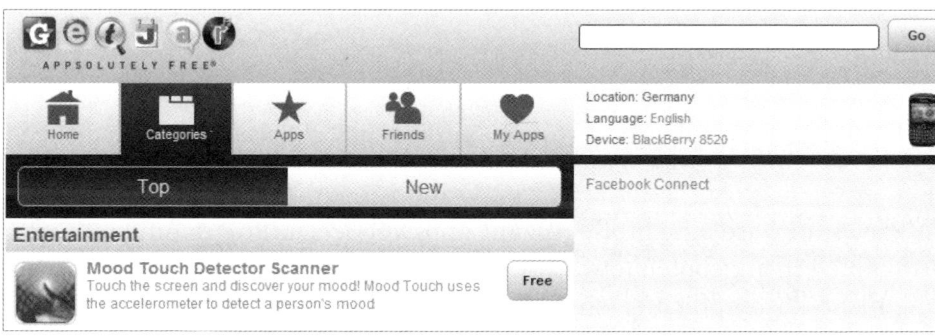

Abbildung 1.6: Apps für BlackBerry bei GetJar

1.5.5 Google Play Store

Wir wollen das Kapitel mit den Bezugsquellen für das plattformoffene Android abschließen. An erster Stelle steht hier der Google Play Store, eine auf Cloud-Technologie basierende Integration der Angebote Android Market, Google Music, Google Movies und Google Books. Der Zugriff auf den Google Play Store erfolgt über ein Programm mit gleichem Namen oder über einen Webbrowser.

19. *http://www.inside-handy.de/news/21297-nokia-software-ovi-store-erreicht-fuenf-millionen-downloads-taeglich*
20. *http://crackberry.com/blackberry-app-world-stats-devcon-europe*
21. *http://www.getjar.com/mobile-entertainment-applications-for-blackberry 8520/ ?ref=0&lvt=1334236549& sid=jtvhmkd12kstpty2&lang=en&o=top*

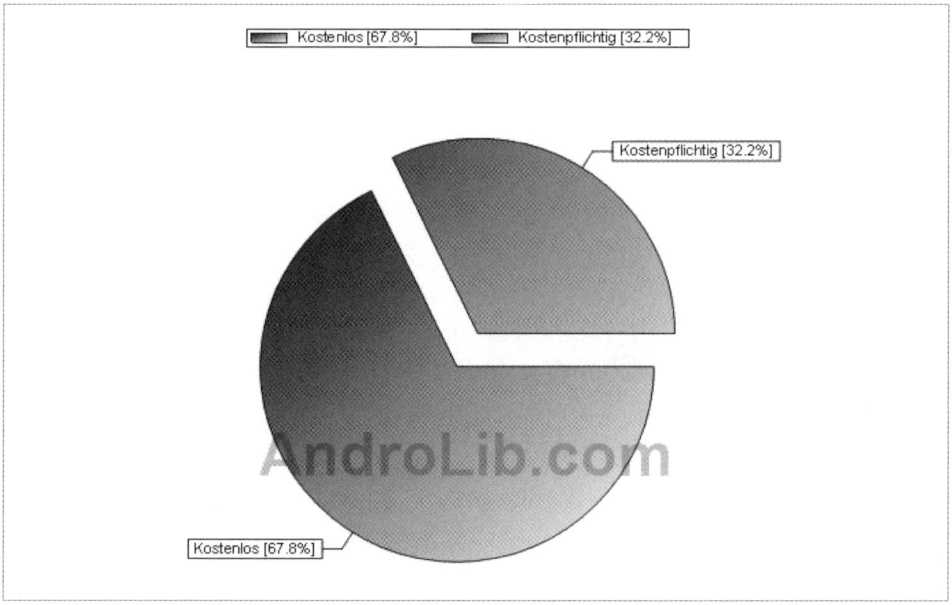

Abbildung 1.7: Verteilung von kostenlosen/kostenpflichtigen Apps im Android Market, insgesamt 341966 Applikationen[22]

1

Im Play Store wird eine große Anzahl Apps von freien Programmierern und Drittanbietern angeboten (etwa 400.000, Stand April 2012), die in der Mehrzahl nicht kostenpflichtig sind. Bezahlt wird in dem Store mit Googles Bezahlsystem CheckOut oder über Mobilfunkanbieter. Android-Apps werden auch über die Websites mancher Entwickler unter Umgehung von CheckOut bezahlt und geladen.

Google verzichtet auf die inhaltliche Überprüfung der einzelnen Apps, lediglich die Identität des Entwicklers wird überprüft und neuerdings nach bekannter Malware in den Apps gesucht. Google ist in der Lage, ohne Vorankündigung und Einverständnis der Anwender Apps nachträglich zu installieren und zu löschen. Für Android-Software gibt es eine Reihe anderer Stores wie z.B. Amazon Appstore, Opera Appstore, HandanGo, F-Droid.org, um nur einige zu nennen.

Da prinzipiell auf inhaltliche Überprüfungen verzichtet wird, bereitet neben der Verteilung von Trojanern und anderer Malware über Apps für Android der hohe Anteil der »low quality«-Apps ein Problem. Die häufig kostenpflichtigen

---

22. *http://de.androlib.com/appstatsfreepaid.aspx*, Zugriff April 2012

Programme mit kaum feststellbarem Nutzen, die oft in mehreren Stores zu finden sind, werden nach schlechten Beurteilungen und Beschwerden aus dem Google Android Market entfernt.

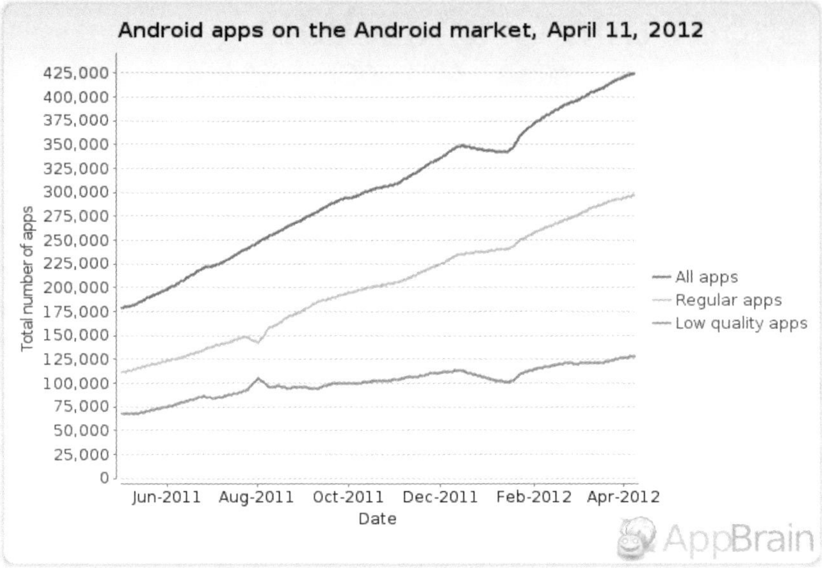

Abbildung 1.8: Android Market: Verfügbare Applikationen[23]

Der aktuelle Anteil der »low quality apps« im Android Market liegt derzeit bei ca. 30 %.

23. *http://www.appbrain.com/stats/number-of-android-apps*

2 Mobile Device Management: ISO 27001 und Grundschutz

2.1 Grundsätzliches

Bei der Nutzung von Mobile Devices ist die *Sicherheit* immer ein wichtiges Ziel. Es sollen Verluste vermieden werden, die mit den Begriffen Vertraulichkeit, Verfügbarkeit, Integrität, Authentizität und Missbrauch verbunden sind – dies unter Beibehaltung der Konnektivität, der Nutzbarkeit an möglichst vielen Orten der Welt, der Vielseitigkeit der Anwendungen. Kurzum: Hier stoßen Usability und Security aufeinander.

In Kapitel 3 werden wir uns mit den Risiken im Einzelnen beschäftigen, jedoch ist allen Beteiligten klar:

Bei der Nutzung mobiler Geräte muss die Sicherheit gut geplant, geregelt und korrekt umgesetzt sein. Die Wirksamkeit aller Maßnahmen ist regelmäßig zu überprüfen.

Der Fragenkreis der IT-Sicherheit wird in der Normenfamilie ISO 27000 und dem IT-Grundschutz des Bundesamtes für Sicherheit in der Informationstechnik (BSI) im Detail behandelt. Wir wollen hier nur den Aufbau und die Verfahrensweisen des Sicherheitsmanagements im Überblick[1] darstellen, um genauer zu sehen, wo wir mit der Sicherheit mobilen Arbeitens einhaken müssen.

Auf der Ebene der *Leitung* des Unternehmens müssen Vorgaben für die Sicherheit sowie Personal und weitere Ressourcen zur Umsetzung der Vorgaben bereitgestellt werden:

- Zu den *Vorgaben* der Leitungsebene zählen eigene Sicherheitsgrundsätze, die meist in Form einer *Sicherheitsleitlinie* in Kraft gesetzt wurden oder in bereits bestehenden *Sicherheitsrichtlinien* festgelegt sind.

---

1. Hier existieren vertiefende Texte z.B. in /KK2012/, /KRS2011/, s. Quellenverzeichnis.

Input stellen dafür z.B. Konzernvorgaben sowie Gesetze und wichtige Kunden- und Lieferantenverträge bereit. Für das Mobile Device Management werden wir die Integration von Vorgaben in eine Sicherheitsleitlinie im Abschnitt »Es sei darauf hingewiesen, dass man mit den gleichen Überlegungen wie bei der ISO 27001 zu einer sehr viel längeren Liste von Maßnahmen kommt – eben aus Bausteinen, die gleichermaßen für *alle* IT-Systeme, Netze und Anwendungen zu beachten sind: darunter *B3.201 Allgemeiner Client, B3.208 Internet-PC, B4.1 Heterogene Netze, B4.2 Netz- und Systemmanagement, B5.3 E-Mail* sowie die Managementbausteine B1.0 Sicherheitsmanagement, B1.3 Notfallmanagement, B1.4 Datensicherungskonzept usw. Wir verzichten aber darauf, diese Bausteine einzeln zu behandeln. « näher behandeln. Die Erfüllung solcher »externer« Vorgaben nachweisen zu können, ist vorrangig Aufgabe des *Compliance Managements.*

2

- Das *Personal* dient zunächst der Besetzung der Funktion *Sicherheitsmanagement.* Vom Umfang her denkt man an einen IT-Sicherheitsbeauftragten (hoffentlich mit einem qualifizierten Vertreter), bei größeren Unternehmen an einen Sicherheitsstab oder sogar an eine entsprechende Sicherheitsabteilung. Weiterhin werden in den einzelnen (Fach-)Abteilungen eines Unternehmens oft *Sicherheitskoordinatoren* benannt, die die Schnittstelle zum Sicherheitsmanagement bilden.

  Sicherheitsmanagement und Sicherheitskoordinatoren – ergänzt um andere, an der Sicherheit zu beteiligende Rollen wie Datenschutzbeauftragter, Personalvertretung etc. – stellen dann oft für ein Unternehmen das maßgebliche *Sicherheitsgremium* dar, in dem die planerischen/konzeptionellen Arbeiten geleistet werden, darunter auch die Auswahl der erforderlichen Sicherheitsmaßnahmen. In der Praxis kommt es vor, dass das Sicherheitsmanagement auch für die Behandlung von Notfällen (Disaster Recovery) zuständig ist – alternativ wird hierfür ein separates *Notfallmanagement* eingerichtet.

- Die genannten Rollen und Organisationselemente benötigen zur Erfüllung ihrer Aufgaben *Ressourcen.*

  Das sind finanzielle Mittel z.B. für Informationsdienste, Tools und Expertisen von Beratern sowie Aufwände für Sensibilisierungs- und Schulungsveranstaltungen, das Notfalltraining und für eventuell geplante Zertifizierungen. Nicht zu vergessen: Die geplanten (neuen) Maßnahmen erfordern ein gewisses Investment – auch wenn dies meist dem Budget derjenigen (Fach-)Abteilung angelastet wird, in deren Aufgabenbereich eine bestimmte Maßnahme fällt.

Um die Aufgaben der Leitung abzuschließen, sei noch erwähnt, dass diese regelmäßig – zumindest 1 x jährlich – eine *Bewertung* der Sicherheit des Unternehmens vornehmen sollte. Hinweise dazu – z.B. den erforderlichen Input – findet man in der Norm ISO 27001 unter dem Stichwort *Management-Bewertung*.

Konzentrieren wir uns nun auf die nächste Ebene – das (IT-)*Sicherheitsmanagement*. Es soll sich zunächst um die *konzeptionelle* Seite bei der Anwendung mobiler Geräte kümmern. Ausgehend von der Sicherheitsleitlinie sind dazu

- die *Risiken* für die Geschäftsprozesse bzw. IT-Anwendungen im Detail zu analysieren,
- vorhandene *Sicherheitsmaßnahmen* dahingehend zu bewerten, ob sie die Risiken ausreichend mindern,
- dort, wo dies nicht der Fall ist, andere bzw. stringentere Maßnahmen zu konzipieren,
- *Restrisiken* zu bestimmen und deren Akzeptanz sicherzustellen.

Die Ergebnisse dieser Aufgaben des Sicherheitsmanagements fließen in das sogenannte *Sicherheitskonzept* ein, welches unternehmensweit oder für einen bestimmten Teil des Unternehmens (bestimmte Organisationseinheiten, Standorte, ggf. auch nur für bestimmte Geschäftsprozesse) verbindlich umzusetzen und anzuwenden ist. Die Entscheidung über diesen *Anwendungsbereich* des Sicherheitskonzeptes – in der ISO 27001 als »Scope« bezeichnet, beim IT-Grundschutz als »IT-Verbund« – obliegt der Leitung. Mit dem Sicherheitskonzept insgesamt und der Eingliederung von Mobile Device Management werden wir uns in Abschnitt 2.4 »Integration aller Maßnahmen in ein Sicherheitskonzept« beschäftigen.

Die zuvor erwähnten Sicherheitsmaßnahmen haben alle *präventiven* Charakter, d.h. sie mindern das (*worst case*) Risiko – zusammengesetzt aus Eintrittshäufigkeit und Schadenhöhe. Im folgenden Abschnitt 2.2 »Sicherheits- und Kontrollmaßnahmen« werden wir einige typische Sicherheitsanforderungen,

Sicherheitsbausteine und *Sicherheitsmaßnahmen* vorstellen, wie man sie in einschlägigen Standards findet.

Solche Maßnahmen können Risiken aber nicht gänzlich ausschließen, d.h. irgendwann wird man es mit einem respektablen Sicherheitsvorfall oder sogar einem Notfall zu tun haben. Für diesen Fall wird eine *reaktive* Planung benötigt, die die Vorgehensweise nach Eintritt eines solchen Vorfalls zum Gegenstand hat. In diese Kategorie gehören Notfallkonzepte, Notfallhandbücher und Wiederanlaufpläne. In Kapitel 5 werden wir die Auswirkungen solcher Überlegungen auf das Mobile Device Management behandeln[2].

Der zweite Aufgabenbereich des Sicherheitsmanagements besteht in der *Überprüfung bzw. Überwachung der Sicherheit*; insbesondere sind alle Sicherheitsmaßnahmen regelmäßig auf ihre korrekte Umsetzung und ihre praktische Wirksamkeit zu überprüfen. Dazu sind vielfältige Möglichkeiten im Angebot. Wir beschränken uns auf einige Stichwörter:

- Tests – meist für technische Sicherheitsmaßnahmen, z.B. Penetrationstests bei Firewalls und Unternehmensnetzen insgesamt, aber auch die Funktionstüchtigkeit der Infrastruktur betreffend, etwa die Wirksamkeit einer Netzersatzanlage.
- Inspektionen – im Grunde bei allen Maßnahmen, insbesondere aber bei organisatorischen und personellen Maßnahmen.
- Auswerten von Aufzeichnungen – z.B. die Analyse von Protokollen der Zugriffs- und der Zutrittskontrolle, aber auch vieler anderer Aufzeichnungen in der Praxis des Sicherheitsmanagements.
- Audits – Schnappschussartige Aufnahme des Ist-Zustandes der Sicherheit; als interne (eigene) oder externe (durch Dritte ausgeführte) Audits möglich.
- Messungen – im Zusammenhang mit der Einführung von Kennzahlen für die Wirksamkeit einzelner Maßnahmen (s. Abschnitt 5.5).
- Simulationen – etwa im Zusammenhang mit dem Notfalltraining, aber auch bei komplexen Abläufen, bevor diese für die Praxis freigegeben werden.

---

2. Für das Grundsätzliche zum Notfallmanagement vgl. etwa den BSI-Standard 100-4 oder das Buch /KSK2011/, s. Quellenverzeichnis.

Aus solchen Aktivitäten gewinnt man Aussagen über die (Un)Wirksamkeit vorhandener oder geplanter Maßnahmen. Daraus lassen sich meist verschiedene Schlüsse ziehen, etwa:

- Eine Verbesserung der *Awareness* bei den Betroffenen ist vonnöten: Sensibilität für die IT-Sicherheit, Sachkenntnis, eigene Erfahrungen.
- Richtlinien und Maßnahmen sind zu komplex, um in der Praxis 1:1 eingehalten werden zu können.
- Einzelne Maßnahmen sind in der Praxis nicht ausreichend wirksam.

Mit solchen Erkenntnissen leitet man Änderungsbedarf für die Konzepte und Richtlinien ab.

Das weite Feld der Überprüfung und Überwachung ist bei vielen Sicherheitsbeauftragten nicht gerade beliebt, wahrscheinlich schon deshalb, weil man sich mit solchen prüfenden Tätigkeiten nicht unbedingt beliebt macht. Man muss aber klar festhalten, dass Überprüfen und Überwachen das unverzichtbare Pendant zur Konzeption der Sicherheit darstellen, d.h. ohne diese Tätigkeiten gewinnt man keine Einsichten über die *reale* Sicherheit – man vernachlässigt sogar seine Managerpflichten: Vorgaben machen *und* deren Einhaltung überwachen. Es sei noch der Hinweis gegeben, dass man in der Funktion des Sicherheitsmanagements Prüf- und Überwachungsaufgaben auch delegieren darf.

2.2 Sicherheits- und Kontrollmaßnahmen

Beginnen wir mit einer kurzen Übersicht über die Norm ISO 27001, die seit 2005 in englischer und seit 2008 in deutscher Sprache vorliegt. Sie ist eingebettet in die ISO 27000-Normenfamilie, die eine Vielzahl von Sicherheitsthemen behandelt bzw. noch behandeln will – sie ist noch im Aufbau. Das Sicherheitsmanagement oder genauer gesagt das *Informationssicherheitsmanagementsystem* (ISMS) ist Gegenstand der 27001 – mit erläuternden Beispielen in der 27002 und einer Implementierungshilfe in der 27003.

Der Hauptteil dieser Norm beschreibt das ISMS eines Unternehmens mit seinen Zielen und Subprozessen. Zu Letzteren gehören die *Lenkung von Informationen*, die *Managementverantwortung*, *interne Audits*, die *Managementbewertung* und die *Aufrechterhaltung der ISMS-Konformität*.

Auf diese z.T. sehr abstrakten Vorgaben wollen wir nicht näher eingehen, wenden uns vielmehr dem umfangreichen *Anhang A* dieser Norm zu. Er enthält insgesamt 133 Sicherheitsanforderungen – sogenannte *Controls* –, mit denen sich jedes ISMS beschäftigen muss. *Beschäftigen* heißt zunächst, bei jedem einzelnen Control zu prüfen, ob es für das eigene Unternehmen relevant ist: Ist das der Fall, muss das Control durch konkrete Sicherheitsmaßnahmen umgesetzt werden. Andernfalls muss zumindest begründet werden, warum das Control obsolet ist.

Die Controls sind in der Norm insgesamt 11 verschiedenen Themen zugeordnet, die mit A.5 bis A.15 nummeriert sind; unterhalb dieser Themen sind die einzelnen Teilaspekte in der zweiten Zahl (z.B. A.11.7), die darunter befindlichen einzelnen Controls in der dritten Zahl (z.B. A.11.7.1) durchnummeriert.

2

Nun sind wir besonders daran interessiert zu sehen, welche Anforderungen bzw. Controls in dieser Norm für das Mobile Device Management vorgesehen sind. Eine oberflächliche Inspektion des Anhangs A ergibt, dass anscheinend nur folgende Controls eine gewisse Relevanz haben:

A.11.7 Mobile Computing und Telearbeit

Ziel: Sicherstellen der Informationssicherheit bei der Benutzung von Einrichtungen für mobile Computing und Telearbeit.

A.11.7.1 Mobile Computing und Kommunikation

Maßnahme[3]

Um sich vor den Risiken bei der Verwendung von mobile Computing und Kommunikationseinrichtungen zu schützen, muss eine formale Leitlinie[4] vorhanden und angemessene Maßnahmen getroffen worden sein.

A.11.7.2 Telearbeit

Maßnahme

Regelungen und Betriebsanweisungen für Telearbeit müssen entwickelt und implementiert werden.

3. In der deutschen Fassung der Norm wird *Control* unglücklicherweise mit *Maßnahme* übersetzt; richtig wäre *Sicherheitsanforderung*.
4. Dies ist die schlechte Übersetzung von *Policy*, was hier angemessen mit *Richtlinie* zu übersetzen ist.

Das zweite Control *Telearbeit* ist hier insofern zu berücksichtigen, als damit nicht nur die *stationäre* Arbeit zu Hause oder an einem auswärtigen Arbeitsort gemeint ist, sondern eben auch die mobile Arbeit *unterwegs*. Dennoch: Viel Text für wenig Inhalt! Beide Controls sagen, dass Richtlinien, Anweisungen und angemessene Maßnahmen erforderlich sind, um vorhandene Risiken abdecken zu können[5].

Das hätten wir natürlich auch ohne die Norm erkannt. Die Idee ist jedoch vielmehr folgende: Richtet man sich als Unternehmen nach der ISO 27001, wird man bei der Abarbeitung der Controls automatisch auch zu A.11.7.1 und A.11.7.2 kommen: Ein ISMS kann also Mobile Computing nicht vernachlässigen, wenn es die Norm einhalten oder sich vielleicht sogar danach zertifizieren lassen will. Erhielte ein Auditor auf die Frage, ob im Unternehmen mobile Geräte im Einsatz sind, eine bejahende Antwort, wäre seine nächste Frage sofort, welche Regelungen bestehen und welche konkreten Sicherheitsmaßnahmen getroffen wurden. Dann käme als Nächstes deren Prüfung bzw. Beurteilung.

2

Nun wollen wir nicht zu tief in die Motivation der Norm einsteigen, sondern uns fragen, ob das denn alles war? Die Antwortet lautet: Nein. Jedes mobile Gerät ist zunächst einmal ein *IT-System*, auf dem Anwendungen laufen und das – zumindest temporär – in Kommunikationsnetze eingebunden ist, möglicherweise sensible Daten verarbeitet und speichert usw. Somit sind alle Anforderungen der 27001 für *IT-Systeme, Anwendungen, Netze und Daten* zu beachten – und das sind viele. Wir zählen einige wichtige Anforderungen auf, ohne das jeweilige Control genau zu zitieren, müssen aber darauf hinweisen, dass diese Aufzählung nicht vollständig ist:

- A.6.1.4 Genehmigungsverfahren für informationsverarbeitende Einrichtungen
  Der Betrieb stationärer IT unterliegt normalerweise einem Genehmigungs- oder Freigabeverfahren. Analog sollte auch die Nutzung von Mobile Devices an eine formelle Gestattung durch das Unternehmen gebunden werden. Dieser Grundsatz ist auch unter den Voraussetzungen des BYOD (Bring your own Device) zu befolgen, d.h. die Nutzung privater Geräte für dienstliche Zwecke muss unter einem Genehmigungsvorbehalt stehen.

---

5. Man erkennt an diesen beiden Beispielen den Abstraktionsgrad der ISO-Norm – auch wenn einige andere Controls durchaus konkreter ausschauen.

- A.7.1.1 Inventar der organisationseigenen Werte
  Zu den organisationseigenen Werten (im Englischen: Assets) zählen die Geschäftsprozesse, Anwendungen, Daten, Systeme etc., die das Unternehmen betreibt bzw. nutzt. Mobile Geräte zählen natürlich immer dann zu den organisationseigenen – und damit zu schützenden – IT-Systemen, wenn sie vom Unternehmen zur Verfügung gestellt werden, d.h. das nach der Norm erforderliche Inventarverzeichnis muss auch die Mobile Devices (und ihre Zuordnung zu Nutzern) beinhalten.

  Kritisch wird es beim BYOD, weil es sich ja hierbei um *private* Systeme der Nutzer und nicht um *organisationseigene* Systeme handelt. Hier sollte die Inventarliste diese Systeme dennoch zumindest summarisch erfassen – schon deshalb, um sie für die weitere Sicherheitsanalyse und entsprechende Vorgaben nicht aus den Augen zu verlieren.

- A.7.1.2 Eigentum von organisationseigenen Werten
  Dieses Control fordert, dass jeder organisationseigene Wert des Unternehmens unter der Aufsicht eines *Eigentümers* stehen muss, d.h. einer Person, die insbesondere für die Sicherheit des betreffenden Wertes zuständig ist. Die Assets *Mobile Devices* sollten somit einem dafür Verantwortlichen – z.B. aus der IT-Abteilung – zugeordnet sein, der durch entsprechende Vorgaben und Kontrollen für deren Sicherheit konzeptionell und administrativ sorgt. Bei der betrieblichen Nutzung liegt die Verantwortung natürlich beim Nutzer selbst.

- A.7.2.1 Regelungen für die Klassifizierung
  Hat das Unternehmen ein Klassifizierungsschema eingeführt (z.B. Daten werden nach OFFEN oder FIRMEN-VERTRAULICH klassifiziert oder bei Behörden nach dem Verschlusssachengrad OFFEN, NFD, VERTRAULICH, GEHEIM, STRENG GEHEIM eingestuft), haben solche Klassen bzw. Stufen natürlich auch Auswirkungen auf die datenverarbeitenden Geräte und Anwendungen: Je nach Klasse bzw. Stufe sind unterschiedlich hohe Sicherheitsanforderungen zu stellen und umzusetzen. Dies gilt natürlich auch für Mobile Devices, selbst bei BYOD.

- A.9.2.5 Sicherheit von außerhalb des Standorts befindlicher Ausrüstung
  Das ist offensichtlich ein Aspekt für unsere mobilen Geräte; sie » ... *müssen unter Beachtung der unterschiedlichen Risiken, die durch den Einsatz außerhalb eines Standorts entstehen, geschützt werden.*«

Hierunter fallen die Risiken des Verlierens und des Diebstahls sowie der unbemerkten Nutzung durch Dritte, weil ein Gerät nicht ausreichend beaufsichtigt wurde. *Nutzung* kann hierbei das Lesen von Daten, aber auch das Einbringen und Verändern von Software bedeuten. Bei der *Beaufsichtigung* geht es darum, Unbefugten eine direkte Nutzung des Geräts zu verwehren – aber auch darum zu verhindern, dass Unbefugte sensible Daten auf dem Display einsehen können oder sich etwa über Funkschnittstellen in ein Gerät einloggen und unbemerkt Daten abziehen.

- A.9.2.6 Sichere Entsorgung oder Weiterverwendung von Betriebsmitteln
  Wird ein mobiles Gerät nicht mehr für dienstliche Zwecke genutzt oder gar altersbedingt ausrangiert, ist dafür Sorge zu tragen, dass eventuell gespeicherte Firmendaten (ggf. nach einer Sicherung) zuverlässig gelöscht werden – dies gilt auch für den Fall lizenzgebundener Software auf dem Gerät.
- A.10.4.1 Maßnahmen gegen Schadsoftware
  Hier nennt die Norm die Stichwörter »Erkennung, Verhinderung und Wiederherstellung« im Falle der Infektion mit Schadsoftware.
- A.10.4.2 Schutz vor mobiler Software (mobilen Agenten)
  Häufig wird auf mobilen Geräten aus dem Internet geladener Code (Software, Skripte, Apps ...) ausgeführt. Hier ist besondere Vorsicht geboten: Das Unternehmen sollte eine klare Richtlinie für die Nutzung von mobiler Software festlegen – etwa dergestalt, dass nur vorab freigegebene bzw. genehmigte Software genutzt werden darf.
- A.10.5.1 Backup von Informationen
  Abhängig davon, welche Daten auf dem mobilen Gerät gespeichert werden, muss überlegt werden, ob Backup-Mechanismen erforderlich sind, wie diese konkret aussehen und wer die Verantwortung für die regelmäßige Datensicherung trägt.

Eine weitere Gruppe von Controls (A.11.x.y) beschäftigt sich mit der Zugangs-, Zutritts- und Zugriffskontrolle. Das ist in zweierlei Hinsicht auch für unsere Mobile Devices wichtig: Werden diese zum Zugriff auf das Unternehmensnetz verwendet, müssen Authentifizierungs-, Verschlüsselungs- und Signaturmechanismen bedacht werden, um eine sichere Anmeldung sowie gesicherte Zugriffe auf Unternehmensdaten zu ermöglichen und diese Daten gegen Abhören und Verfälschen zu sichern. Zweitens müssen mobile Geräte selbst über einen Zugriffsschutz – mindestens ein (gutes) Passwort – verfügen, um eine Nutzung des Geräts durch Unbefugte zu verhindern. Im Grunde sind dies vergleichbare Anforderungen wie für jedes IT-System in einem Netzwerk.

- A.12.6.1 Kontrolle technischer Schwachstellen
  In den IT-Abteilungen ist es heute vielfach die Regel, Schwachstelleninformationen für Betriebssysteme, Anwendungen und Netzwerkprotokolle – wie sie von CERT-Diensten[6] geliefert werden – auszuwerten und ausnutzbare Schwachstellen möglichst zu fixen. Natürlich sind solche Schwachstellen auch bei mobilen Geräten vorhanden, viele weitere werden sicher noch bekannt werden: Dieses Control erinnert uns daran, auch Mobile Devices mit ihren Betriebssystemen und Apps in das Schwachstellenmanagement einzubeziehen.

Eine ähnliche Situation liegt auch bei den Gruppen A.13.x.y *Umgang mit Informationssicherheitsvorfällen* und A.14.x.y *Sicherstellung des Geschäftsbetriebs* vor. Die entsprechenden Anforderungen beziehen sich inhaltlich sowohl auf Sicherheitsvorfälle *im Zusammenhang mit* Mobile Devices wie auch auf Störungen des Geschäftsbetriebs *durch Probleme mit* Mobile Devices. Wir behandeln solche Fragestellungen in Kapitel 5.

Ziehen wir ein Fazit

Will oder muss man sich an der Norm ISO 27001 orientieren, so sind nicht nur die Controls A.11.7.x unter der Überschrift *Mobile Computing und Telearbeit* zu beachten. Alle anderen Controls sind für Mobile Devices entsprechend zu *interpretieren*. Dann ist ihre Anwendbarkeit jeweils überprüfen, es sind ggf. konkrete Maßnahmen zuzuordnen.

Im deutschsprachigen Raum erfreut sich neben der ISO 27000-Familie auch der *IT-Grundschutz des BSI*[7] einer gewissen Beliebtheit. Bei diesem (Quasi-)Standard wurde sehr viel Wert gelegt auf detaillierte Maßnahmenlisten und die Bündelung von Maßnahmen zu *Bausteinen* für bestimmte Einsatzszenarien. Es existiert sogar eine Art *Cross Reference*-Liste, der man entnehmen kann, welche einzelnen Maßnahmen nach Auffassung des BSI zu den Controls der ISO 27001 passen.

---

6. Computer Emergency Response Teams. Für eine Übersicht: *www.cert-verbund.de*.
7. Bundesamt für Sicherheit in der Informationstechnik, *www.bsi.de*, Menüpunkt IT-Grundschutz.

Der Bausteinkatalog ist in sechs Kategorien B1 bis B6 unterteilt, die ihrerseits z.T. mehrere Hundert Einzelbausteine umfassen. Beispielsweise gehört der Baustein *B2.8 = Häuslicher Arbeitsplatz* der Kategorie *B2 = Infrastruktur* an und ist der achte Baustein in dieser Kategorie.

Eine erste Inspektion des Bausteinkatalogs liefert die folgenden Bausteine mit einem mehr oder weniger starken Bezug zu den Mobile Devices:

- B2.10 Mobiler Arbeitsplatz
- B3.203 Laptop
- B3.404 Mobiltelefon
- B3.405 PDA
- B5.8 Telearbeit
- B5.14 Mobile Datenträger

Arbeitet man diese sechs Bausteine durch, so ergibt sich eine lange Liste von Einzelmaßnahmen. Wir wollen einige Beispiele nennen und kommentieren. Die Nummerierung der Maßnahmen ist so gestaltet, dass die erste Ziffer nach M die Maßnahmenkategorie, die folgende Zahl eine fortlaufende Nummer darstellt. Die Kategorien sind 1=Infrastruktur, 2=Organisation, 3=Personal, 4=Hardware und Software, 5=Kommunikation, 6=Notfallvorsorge.

- M1.61 Geeignete Auswahl und Nutzung eines mobilen Arbeitsplatzes
  Analog zu stationären Arbeitsplätzen kann es auch bei mobilen erforderlich sein, einige Grundvoraussetzungen sicherzustellen: unbeobachtetes Arbeiten, sichere Nutzung von Unterlagen und Datenträgern (soweit erforderlich), Schutz gegen Diebstahl. Sind solche Anforderungen nicht erfüllbar, muss ggf. auf das mobile Arbeiten verzichtet werden.
- M 2.309 Sicherheitsrichtlinien und Regelungen für die mobile IT-Nutzung
  Richtlinien bzw. Regelungen sollten insbesondere folgende Punkte behandeln: ggf. Einschränkungen[8] bei mobiler Arbeit oder gar Nutzungsverbot von mobilen IT-Systemen in bestimmten Umgebungen; Abgrenzung privat/dienstlich; Beaufsichtigungspflicht; Restriktionen bei der Nutzung betrieblicher Daten und Zugriffe; Nutzung von Verschlüsselung; einzuhaltende Verfahren bei Verlust oder Diebstahl, Verwaltung, Wartung und

8. siehe auch die Maßnahme M 2.389 weiter unten.

Weitergabe von mobilen IT-Systemen; bei Benutzerwechsel müssen alle benötigten Passwörter *gesichert* weitergegeben werden; sichere Entsorgung ausgedienter Datenträger und Dokumente beim Arbeiten unterwegs.

- M 2.37 Der aufgeräumte Arbeitsplatz
  Diese *Clean-Desktop-Policy* gilt im Grunde auch für mobiles Arbeiten: Selbst bei nur kurzer Abwesenheit vom Arbeitsplatz sind die mobilen Geräte sowie verwendete Unterlagen und Datenträger sicher zu verwahren. Es dürfen keine verwertbaren Notizen mit Passwörtern liegengelassen werden. Ist ein mobiles Gerät im Ausnahmefall kurzzeitig nicht zu beaufsichtigen, muss dafür gesorgt werden, dass Unbefugte nicht damit arbeiten können (Passwortsperre, keine Anzeige sensitiver Daten).

2

- M 2.389 Sichere Nutzung von Hotspots
  Die Infrastruktur von Hotspots ist a priori als unsicher zu betrachten – zumindest kann der Nutzer häufig mangels Informationen die Sicherheit nicht präzise einschätzen. Bei häufig genutzten Hotspots kann deshalb eine Nachfrage beim Betreiber lohnenswert sein.

  Unklar ist oft, welche Daten am Hotspot gespeichert werden: Man liefe in ein großes Risiko, würde man sorglos kritische Daten wie Authentifizierungsdaten, Passwörter, Bankdaten, Kreditkartennummern, Schlüssel etc. übertragen. Solche Daten dürfen grundsätzlich nur verschlüsselt übertragen werden.

  Je nach Architektur kann es sein, dass mit dem Hotspot verbundene mobile Geräte wechselseitig auf ihre Daten zugreifen können. Auch hier gilt die Regel für das »normale« Arbeiten, Verbindung mit einem Hotspot nicht unter einem Administrator-Account, sondern nur mit einem entsprechend restriktiv konfigurierten User-Account aufzubauen.

  Besonders bei diesem alltäglichen Punkt der Nutzung von Hotspots müssen die Nutzer mobiler Geräte auf die Gefahren bei Access Points in öffentlichen Einrichtungen hingewiesen werden, eventuell sollte sogar ein Awareness-Training zu diesem Punkt durchgeführt werden. Sobald sensible Unternehmensdaten übertragen werden, müssen sichere VPN-Verbindungen zur Anwendung kommen.

- M 4.235 Abgleich der Datenbestände von Laptops
  Diese Maßnahme behandelt das folgende Problem: Sind für das mobile

Arbeiten *aktuelle* Daten erforderlich, die im Unternehmensnetz bzw. auf stationären Systemen gespeichert sind, ist für eine regelmäßige Synchronisation zu sorgen. Dies kann PIM-Daten betreffen, aber auch Daten, die für bestimmte Applikationen benötigt werden. Ein solcher Fall liegt etwa vor, wenn Mitarbeiter von Notfallteams auf ihren Notebooks aktuelle Daten über Netzwerkverbindungen, Konfigurationseinstellungen, Software-Releases etc. benötigen und diese sich häufig ändern. Hier wird man mindestens eine tägliche Synchronisation mit einem zentralen Bestand vorsehen.

Eine weitere Gruppe von Maßnahmen behandelt *technische* Vorgaben für mobile Geräte. Dabei handelt es sich um Maßnahmen, die im Maßnahmenkatalog für Internet-PC, Laptops, Mobiltelefone, PDAs etc. formuliert sind, aber generell *für alle mobilen Geräte* anzuwenden sind:

- M 2.189 Sperrung des Mobiltelefons bei Verlust
- M 4.236 Zentrale Administration von Laptops
- M 4.27 Zugriffsschutz am Laptop
- M 4.3 Einsatz von Virenschutzprogrammen
- M 5.121 Sichere Kommunikation von unterwegs
- M 5.78 Schutz vor Erstellen von Bewegungsprofilen bei der Mobiltelefonnutzung
- M 5.80 Schutz vor Abhören der Raumgespräche über Mobiltelefone
- M 5.91 Einsatz von Personal Firewalls für Internet-PCs
- M 6.95 Ausfallvorsorge und Datensicherung bei PDAs

Die sprechenden Titel dieser Maßnahmen signalisieren, worum es geht; mehr Details kann man dem Maßnahmenkatalog des BSI entnehmen.

Es sei darauf hingewiesen, dass man mit den gleichen Überlegungen wie bei der ISO 27001 zu einer sehr viel längeren Liste von Maßnahmen kommt – eben aus Bausteinen, die gleichermaßen für *alle* IT-Systeme, Netze und Anwendungen zu beachten sind: darunter *B3.201 Allgemeiner Client, B3.208 Internet-PC, B4.1 Heterogene Netze, B4.2 Netz- und Systemmanagement, B5.3 E-Mail* sowie die Managementbausteine *B1.0 Sicherheitsmanagement, B1.3 Notfallmanagement, B1.4 Datensicherungskonzept usw.* Wir verzichten aber darauf, diese Bausteine einzeln zu behandeln.

2.3 Berücksichtigung in einer Sicherheitsleitlinie

Eine *IT-Sicherheitsleitlinie* (*IT Security Policy*) ist ein Dokument, das

- von der Leitung eines Unternehmens in Kraft gesetzt wird,
- die Bedeutung der IT-Sicherheit für das Unternehmen darlegt,
- allen Mitarbeitern eine Orientierung in Sachen IT-Sicherheit geben soll und
- zentrale Grundsätze und Regeln zur Einrichtung und Umsetzung der Sicherheit beinhaltet.

Es gibt Fälle, in denen der Adressatenkreis weiter gezogen ist und sich auch auf Kunden bzw. Auftraggeber, Outsourcing-Geber und -Nehmer etc. bezieht.

Die Leitlinie stellt letztlich einen wesentlichen Input für das Sicherheitskonzept dar, grenzt sich aber von diesem dadurch ab, dass es für Laien lesbar sein muss, keine (sicherheits-)technischen Details beinhalten soll, sondern eher einen summarischen Überblick über die Behandlung des Sicherheitsthemas im Unternehmen geben soll.

Die typische Gliederung sieht dementsprechend so aus:

1. Definitorischer Teil

- 1.1 Nennung des Unternehmens
- 1.2 Organisation und Geschäftszweck
- 1.3 Festlegung des Geltungsbereichs der Leitlinie

2. Analytischer Teil

- 2.1 Anforderungen, Risiken und Ziele der Sicherheit
- 2.2 Bedeutung der Sicherheit für die Organisation
- 2.3 Angestrebtes Sicherheitsniveau

3. Regulativer Teil

- 3.1 Grundsätzliche Regelungen
- 3.2 Verpflichtung der Mitarbeiter zur Einhaltung der Leitlinie
- 3.3 Bekenntnis der Unternehmensleitung zur Unterstützung der IT-Sicherheit
- 3.4 Inkraftsetzen der Leitlinie mit Datum und Unterschrift

Unter 3.1 fallen z.B. Regelungen über Zuständigkeiten für die Sicherheit, Einrichtung von Gremien, Schulungsmaßnahmen, Qualifizierungen (z.B. Zertifizierungen).

Inspiziert man diese Gliederungspunkte im Hinblick auf die Problematik der mobilen Geräte, so erkennt man besonderen Erklärungsbedarf bei den Punkten 1.3, 2.1 und 3.1.

Beim Geltungsbereich der Leitlinie (1.3) geht es um den Bezug: Für welche Unternehmensteile, Standorte, Prozesse etc. gilt diese Leitlinie? Der Normalfall ist, dass sie für das gesamte Unternehmen gilt. Es kann insofern sinnvoll sein, eine Formulierung der folgenden Art hinzuzufügen:

Diese Leitlinie umfasst auch das Arbeiten mit mobilen Systemen, die für dienstliche Zwecke genutzt werden – gleichgültig, ob sie durch das Unternehmen zur Verfügung gestellt wurden oder im Sinne des BYOD genutzt werden.

Der Nachsatz entfällt natürlich, wenn BYOD nicht angewendet wird.

Was den Abschnitt 2.1 anbetrifft, ist die Leitlinie um Aussagen über Risiken und Ziele bei der Nutzung mobiler Geräte zu erweitern – zumindest soweit es hier Besonderheiten gibt, die nicht durch allgemeine Vorgaben für IT-Systeme, Netze und Anwendungen ohnehin abgedeckt sind. An dieser Stelle könnte man für mobile Geräte und mobiles Arbeiten summarisch folgendes Risiko aufführen:

In dem meist unsicheren Umfeld für mobiles Arbeiten bestehen die Risiken des Abhandenkommens der mobilen Systeme, der missbräuchlichen Nutzung durch Dritte, der Preisgabe von sensiblen Unternehmensdaten und Zugriffscodes auf Unternehmensnetze sowie des Einschleusens von Schadsoftware.

Dementsprechend ist ein *spezifisches* Sicherheitsziel wie folgt zu formulieren:

Wahrung der Vertraulichkeit, Verfügbarkeit, Integrität von Daten sowie Verhinderung von Missbrauch beim Arbeiten mit mobilen Systemen selbst in unsicheren Arbeitsumgebungen.

Bei den grundsätzlichen Regelungen (3.1) geht es *nicht* darum, alle einzelnen Vorgaben und Regeln im Detail aufzuführen. Vielmehr sollen wesentliche

Eckpunkte bzw. Orientierungshilfen gegeben werden. Für das mobile Arbeiten könnte dies durch eine Formulierung der folgenden Art gewährleistet werden:

Für die Nutzung mobiler Geräte für dienstliche Zwecke wird eine spezifische Richtlinie erlassen, die alle notwendigen Regeln, Verfahren und zu treffende Vereinbarungen enthält, um sicheres Arbeiten zu gewährleisten.

Für den Fall, dass dienstliches Arbeiten auch mit BYOD zulässig sein soll, empfiehlt es sich, *zusätzlich* Folgendes anzuführen:

Die Nutzung *privater* mobiler Geräte für dienstliche Zwecke steht unter explizitem Genehmigungsvorbehalt; es ist diesbezüglich eine Vereinbarung mit dem einzelnen Nutzer zu schließen; die Vereinbarung enthält Regeln zur Abgrenzung von privater und dienstlicher Verwendung, aber auch das Inspektionsrecht des Unternehmens die dienstliche Nutzung und gespeicherte Daten betreffend.

Durch solche Aussagen in der Leitlinie wird für alle Mitarbeiter eine klare Orientierung vermittelt sowie auf spezifische Richtlinien und Vereinbarungen verwiesen.

2.4 Integration aller Maßnahmen in ein Sicherheitskonzept

Ein Sicherheitskonzept knüpft an die Leitlinie an und stellt detaillierte Risikoanalysen und -bewertungen, die einzelnen zu treffenden Maßnahmen sowie daraus resultierende Restrisiken zusammen.

Im Hinblick auf mobiles Arbeiten heißt das, die spezifischen Risiken für diese Art des IT-Einsatzes zu ergänzen. Ausgangspunkt ist die Formulierung der Risiken aus der Leitlinie, die man in Teilrisiken zerlegt und einzeln analysiert, bewertet und (durch Maßnahmen) behandelt. Dabei helfen die Ausführungen in Kapitel 3 dieses Buches. Insofern stellt die Aufnahme von Mobile Devices bzw. mobilem Arbeiten in ein Sicherheitskonzept keine Besonderheit dar.

Da das Sicherheitskonzept ein durchaus »sensibles« Dokument ist, wird man die Kenntnisnahme des Inhalts zunächst auf das Sicherheitspersonal und Leitungsfunktionen beschränken. Da jedoch vom Inhalt her alle Mitarbeiter, ggf.

auch Kunden und Kooperationspartner betroffen sind, wird man Extrakte für die jeweilige *Zielgruppe* anfertigen. Solche Extrakte kann es auch für bestimmte *Themen* geben, die ihrer Bedeutung wegen für alle Mitarbeiter oder bestimmte Gruppen darzustellen sind. Solche Extrakte stellen die *Sicherheitsrichtlinien* dar.

Beispielsweise könnte es Richtlinien geben für

- die IT-Sicherheit am Arbeitsplatz (Zielgruppe: alle Mitarbeiter),
- die E-Mail-Sicherheit (Zielgruppe: alle Mitarbeiter),
- das Backup und Restore von Unternehmensdaten (Zielgruppe: Backup-Manager),
- die Administration von IT-Systemen (Zielgruppe: Administratoren).

In unserem Kontext werden in aller Regel folgende Sicherheitsrichtlinien zu ergänzen sein:

R1: Sichere Nutzung mobiler Geräte

Hier besteht die Zielgruppe aus den Mitarbeitern, die mobile Geräte nutzen (dürfen). Diese Richtlinie R1 muss darstellen,

- wer der Ansprechpartner für diese Thematik im Unternehmen ist,
- wie das Genehmigungsverfahren abläuft (sofern eingerichtet),
- welche Vereinbarung zu schließen ist (falls erforderlich),
- ob BYOD möglich ist bzw. wie mobile Geräte im Unternehmen ausgegeben werden,
- was bei der Nutzung zu beachten ist (Risiken, Maßnahmen, einzuhaltende Regeln),
- wie Sicherheitsprobleme, Sicherheitsvorfälle, Geräteverlust etc. anzuzeigen sind,
- was bei Geräterückgabe, Gerätewechsel, Geräteweitergabe an andere Mitarbeiter zu beachten ist,
- welche Kontrollen und Inspektionen durch das Unternehmen möglich sind, um die Einhaltung der Vorgaben zu überwachen.

Diese Punkte stellen im Grunde bereits die Gliederung der Richtlinie R1 dar.

R2: Management mobiler Geräte

In dieser zweiten Richtlinie R2 geht es um das Personal, das mit dem Management der mobilen Geräte beauftragt ist. Zu den Aufgaben bzw. Aktivitäten zählen

- die Auswahl und Beschaffung mobiler Geräte,
- das Genehmigungsverfahren bzw. der Abschluss von Vereinbarungen mit den Nutzern,
- die Vorbereitung der Geräte für den Einsatz (Installation, Konfiguration, Aktivieren von Sicherheitsfunktionen),
- das Verfahren der Ausgabe und Rücknahme der Geräte,
- die Bearbeitung von Mitteilungen der Nutzer (Sicherheitsprobleme, -vorfälle, Verlustmeldungen),
- die Durchführung möglicher Kontrollen.

Unter Umständen wird man bei der Breite dieser Themen die Richtlinie R2 noch einmal unterteilen und jeweils eigenen Managementfunktionen zuordnen.

Auf die Inhalte dieser beiden Richtlinien R1 und R2 werden wir in den weiteren Kapiteln dieses Buches noch näher eingehen.

2.5 Tests auf Operabilität und Wirksamkeit der Maßnahmen

Schon erwähnt wurde, dass Sicherheit immer ein gewisses Maß an Kontrolle bzw. Überprüfung und Überwachung erfordert. Im Kontext des mobilen IT-Einsatzes haben wir folgende Aspekte zu betrachten:

- *Operabilität* – Mobile Devices mit ihren Software-Anteilen/Apps, der nicht-trivialen Einbindung in heterogene Netze bis hin zum Zugriff auf das Unternehmensnetz stellen eine komplexe Architektur dar, deren Funktionstüchtigkeit zunächst durch Tests zu bestätigen ist. Dieses Problem wird umso kritischer, wenn bei der Auswahl der Geräte keine Einheitlichkeit vorgeschrieben wird, man es also mit einer sehr heterogenen Gerätelandschaft zu tun hat.

- *Sicherheit* – Dass alle konzeptionell vorgesehenen Sicherheitsmaßnahmen (Authentifizierung, Verschlüsselung, Signatur, Malware-Schutz etc.) korrekt funktionieren, ist ebenfalls zu testen.
- Bei der Verwendung von Softwarelösungen zum *Mobile Device Management* ist zumindest stichprobenartig zu überprüfen, ob Konfigurationen sowie Sicherheitseinstellungen in beabsichtigter Weise in die Geräte geladen wurden.
- Generell stellt sich die Frage nach *Schwachstellen*, mit denen Sicherheitsfunktionen mobiler Geräte umgangen oder anderweitig ausgenutzt werden können. Beim Einsatz kommerzieller Betriebssysteme und kommerziell bzw. als Public Domain verfügbarer Software ist man meist auf entsprechende CERT-Quellen oder die Internet Community angewiesen; soweit möglich sollten hier ebenfalls *eigene* Tests durchgeführt werden.

Kommen wir noch zu dem Thema der Überprüfung der *Nutzung* mobiler Geräte. Dabei geht es um das Ziel, die Einhaltung der Vorgaben aus einer Sicherheitsrichtlinie oder einer entsprechenden Nutzungsvereinbarung zu kontrollieren, und zwar anhand der in den Geräten gespeicherten Daten und Aufzeichnungen bzw. Protokollen.

Soweit es sich um Geräte handelt, die vom Unternehmen ausgegeben und auf dienstliche Verwendung beschränkt wurden, sind solche Kontrollen zulässig. Kritisch wird es wie immer, wenn man eine private Nutzung zulässt oder gar BYOD anwendet. Der Nutzer eines Gerätes könnte hier eine Überprüfung seines mobilen Gerätes mit Hinweis auf seine persönlichen Daten oder bei BYOD auf sein Eigentumsrecht verweigern. Hier hilft nur, das Überprüfungsrecht im Rahmen einer Vereinbarung festzulegen und geeignet auf die dienstlichen Daten und Aufzeichnungen zu beschränken.

Soweit über Mobile Devices auf das Unternehmensnetz bzw. entsprechende Anwendungen zugegriffen worden ist, könnten in der stationären IT des Unternehmens Protokollaufzeichnungen über solche Zugriffe existieren. Die Auswertung bzw. Kontrolle dieser Aufzeichnungen ist natürlich grundsätzlich zulässig, da es ja hier um dienstliche Belange geht.

Nochmal komplizierter wird es allerdings, wenn in mobilen Geräten gespeicherte oder verarbeitete Daten personenbezogene Daten Dritter beinhalten. Dann wird die Kontrolle durch das IT-Sicherheitsmanagement der Zustimmung des Datenschutzbeauftragten bedürfen.

3 Sicherheitsprobleme mobiler Endgeräte

Die Globalität, die einen wesentlichen Faktor unserer heutigen Geschäftswelt darstellt und auch den Mittelstand erfasst hat, erfordert immer mehr Reisen zu entfernten Niederlassungen der Unternehmen. Effiziente Geschäftsprozesse benötigen Erreichbarkeit und Interaktion auch außerhalb des Büros. Pauschal gesagt entstehen mit dem Mobile Computing auch neue Möglichkeiten für den Datenmissbrauch – gewissermaßen die Kehrseite der Medaille.

Mobile Computing bedeutet

- Mobilität von Diensten und Applikationen wie z.B. E-Mail, Instant Messaging, Filetransfer etc., die von jedem Ort der Welt aus benutzt werden können,
- Mobilität von Daten – mit unterschiedlichen Endgeräten wird von überall auf der Welt mittels Cloud Computing auf Datenbestände zugegriffen,
- Mobilität der Endgeräte – die Geräte müssen bequem portabel und von einer stationären Stromversorgung unabhängig sein,
- Mobilität der Netzanbindung – die Verbindung mit dem Unternehmensnetz soll über drahtlose Netze mit vielen Zugriffspunkten oder Mobilfunknetzen von überall auf der Welt sicher möglich sein.

Und nicht zuletzt bedeutet Mobile Computing auch die Verwendung von mobiler Peripherie wie Speicherkarten, USB-Sticks und Headsets, um nur einige aufzuführen.

Eine grundlegende Anforderung für die Hersteller ist, dass alle diese Gerätschaften mit ihren Diensten intuitiv von nicht geschultem Personal zu bedienen sind. Denn Mobilität bedeutet zunächst auch eine »Einzelkämpfer«-Situation des Anwenders. Aber der allein gelassene Anwender wäre sein eigener IT-Administrator und müsste mit seiner Infrastruktur und ihren Risiken zurechtkommen. Dies kann bei wichtigen Geschäftsprozessen mit Anforderungen an Compliance und damit verbundener Business Continuity keine zielführende Vorgehensweise sein.

In welcher Weise unterstützt uns hier ein umfassendes Mobile Device Management?

Zunächst, mehr allgemein ausgedrückt, sorgt Mobile Device Management für eine sichere Grundkonfiguration der Endgeräte, für die Aktualität der mobilen Endgeräte, ihrer Firmware, der darauf ausgeführten Apps und für Unterstützung der Endanwender sowie Minimierung des Risikos für festgelegte Sicherheitsziele bei auftretenden Notfällen und Sicherheitsvorfällen. Mobile Endgeräte sind für die Bedrohung der Sicherheit besonders exponiert, und wir wollen uns nun die typischen Sicherheitsprobleme näher ansehen.

3.1 Unberechtigter physischer Zugriff durch Verlust und/oder Diebstahl

Mobile Endgeräte sind milieuwechselnde Geräte. Sie sind in Zügen, Flugzeugen, Wartesälen, Abflughallen, Mietwagen, Hotelbars, Umkleidekabinen von Saunen etc. anzutreffen. Es sind »Lifestyle«-Utensilien. Viele, gerade jüngere Personen definieren sich über den Besitz eines »angesagten« Smartphones oder Pad-Computers. Dementsprechend werden sie auch gern gezeigt oder offen an der Kleidung getragen, wo sie Begehrlichkeiten wecken oder auch schlicht und einfach verloren gehen können.

Mobile Endgeräte liegen häufig unbeaufsichtigt in Zügen, Mietwagen und Hotelzimmern. Besonders gravierend ist dieses Problem bei Wechselspeichern. Sie werden zwar nicht herumgezeigt, sind aber so klein (kaum größer als eine Briefmarke), dass sie bei unsachgemäßem Umgang leicht verloren gehen. Ihre Speicherkapazität ist jedoch so immens, dass Konstruktionspläne oder andere wertvolle Unternehmensinformationen in großer Anzahl auf ihnen gespeichert sein können. Verschärft wird diese Situation noch dadurch, dass diese Speicherkarten auch in digitale Kameras und Camcorder passen und damit geschäftliche Daten in den privaten Bereich geraten können.

Der Verlust des Endgerätes kann heute als die häufigste Bedrohung angesehen werden, wobei der Verlust überwiegend durch unbeabsichtigtes »Liegenlassen« oder »Verlieren« entsteht. Diebstahl der kleinen und teuren Geräte ist allerdings ein nicht zu verharmlosendes Thema. Gerade exponierte, vielreisende Führungskräfte sind ein mitunter sehr lohnendes Angriffsziel. »Whaling« bezeichnet die Methode, einer wichtigen Führungspersönlichkeit »Wal« das Smartphone oder den Pad-Computer zu entwenden.

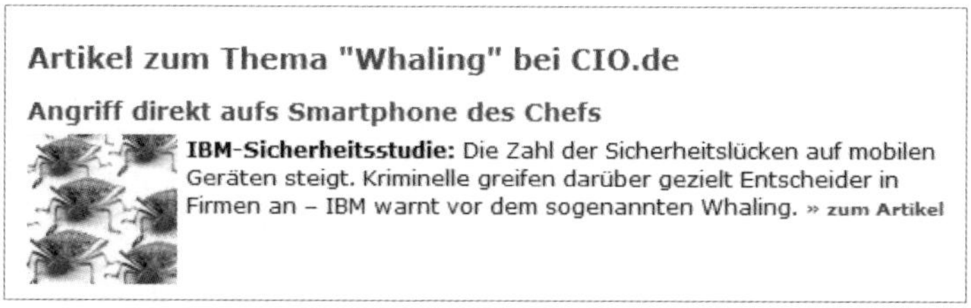
Artikel zum Thema "Whaling" bei CIO.de

Angriff direkt aufs Smartphone des Chefs

IBM-Sicherheitsstudie: Die Zahl der Sicherheitslücken auf mobilen Geräten steigt. Kriminelle greifen darüber gezielt Entscheider in Firmen an – IBM warnt vor dem sogenannten Whaling. » zum Artikel

Abbildung 3.1: Whaling-Angriffe[1]

Interessant für den Angreifer sind die Daten in den Geräten und Zugangsmöglichkeiten zu Datenspeichern und Unternehmensressourcen. Für den mobilen Anwender bedeutet der Geräteverlust zunächst Datenverlust und damit Sicherheitsprobleme. Unmittelbar nach dem Verlust tauchen folgende Fragen auf:

- Sind ein Backup und Restore-Möglichkeiten vorhanden?
- Befinden sich als sensibel eingestufte Daten in dem Gerät?
- Sind voreingestellte Zugriffsmöglichkeiten auf sensible Ressourcen im Unternehmensnetzwerk im Gerät gespeichert?
- Ist der Code für die Gerätesperre auch nicht zu simpel gewählt gewesen?

SMARTPHONES

The 10 Most Popular iPhone Passwords, Starring '1234'

Abbildung 3.2: Populäre Passwörter bei Smartphones[2]

Es müssen unmittelbar Maßnahmen eingeleitet werden, die in der Regel von der Benutzergruppe (also zum Beispiel Führungskraft, Außendienstmitarbeiter, Administrator), der der Anwender angehört, abhängen.

---

1. *www.cio.de/schwerpunkt/w/Whaling.html*
2. *http://techland.time.com/2011/06/13/the-10-most-popular-iphone-passwords-starring-1234/*

Auch wenn der Verlust nur kurzzeitig war und das Gerät sich wiederfindet, ist Vorsicht angezeigt. Das mobile Endgerät oder die darin enthaltenen Daten können manipuliert sein, es kann Spyware installiert worden sein, das Gerät dient jetzt ferngesteuert über nicht angezeigte SMS oder E-Mail als »Wanze« und vieles mehr.

3.2 Schadsoftware (»Malware«)

Im Jahre 1994 erschien eine Veröffentlichung zum Thema Computerviren im Handbuch der Informationstechnik, Band 2, vom Bundesamt in der Informationssicherheit (BSI), aus der folgendes Zitat entnommen ist:

> *»Die rasante Entwicklung der Computerviren ist nicht aufzuhalten und sie werden auch nicht in einigen Jahren von alleine verschwinden. Man muß den Sicherheitsaspekt als notwendig akzeptieren, d.h. es werden zukünftig zusätzliche Kosten für Zugangskontrollen, Antivirenprodukte usw. anfallen. Jeder PC-Anwender muß eine sicherheitsbezogene Unterweisung erhalten (eine Einweisung in die Bedienung des PCs wird dabei vorausgesetzt).«*

Eine sehr zutreffende Prognose: Die Entwicklung von Computerviren, Trojanern und anderer Malware hat auch längst auf den mobilen Sektor übergegriffen und steigt rasant an. Registrierte man 2004 mit Cabir[3] den ersten Computerwurm für Mobiltelefone mit den Betriebssystemen Symbian oder Windows Mobile, der sich via aktiviertem Bluetooth verbreitete, beobachtet man heute in der mobilen Welt eine Vielzahl weitaus gefährlicher Spezies aus der Gattung Malware. Für Symbian war das Auftreten von Cabir der Anlass, das bis dahin vernachlässigte Code Signing von Apps und Patches einzuführen. Auch ist es in der Vergangenheit vorgekommen, dass sich Computerviren auf Speicherkarten befanden, die im Rahmen einer PR-Aktion von Mobilfunkanbietern zusammen mit Smartphones ausgeliefert wurden[4].

3. *http://www.dancewithshadows.com/tech/mobile-phone-virus-cabir.asp*
4. *http://www.heise.de/mobil/meldung/Erneut-Mariposa-Virus-auf-Vodafone-Smartphones-959815.html*

Vorsicht

Bei geschenkten Speicherkarten, USB-Sticks oder anderen Wechselspeichern ist mit Malware auf diesen Datenträgern zu rechnen. Sie sollten nicht ungetestet mit produktiv genutzten Endgeräten verbunden werden. Hier ist zum Verzicht zu raten; schließlich war auch das erste trojanische Pferd der Geschichte ein Geschenk.

In der mobilen IT treten überwiegend Trojaner als Malware auf. Die Verbreitung ist einfach: Bekannte und beliebte Apps werden mit Schadroutinen ergänzt und erneut in Markets oder Webportalen zum Download angeboten. Es muss sich noch nicht einmal um die bekannte Applikation direkt handeln; bereits eine App mit ähnlich klingendem Namen, der Name des Originals, vielleicht ergänzt mit einem »NG« oder »Reloaded«, reicht schon für hohe Download-Raten aus.

Der Zugriff auf soziale Netzwerke (Facebook, LinkedIn etc.) mit mobilen Endgeräten erfreut sich gerade bei jüngeren Anwendern großer Beliebtheit. Ende Dezember 2011 nutzten 485 Millionen aktive User monatlich die sozialen Netzwerke mit mobilen Endgeräten.[5] In sozialen Netzwerken wird überwiegend multimedialer Inhalt angeboten, der eine Infektion durch »Drive-By-Downloads« recht einfach ermöglicht. Kein Wunder also, dass »Drive-By-Downloads« als Verbreitungsweg für Malware stark zugenommen haben.

Eine besondere Form von Trojanern in der mobilen Welt sind die Spy-Apps, die teils kommerziell[6] zur Überwachung angeboten werden, andererseits für den Zugriff auf gewinnbringende Daten, z.B. Banking-Daten, dienen. Ein bekannter Vertreter ist der »ZeuS« genannte Trojaner, der mobile Endgeräte mit den Betriebssystemen Android, Symbian und WP7 befällt. Dabei ist ZeuS ein seit dem Jahr 2007 bekannter High-Tech-Trojaner, der in verschiedenen Variationen aufgetaucht ist, darunter auch als ZitMo (»ZeuS-in-the-Mobile«). ZitMo stiehlt Banking-Daten und kann sogar das mTAN-Verfahren aushebeln[7].

---

5. *http://newsroom.fb.com/content/default.aspx?NewsAreaId=22*
6. *http://www.flexispy.com/*
7. *http://www.heise.de/security/meldung/ZeuS-Trojaner-befaellt-Android-1278449.html*

Eine andere Sorte von Malware umgeht keine technischen Sicherheitsmaßnahmen, sondern verwendet »Social Engineering«, um die Anwender zu Komplizen zu machen. RedBrowser beispielsweise läuft auf jedem mobilen Endgerät mit Java J2ME (Java Platform 2, Micro Edition), das sind heute so gut wie alle, und gaukelt dem Anwender vor, ein Browser zu sein, der kostenlos SMS verschickt. Der Anwender muss vor dem Versand jede SMS explizit genehmigen, dann verschickt RedBrowser aber eine teure Premium-SMS statt einer kostenlosen SMS.

Es liegt die Frage nahe, ob alle mobilen Endgeräte gleichermaßen durch Malware gefährdet sind. Die Frage ist mit einem klaren Nein zu beantworten; es gibt signifikante Unterschiede bei geschlossenen und offenen Plattformen. Schauen wir uns dazu folgende Statistik von McAfee an, einem der großen Antiviren-Softwarehersteller.

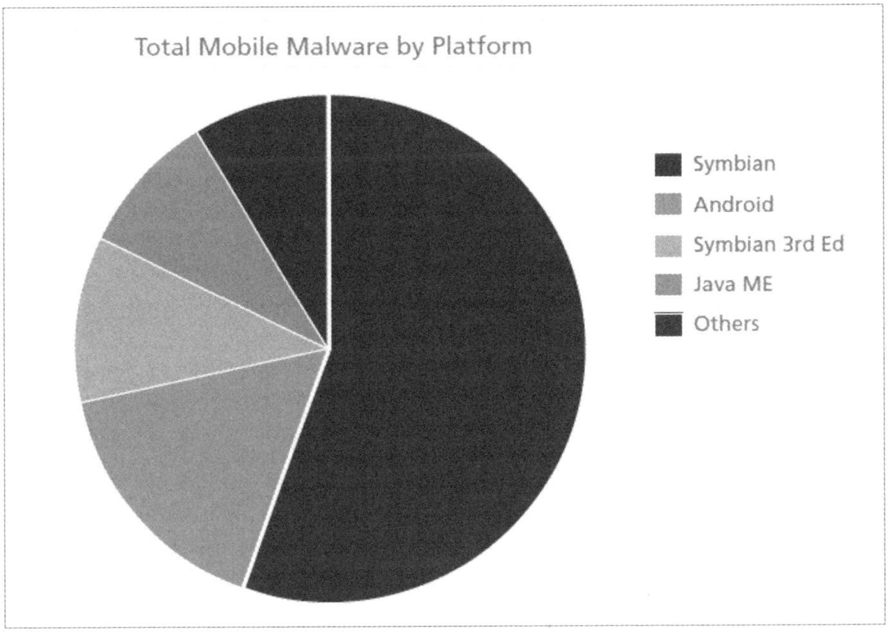

Abbildung 3.3: Gefährdung durch Malware nach Plattformen[8]

8. *http://www.mcafee.com/us/resources/reports/rp-quarterly-threat-q3-2011.pdf*

Was sofort bei der Betrachtung der Abbildung auffällt, ist das Fehlen von iOS und BlackBerry. Auch andere Quellen bestätigen es: Bisher ist in den von Apple und Research in Motion sehr restriktiv gehandhabten Markets keine Malware verbreitet worden, allenfalls dubiose Freeware-Apps mit teuren In-App-Purchases, d.h. teuren Nachkäufen innerhalb einer App, was sich aber per Konfiguration unterbinden lässt.

Spitzenreiter nach der Statistik aus den McAfee Malware-Datenbanken sind Symbian, Symbian 3 und Android, allesamt Vertreter offener Plattformen mit freien Zugängen zu vielen Markets.

Wichtig

Bei dem geschäftlichen Einsatz von mobilen Endgeräten mit Symbian und Android, die bei »BYOD« sehr beliebt sind und hohe Zuwachsraten aufweisen, müssen Schutzprogramme gegen Malware installiert und durch das Mobile Device Management Einschränkungen gegenüber den Apps getroffen werden.

3.3 Phishing

»Phishing« bezeichnet die Versuche, über E-Mail, Kurznachrichten oder gefälschte Webseiten an sensible Daten eines Internet-Benutzers zu gelangen und damit Identitätsdiebstahl zu begehen. Mit den erhaltenen Daten werden dann beispielsweise Waren bestellt oder Überweisungen von einem Bankkonto vorgenommen.

Phishing ist wirklich nicht neu, erfährt aber im Zusammenhang mit mobilen Endgeräten eine ungeahnte Renaissance. Gerade die Handlichkeit moderner Smartphones hat einen kleinen, unübersichtlichen Bildschirm zur Folge, der die Verwundbarkeit mobiler Benutzung gegenüber Phishing steigert.

Einige Funktionen auf den mobilen Endgeräten tragen zusätzlich dazu bei, Phishing-Attacken zu verschleiern. Beispielsweise zeigen einige E-Mail-Clients auf mobilen Endgeräten den Absender nur als Namen an oder bei Webseiten ist im Browser nur der »Title Tag« und nicht die gesamte URL sichtbar. Damit fallen die Adressen von Fake-Domains auf Smartphones weniger auf.

Nach einer Statistik von Trusteer.com[9] setzen sich die Benutzer von mobilen Endgeräten dreimal häufiger Phishing-Attacken aus als stationäre Anwender von Desktops.

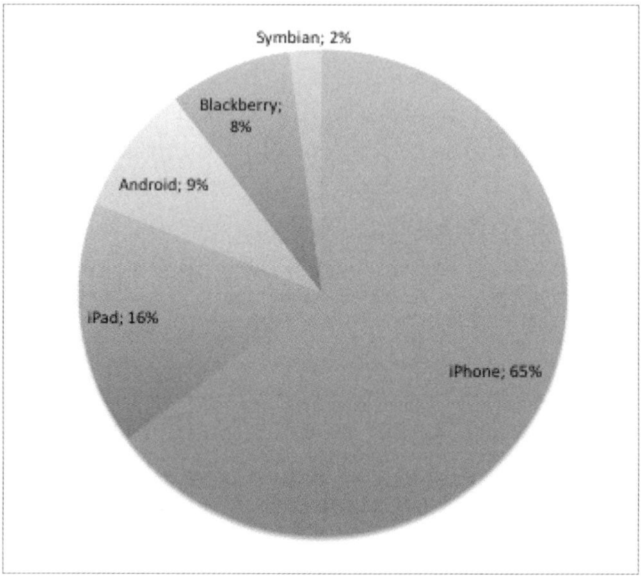

Abbildung 3.4: Häufigkeit des Aufrufs von Phishing-Websites nach Betriebssystem (Januar 2011)

Nach dieser Statistik greifen ca. 8-mal mehr iPhone-Benutzer als BlackBerry-Anwender auf Phishing-Websites zu.

Die Anfälligkeit mobiler Benutzer gegenüber Phishing hat viele Gründe:

- Mobile Nutzer sind immer online. E-Mails mit Phishing-Attacken werden sofort nach Versenden per Push auf die mobile Endgeräte übertragen und gewohnheitsmäßig sofort gelesen. Die PhishingAttacke ist zu diesem Zeitpunkt noch weitgehend unbekannt, sie wird daher von Filtern noch nicht blockiert. Stationäre Benutzer rufen ihre E-Mails meist -zu festen Zeiten ab, morgens zu Beginn des Arbeitstages, mittags nach der Mittagspause und abends kurz vor Feierabend. Es ist eher wahrscheinlich, dass Stunden zwischen der PhishingAttacke und der Wahrnehmung der entsprechen-

9. *http://www.trusteer.com/blog/mobile-users-three-times-more-vulnerable-phishing-attacks*

den E-Mail vergehen. In diesen Stunden sind schon sehr wahrscheinlich Gegenmaßnahmen wie Blockaden und Entfernen der Phishing-Websites erfolgt.

Phishing-Attacken werden auf den mobilen Endgeräten schwerer erkannt oder die Benutzer sind durch ihre Mobilität abgelenkt, der größere Spieltrieb bei den Lifestyle-Smartphones kommt auch noch hinzu, und man berührt schneller den Link, der zu der Attacke führt. Auch lassen sich Webseiten mit Inline-Frames so programmieren, dass sie in einem Safari-Browser wie eine aufgerufene App aussehen und zu ungewollten Eingaben verleiten[10]. Inline Frames dienen zur Strukturierung von Webseiten und zeigen Webinhalte als selbstständige Dokumente in einem definierten Bereich des Browsers an..

- Benutzer von iPhones setzen sich der oben abgebildeten Statistik nach am häufigsten Phishing-Attacken aus. Das kann zum einen daran liegen, dass iPhones, wie wir bereits erwähnt haben, zunächst End-Consumer-Geräte waren und überwiegend im privaten Sektor von Personen ohne grundlegende Kenntnisse in IT-Sicherheit benutzt wurden. Viele dieser Personen begannen ihre »mobile Karriere« mit einem privaten iPhone und wurden danach von ihrem Unternehmen mit einem betriebseigenen Gerät ausgestattet oder ihr Wunsch nach BYOD fand Gehör. Diese Benutzer sind häufig schnell abgelenkt und auch ungeduldig, was für eine rationale Entscheidungsfindung nicht gerade förderlich ist. Auch kommt hinzu, dass bei iPhones ein Link ohne Rückfragen sofort nach Antippen ausgeführt wird; BlackBerrys blenden vor dem Aufruf eine »Continue to«-Nachricht ein, die bestätigt werden muss und somit eine weitere Entscheidung erfordert.

Hinweis

Gerade Benutzer von iPhones sollten bei Erhalt von E-Mails mit darin befindlichen Links sehr genau prüfen, wohin dieser Link führt, und auf das Ausführen verzichten, wenn definitiv keine Notwendigkeit für die Ausführung besteht.

---

10. *http://www.heise.de/security/meldung/Adress-Spoofing-Schwachstelle-in-iOS-Safari-1476075.html*

Für das Mobile Device Management bedeutet dieses Exponieren gegenüber Phishing-Attacken, dass alle vorhandenen Gegenmaßnahmen in der Grundkonfiguration des mobilen Endgerätes zu aktivieren sind.

3.4 Direkte Beobachtung (»Shoulder Surfing«)

Ein direkter Verwandter des »Phishing« ist das sogenannte »Shoulder Surfing«, bei dem sensible Daten in belebten Umgebungen von direkten Sitznachbarn oder »Hintermännern« – dabei kann es sich auch um weibliche Personen handeln – von Bildschirm und Tastatur abgelesen werden. Ein Bild dazu sagt mehr als viele Worte.

Abbildung 3.5: Shoulder Surfing[II]

Mobile Endgeräte sind milieuwechselnd, wie wir bereits eingangs erwähnten, und gehen mit uns häufig auf Reisen. Dabei befinden sie sich in belebten Umgebungen wie Zugabteilen, Flugzeugen, Abflughallen, Lounges etc. Es ist einfach, in diesen Umgebungen sensible Daten auf fremden Displays oder bei der Eingabe auf Tastaturen direkt abzulesen oder ein Video mit einer versteckten Kamera aufzuzeichnen.

Es gibt einige Gegenmaßnahmen, zum Beispiel

- ein gesundes Misstrauen gegenüber der Umgebung,
- Polarisationsfilter auf den Displays, die einen seitlichen Einblick sehr erschweren,
- keine einfachen Passwörter/PINs verwenden,
- Verzicht auf die Bearbeitung sensibler Daten in unsicheren Umgebungen.

II. *www.airport.ca/images/laptop_privacy.jpg*

Von Seiten des Mobile Device Managements können wir bei der Qualität der gewählten Passwörter und deren turnusmäßigem Wechsel unterstützen, hauptsächlich sind wir aber hier auf das Verhalten eines sicherheitsbewussten Benutzers angewiesen.

3.5 Unsichere Datenablage im mobilen Endgerät

Wie verhält es sich mit sensiblen Daten, die aufgrund der unterstützten Geschäftsprozesse auf mobilen Endgeräten bearbeitet und gespeichert werden? Wie oben angeführt wurde, ist der Verlust des mobilen Endgeräts die häufigste Gefährdung. Dabei können sensible Daten in die falschen Hände geraten. Damit dies nicht zu ernsten Sicherheitsverstößen führt, sind entsprechende Maßnahmen zu ergreifen.

Zunächst müssen wir wissen, welche sensiblen Daten auf den mobilen Endgeräten überhaupt gespeichert sind. Dies sind nicht nur Dateien, die wir explizit in diese Geräte transportieren, sondern es werden auch automatisiert zahlreiche Daten abgelegt, zum Beispiel Tastatureingaben in Caches zur Wortvervollständigung, Zahlungsdaten, Passwörter, Originalfotos bei Scanvorgängen, Anzeigen in speziellen Reader-Apps usw.

Prinzipiell gibt es für den Schutz sensibler Daten zwei Maßnahmen:

1. Zugangs- und Zugriffsbeschränkung zu und auf sensible Daten.
2. Verschlüsselung von sensiblen Daten.

Zugangs- und Zugriffsbeschränkungen sind bei mobilen Endgeräten nur rudimentär vorhanden und bieten keinen zuverlässigen Schutz. Man kann zwar die Schutzwirkung durch Speicherung der sensiblen Daten auf Speicherkarten erhöhen, die nach Bearbeitung aus dem Gerät entfernt werden – das ist allerdings fehleranfällig und nicht sehr komfortabel.

Es bleibt als Schutzmaßnahme die Verschlüsselung sensibler Daten. Die Anforderungen an ein sicheres Verschlüsselungsverfahren sind:

1. Die Verschlüsselung muss auf einem kryptografisch anerkannten, veröffentlichten Verschlüsselungsverfahren (z.B. AES 256) basieren.
2. Die Implementierung des Verfahrens darf keine gravierenden Sicherheitslücken aufweisen.
3. Die Schlüsselverwaltung muss offengelegt und nachvollziehbar sein.

Leider genügt keines der heute verwendeten Verschlüsselungsverfahren diesen Anforderungen vollständig. Meist weist die Schlüsselverwaltung Schwachpunkte auf.

Bei der Verschlüsselung sensibler Daten müssen wir auch an die Möglichkeit denken, dass der legitime Benutzer – beispielweise durch einen Unfall – nicht mehr in der Lage ist, die Daten zu entschlüsseln, und die Organisation, der er angehört, diese aber benötigt. Ein Nachschlüssel oder Generalschlüssel an einer zentralen Stelle ist hier vonnöten.

Bei der Verschlüsselung ist zu unterscheiden, ob sozusagen das gesamte Gerät (der Flashspeicher) verschlüsselt wird oder einzelne Dateien, E-Mails etc. Nachfolgend werden einige Details der Datenablage unter den gängigsten mobilen Betriebssystemen näher vorgestellt.

3.5.1 BlackBerry

RIMs BlackBerry kann hier wieder als Referenz dienen. RIM hat eine qualitativ gute Ende-zu-Ende-Verschlüsselung, die per Policy einstellbar ist, von Anfang an in die BlackBerrys eingebaut. Der BlackBerry war ursprünglich zur mobilen Anzeige von geschäftlichen E-Mails konzipiert und vorbildlich mit zentral administrierten Sicherheitseinrichtungen ausgestattet worden. Die Verschlüsselung von optionalen Speicherkarten erfolgt auf dem BlackBerry völlig getrennt von der Verschlüsselung der Dateien. So verschlüsselte Speicherkarten können nur auf dem gleichen Gerät, mit dem die Verschlüsselung vorgenommen wurde, wieder entschlüsselt werden. Allerdings gibt es Meldungen, dass die Kartenverschlüsselung von RIM per Brute Force gebrochen ist[12]. Sicherheitsdienste in Ländern wie Indien und Saudi Arabien erhielten von RIM Zugeständnisse und Informationen zum Entschlüsseln von Nachrichten[13].

3.5.2 iOS

In iOS gibt es seit dem iPhone 3GS eine transparente Verschlüsselung der Systempartition, die nur dann aktiv ist, wenn die Blocksperre gesetzt wurde. Ist das Gerät entsperrt, lässt sich auf Anwendungsebene zunächst auf alle

12. *http://mobile.techworld.com/news/security/3307326/blackberry-encryption-security-broken-by-russian-firm-elcomsoft/*
13. *http://www.spiegel.de/netzwelt/gadgets/0,1518,712019,00.html*

Dateien zugreifen. Sollte das iOS einen Fernlöschungsbefehl erhalten, werden die Daten nicht physisch gelöscht, sondern nur der transparente Schlüssel ist nicht mehr zugänglich, und der allokierte Speicherplatz wird zum Überschreiben freigegeben. Die Daten sind aber alle noch vorhanden und können mit speziellen Programmen entschlüsselt werden[14].

Eine iOS-App muss eine permanente Verschlüsselung einer Datei mit einem individuellen Schlüssel explizit anfordern. Die Standardeinstellung für den Schlüssel ist dabei »immer verfügbar«. Daneben gibt es noch die Einstellungen »verfügbar, wenn entsperrt« und »verfügbar nach dem ersten Entsperren«.

Der Schutz der Daten per Anforderung durch Apps wird nach Updates nicht automatisch aktiv, sondern muss dafür angepasst werden, was im Regelfall beim Zurückspielen des Backup über iTunes oder iCloud erfolgt. Erkennen lässt sich der aktivierte Datenschutz in der Einstellung → Allgemein → Codesperre (siehe nachfolgende Abbildung).

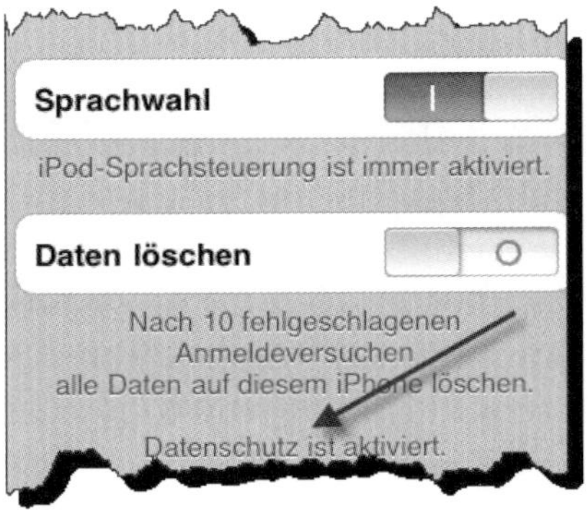

Abbildung 3.6: Anzeige der aktivierten Data Protection

Die verwendeten Schlüssel für den Datenschutz werden mit dem Backup passwortgeschützt auf den Rechnern gespeichert, mit denen das iPhone/iPad synchronisiert wurde. Ab iOS 4.2 sind auch E-Mails mit aktiviertem Datenschutz abgesichert, der allerdings transparent für das System ist. Eignet man sich Root-Rechte für das iOS an (»Jailbreak«), sind Zugriffe auf die E-Mails möglich.

14. *http://www.heise.de/security/meldung/Elcomsoft-knackt-iOS-Verschluesselungssystem-1250333.html*

Ein Passcode bei iOS, der nur aus einer einfachen 4-stelligen numerischen PIN besteht, ist mit geeigneten Werkzeugen auch für Laien in wenigen Minuten auszulesen. Voraussetzung ist der physische Zugang zum Gerät.

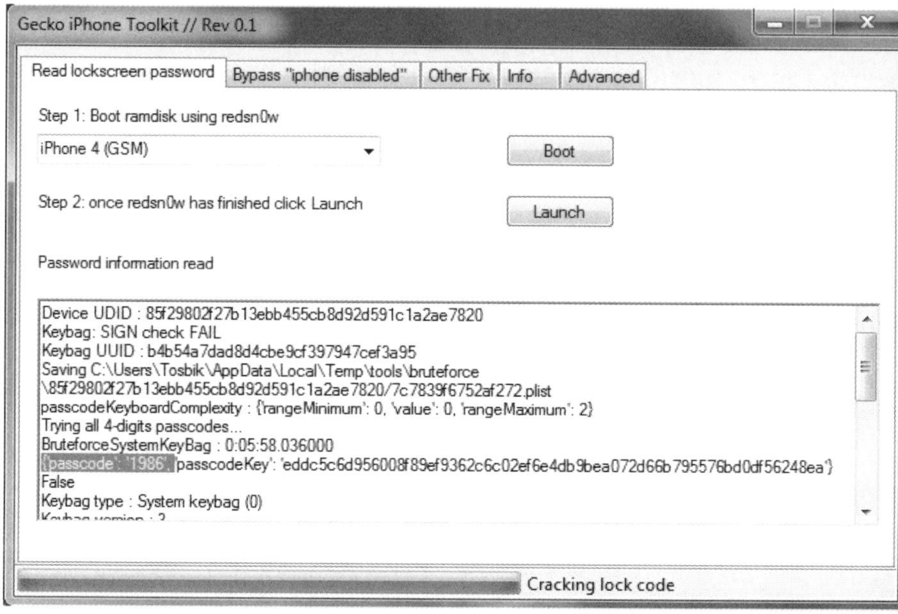

Abbildung 3.7: iOS Passcode[15]

Nach einem Jailbreak lässt sich das iPhone/iPad als RAM-Disk an einen Rechner anschließen, und Passwörter können per Brute-Force-Ansatz entschlüsselt werden. Der Schutz, der obligatorisch nach der Eingabe mehrerer Fehlversuche die Daten auf dem Gerät sperrt, versagt hier, da der Angriff nicht über die grafische Bedienoberfläche, sondern direkt auf der Speicherebene erfolgt.

Vorsicht

Einfache numerische PINs als Passcode für iPhones oder iPads sind in puncto Sicherheit völlig ungeeignet. Für einen einigermaßen sicheren Zugriffsschutz sollte der Passcode aus mindestens sechs alphanumerischen Zeichen bestehen.

---

15. *http://www.iphone4jailbreaks.com/wp-content/uploads/2012/02/pass-cod.jpg*

3.5.3 Android

Ab der Version 3.0 (»Honeycomb«) gibt es in Android die Unterstützung für Krypto-Chips, die von den Hardwareherstellern in die Geräte eingebaut werden und von Android-Apps genutzt werden können. Eine transparente Verschlüsselung der Systempartition fehlt bei Android zunächst.

Die meisten Basisfunktionen für mehr Sicherheit findet man unter »Einstellungen« im Bereich Standort und Sicherheit. Hier kann das Sperrmuster bzw. der Sperrcode eingestellt werden, sodass erst nach Eingabe des Codes oder Zeichnen des Musters der Homescreen erscheint. Eine Erhöhung der Sicherheit erhält man, wenn außerdem die SIM-Sperrung aktiviert ist, also der PIN der SIM-Karte zusätzlich abgefragt wird.

Die Sperrung von Androids ist auf mehrere Arten leicht zu brechen. Die verwendeten Muster werden in der Datei /data/system/gesture.key als SHA1-Hash gespeichert und sind von »rooted« Androids über USB-Debugging leicht auszulesen. Mithilfe von »Rainbow Tables« erfolgt das eigentliche Ermitteln des Musters auf einem leistungsfähigen Desktop Computer. Rainbow Tables sind umfangreiche Kataloge vorausberechneter Passwortsequenzen, die das kombinatorische Ermitteln von unbekannten Passwörtern stark abkürzen. Das Auslesen der Hash-Werte kann man bei einem »unrooted« Android mit einem JTAG (»Joint Access Test Group«) Hardware Interface bewerkstelligen, welches den Speicher direkt auslesen kann.[16]

Sollen sensible Daten auf mobilen Endgeräten unter Android sicher abgelegt werden, ist man auf externe Apps für die Verschlüsselung angewiesen. Diese Apps sind meist spezialisiert auf die Verschlüsselung von Daten, E-Mails oder die Kommunikation. Bei der Auswahl muss unbedingt die Quelle und die Bewertungen der Apps (ihr »Leumund«) beachtet werden, da die Gefahr, Apps mit Trojaner zu installieren, bei Android sehr groß ist.

3.5.4 Symbian

In Symbian ist ab Symbian 3 (»Anna«) eine beschleunigte Verschlüsselungsfunktion vorhanden, die von Apps genutzt werden kann. Zur Verschlüsselung sensibler Daten ist man bei Symbian wie bei Android auf entsprechende Apps angewiesen.

---

16. *http://forensics.spreitzenbarth.de/category/android/*

3.5.5 WP7

Microsoft unterstützt derzeit keine »on device encryption«, volle Verschlüsselung der Daten auf mobilen Endgeräten mit WP7[17].

Daten auf angeschlossenen USB-Sticks können verschlüsselt werden, wobei der Schlüssel nur dem Gerät bekannt ist und man die bereits erwähnten Probleme der Schlüsselverwaltung mit Nachschlüsseln hat.

3.6 Schwachstellen drahtloser Kommunikation

Wie wir bereits bei der Übersicht der Kommunikationsfähigkeiten mobiler Endgeräte festhielten, sind GSM/UMTS, WLAN und Bluetooth drahtlose Kommunikationsstandards, die von allen mobilen Geräten heute beherrscht werden. Es gibt aber bei der Verwendung drahtloser Kommunikation bzw. den darauf basierenden Netzen eine Reihe von Schwachstellen für die Informationssicherheit.

Alle drahtlosen Kommunikationsarten weisen eine »Luftschnittstelle« auf, die einen direkten Zugang zu den drahtlosen Netzwerken ermöglicht, der entsprechend logisch gesichert sein muss. Beginnen wir unsere Betrachtung der Schwachstellen mit GSM/UMTS.

3.6.1 GSM/UMTS

Ein GSM-Netz ist ein hierarchisch gegliedertes System verschiedener Netzkomponenten. Am unteren Ende steht das mobile Endgerät oder die Mobilstation (MS: Mobile Station), die über Funk mit der nächstgelegenen Basisstation (BTS: Base Transceiver Station) kommunizieren. Die Basisstationen werden wiederum gebietsweise zusammengefasst und einer Kontrollstation (BSC: Base Station Controller) unterstellt. Diese sind schließlich mit einem Vermittlungsrechner (MSC: Mobile Switching Center) verbunden, der einen Übergang zu anderen in- oder ausländischen Netzen ermöglicht.

17. *http://blogs.cio.com/windows/16544/why-windows-phone-75-mango-not-ready-business*

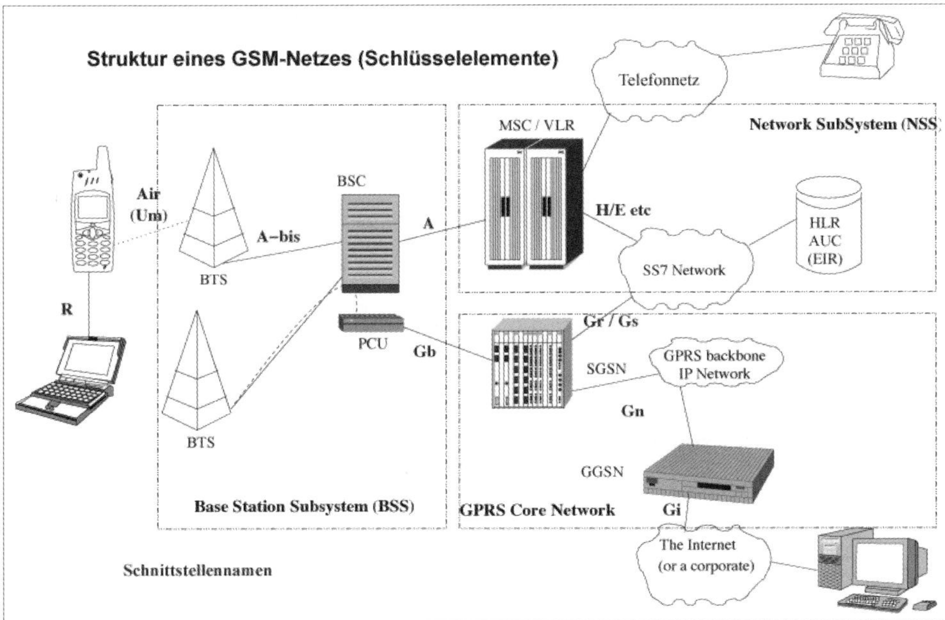

Abbildung 3.8: Struktur eines GSM-Netzes[18]

GPRS ist ein Protokoll der 2. Generation (2G) für die Übertragung von Daten über das GSM-Netzwerk. Hierbei werden die Daten in einzelne Pakete aufgeteilt, wobei jedes dieser Pakete mit zusätzlichen Informationen versehen wird. Diese übermitteln dem Netzwerk, wie die einzelnen Pakete zusammenhängen und wer die Nachricht empfangen soll.

GSM bietet folgende Sicherheitsdienste:

- Zugangskontrolle,
- Authentifizierung,
- Verschlüsselung und
- Anonymität.

Die Authentifizierung bei GSM ist nur einseitig. Der Benutzer muss sich bei dem Mobilfunkanbieter authentifizieren, der Mobilfunkanbieter aber nicht beim Benutzer. Das bedeutet, auch wenn wir auf unserem Display den Namen eines bekannten Anbieters sehen, heißt das nicht, dass wir uns in dem Netz die-

18. *http://de.wikipedia.org/w/index.php?title=Datei:Gsm_netzwerk.png&filetimestamp=20110131195933*

ses Anbieters befinden. Diese einseitige Authentifizierung ermöglicht das Abhören von übertragenen Daten durch sogenannte IMSI-Catcher.

Ein IMSI-Catcher (International Mobile Subscriber Identity) arbeitet gegenüber dem mobilen Endgerät wie eine Funkzelle (Basisstation BTS) und gegenüber dem GSM-Netzwerk wie ein mobiles Endgerät; alle Handys in einem gewissen Umkreis buchen sich bei dieser Funkzelle mit dem stärksten Signal, also dem IMSI-Catcher, ein. Der IMSI-Catcher simuliert ein Mobilfunknetzwerk mit einer beliebigen Anbieter-Kennung. IMSI-Catcher waren zunächst als spezielle Hardware in der Größe eines Reisekoffers aufgebaut, sehr teuer und wurden nur an Ermittlungsbehörden verkauft. Mittlerweile kann man diese Technik einfach und billig mit Standardkomponenten als Rogue Base Station aufbauen und damit den Datenverkehr von mobilen Endgeräten abhören.

3

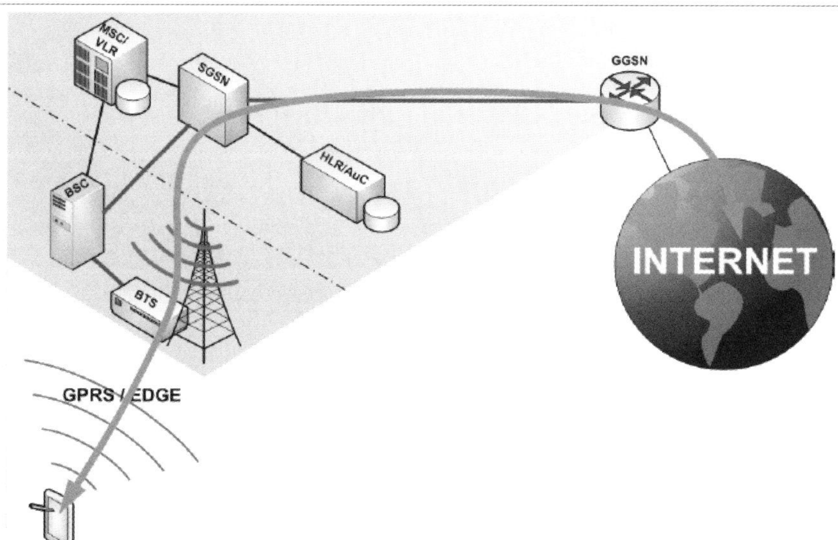

Abbildung 3.9: Kommunikation über eine reguläre Funkzelle[19]

In der obigen Abbildung hat sich das mobile Endgerät in eine reguläre Funkzelle eines Mobilfunkanbieters eingebucht und überträgt Daten über den Router des Anbieters von und zu einer Quelle im Internet. Mit wenigen Komponenten und im Internet erhältlicher Software lässt sich eine Base Transcei-

19. *https://media.blackhat.com/bh-dc-11/Perez-Pico/BlackHat_DC_2011_Perez-Pico_Mobile_Attacks-Slides.pdf*

ver Station nachbauen und zwischen das mobile Endgerät und die reguläre Funkzelle eines Mobilfunkanbieters platzieren – etwa in einer Abflughalle oder Reisezentrum.

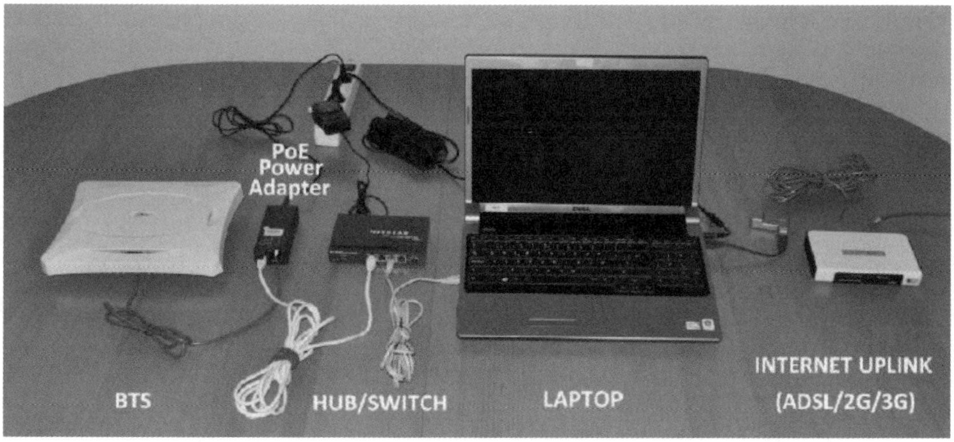

Abbildung 3.10: Komponenten für eine Rogue Base Station

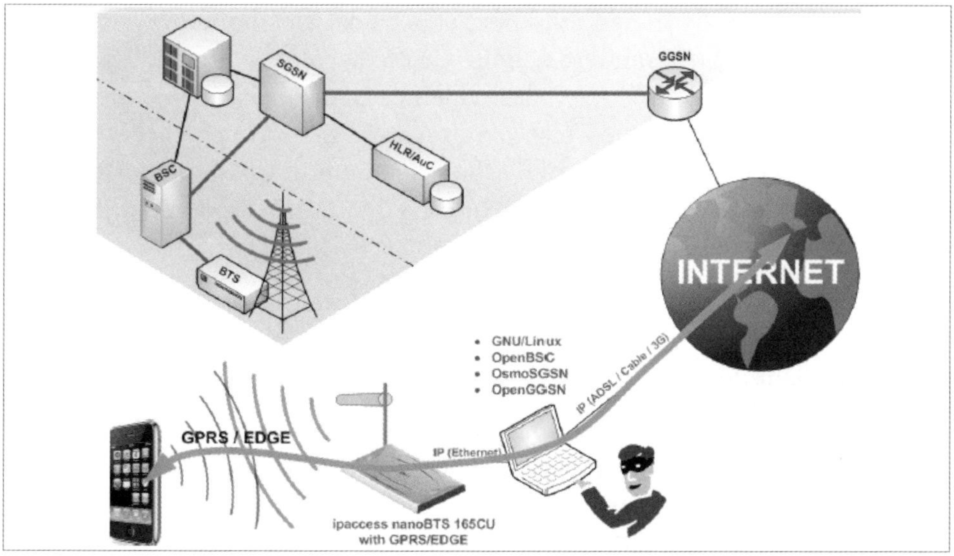

Abbildung 3.11: Man-in-the-Middle-Attacke, Abhören der Kommunikation über die Rogue Base Station[20]

20. *https://media.blackhat.com/bh-dc-11/Perez-Pico/BlackHat_DC_2011_Perez-Pico_Mobile_Attacks-Slides.pdf*

Die Verschlüsselung der Datenkommunikation in GPRS ist optional und liegt in der Hand der Mobilfunkbetreiber. In europäischen Ländern ist die Verschlüsselung Standard, nützt aber nichts gegen die oben beschriebene Man-in-the-Middle-Attacke, da die bei GSM/GPRS eingesetzte Verschlüsselung schon seit längerer Zeit gebrochen ist[21].

Bei UMTS/HDSPA (High Speed Down Link Packet Access, »3G«) sieht die Situation besser aus. UMTS verwendet eine beidseitige, zertifikatsbasierte Authentifizierung, und die Verschlüsselung von HDSPA ist bis dato nicht gebrochen.

Bei 3G tritt aber ein anderes Problem auf:

Bei UMTS funken alle mobilen Endgeräte in einer Zelle gleichzeitig auf der gleichen Frequenz. Trotzdem kann man genau unterscheiden, welche Daten für wen bestimmt sind. Zuständig für die Unterscheidung ist ein Code, der weltweit genau einem Endgerät zugeordnet ist und jeder Datenübertragung vorangestellt wird.

Bei UMTS tritt im Unterschied zu GSM folgender Effekt auf: Während die Zellen bei GSM eine von den Funknetzplanern der Netzbetreiber genau festgelegte Größe haben, verändert sich die Größe der Zellen bei UMTS mit der Zahl der Nutzer. Je mehr Nutzer, desto kleiner ist die Reichweite einer Basisstation und desto kleiner die Zelle. Man sagt, die Zelle atmet. Diese »Beweglichkeit« der Zellen erschwert die Arbeit der Funknetzplaner, die trotz der wechselnden Größe des Abdeckungsbereichs der Basisstationen eine flächendeckende Versorgung sicherstellen müssen.

Wir kennen dieses Problem alle aus der Praxis. Morgens, mittags und am frühen Abend, in den »Stoßzeiten« des Datenverkehrs, ist es häufig selbst in gutversorgten Ballungsgebieten nicht möglich, eine 3G-Verbindung zur Datenkommunikation aufzubauen.

Die Hersteller der Firmware von mobilen Endgeräten haben deshalb eine Umleitung (»Fall Back«) auf GPRS vorgesehen, falls eine Verbindung über 3G nicht aufgebaut werden kann. Hier kann wieder die oben beschriebene Attacke über eine Rogue BTS ansetzen. Man muss nur zuvor den UMTS-Empfang in einem kleinen Umkreis des Angriffsziels stören. Dazu gibt es sogenannte »UMTS Jammer«, die über das Internet bezogen werden können.

21. *http://www.computerwoche.de/security/2492754/*

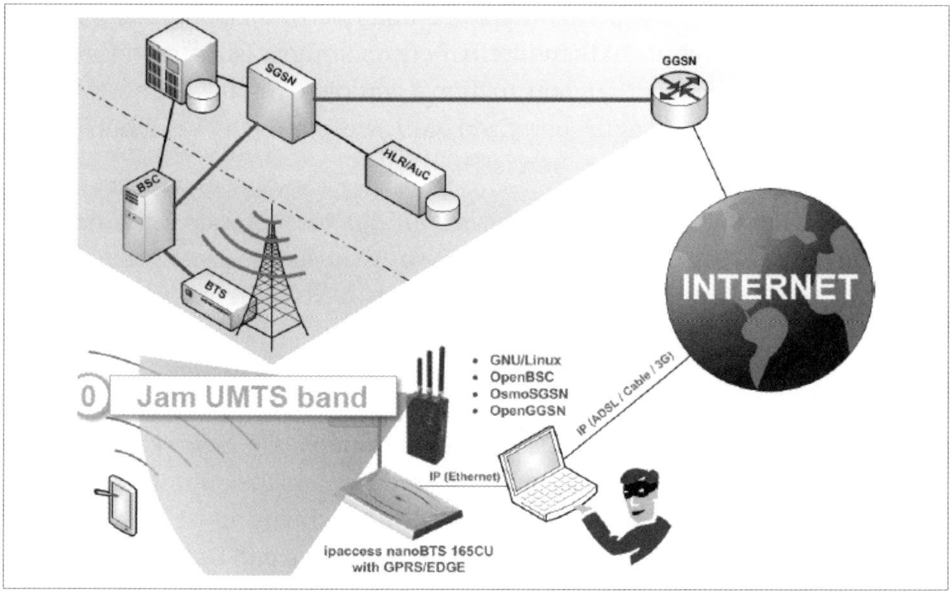

Abbildung 3.12: Angriff mit GPRS Rogue BTS nach Störung des UMTS-Bandes[22]

> **Wichtig**
>
> Sensible Daten sollten keinesfalls ohne zusätzliche Sicherheitsmaßnahmen wie VPN über 2G GPRS/EDGE übermittelt werden. Das Mobile Device Management hat bei sensiblen Daten die Kommunikation über 2G prinzipiell zu unterbinden.

3.6.2 WLAN

Zur Übertragung großer Datenmengen werden in mobilen Endgeräten drahtlose Netzwerke aus der IEEE 802.11-Familie verwendet. Einige mobile Endgeräte können als mobiler Access Point betrieben werden und für einige Clients ein eigenes WLAN aufspannen.

Nun gibt es seit der Einführung dieser Technik zahlreiche Angriffsmethoden, um Daten in WLANs abzuhören, den Datenverkehr zu stören oder in die Clients einzudringen. Wir wollen auf die dabei verwendeten Schwachstellen von WEP, WPA etc. nicht weiter eingehen, sondern uns den Angriffsmethoden

22. *https://media.blackhat.com/bh-dc-11/Perez-Pico/BlackHat_DC_2011_Perez-Pico_Mobile_Attacks-Slides.pdf*

zuwenden, denen die Benutzer mobiler Endgeräte besonders häufig ausgesetzt sind und bei denen die Sicherheitsmechanismen wie Authentifizierung und Verschlüsselung zum Zugang zu dem drahtlosen Netz wirkungslos sind, da sich der Angreifer schon im gleichen Netz wie seine Opfer befindet.

Als Pendant zu den oben gezeigten GSM/GPRS Rogue Base Transceiver Stations lassen sich Rogue WLAN Access Points aufbauen, die als Grundlage für Man-in-the-Middle-Angriffe (MITM) dienen. Nun baut der Angreifer diese Rogue Access Points nicht mit einem beliebigen Service Set Identifier (SSID) auf, den wir in unserem mobilen Endgerät als den Namen des drahtlosen Netzwerkes angezeigt bekommen, sondern er verwendet den Namen des WLANs, in dessen Umgebung wir uns gerade befinden oder das für viele Benutzer interessant erscheint. Das kann der Name des WLANs eines Hotels, eines Flughafens, in Zügen etc. sein. Beispielsweise »Free Public WIFI« ist ein attraktiver Name für ein Netz.

Der Rogue Access Point wird jetzt als »Evil Twin« (böser Zwilling) zu dem regulären Access Point in Betrieb genommen. Dies geschieht meist auf einem Notebook in der geografischen Nähe des Opfers.

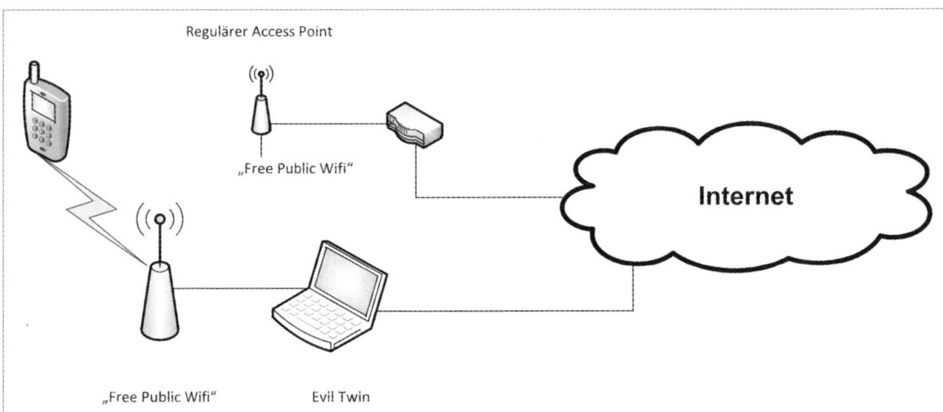

Abbildung 3.13: Rogue Access Point als »Evil Twin«

Ist die Signalstärke des Rogue Access Points stärker, zum Beispiel durch die Nähe im Signal, so wechselt die Firmware in unserem mobilen Endgerät automatisch auf den signalstärkeren Access Point mit gleicher SSID. Der Angreifer kann unter mehreren Angriffsarten wählen.

- Phishing mit einem Rogue Access Point: Der Internetzugriff geschieht zunächst ohne Verschlüsselung, wodurch sich die Clients meist automatisch verbinden. Beim Versuch, eine Webseite zu öffnen, wird man auf eine Webseite des WLAN-Anbieters gelenkt, die nun zum Beispiel eine Bezahlung per Kreditkarte fordert. Der Angreifer nutzt die vorher gespeicherte Startseite des Hotel-WLANs und legt diese auf dem lokalen Webserver des Rogue Access Points ab. Zudem erweitert er diese Seite um ein Skript, welches die Eingabe der Kreditkarteninformationen speichert. Versucht nun ein ahnungsloser Hotelgast, sich über diesen Access Point anzumelden und per Kreditkarte zu bezahlen, so werden diese Daten auf dem Evil Twin gespeichert und können gewinnbringend verkauft werden. Dieses Szenario wird häufig auch auf Flughäfen genutzt.
- Klassische Man-in-the-Middle-Attacke: Der Benutzer des mobilen Endgerätes bucht sich in den Rogue Access Point ein und wird über einen Computer des Angreifers – meist ein Notebook – in das Internet geleitet. Hierbei fließt jeglicher Web Traffic des Opfers durch das Angreifersystem und kann an dieser Stelle geloggt, analysiert und manipuliert werden. Vorgefertigte Skripte speichern gezielt vom Anwender genutzte Zugangsdaten.

  Beim Umgang mit sensiblen Daten verwenden Webseiten oft eine SSL-verschlüsselte Datenübermittlung. Dies ist eine End-to-End-Verschlüsselung, wodurch ein Angreifer mit der verschlüsselten Datenkommunikation nicht viel anfangen kann. Befindet sich der Angreifer jedoch schon in der Position des Man-in-the-Middle, gibt es Möglichkeiten, durch Skripte den SSL-Tunnel zu unterbrechen.

  Hierbei terminiert das Angreifersystem den SSL-Tunnel. Dies könnte der Anwender daran bemerken, dass in der Adressleiste des Browsers nun »http« anstelle von »https« steht und eventuell ein Symbol wie ein geschlossenes Vorhängeschloss im Browser nicht mehr angezeigt wird. In den meisten Fällen wird dies aber nicht bemerkt oder ignoriert. Das Skript loggt nun eifrig alle genutzten Zugangsdaten mit und zeigt diese in Echtzeit an.
- Injektion von Malware: Hat sich ein Benutzer über den Rouge Access Point mit dem Internet verbunden, dann wird von dem Man-in-the-Middle, versteckt in der aufgerufenen Webseite, Schadcode eingebettet, der wie ein Drive-by-Download eine Vielzahl von Browser- und Browser-Plugin-

Exploits enthält. Ist aufgrund einer Schwachstelle des Browsers einer der vielen Exploits erfolgreich, so hat der Angreifer einen Trojaner mit Vollzugriff auf das mobile Endgerät. Hat der Angreifer nun eine Möglichkeit zum Zugriff auf Dateien in dem mobilen Endgerät, so gibt es Möglichkeiten, an die der Firmware bekannten und gespeicherten WPA- und WPA2-Passwörter zu gelangen. Die Ausgabe des Trojaners liefert nun alle in dem System gespeicherten Zugangsdaten zu WLANs.

Die Verwendung von WLAN lässt sich durch Mobile Device Management einschränken, aber oft nicht restriktiv und dauerhaft unterbinden.

Wichtig

Die Verwendung von WLAN mit mobilen Endgeräten gehört zum mobilen Alltag. Die Benutzer sollten in Awareness-Trainings auf die Gefahren bei der Verwendung von Access Points in öffentlichen Einrichtungen hingewiesen werden; für sensible Datenkommunikation muss bei WLAN eine sichere VPN-Verbindung (z.B. IPSec, nicht SSL-VPN) verwendet werden.

3.6.3 Bluetooth

Wie wir bereits im ersten Kapitel bei den Kommunikationseinrichtungen von mobilen Endgeräten kurz aufführten, verwendet Bluetooth als Nahbereichskommunikation eine aufwendige kryptografische Methode zur Absicherung. Trotzdem sind zahlreiche Angriffe auf mobile Endgeräte über Bluetooth bekannt geworden, und es sind entsprechende Penetrationswerkzeuge im Internet zu erhalten.

Angriffe auf Bluetooth sind auf zwei Ursachen zurückzuführen:

1. Es kommen immer wieder Fehler in der Implementierung der Bluetooth-Stacks in der Firmware der mobilen Endgeräte vor. Ältere Quellcode-Bibliotheken werden gerne wiederverwendet – eine Ursache, weswegen lange bekannte Fehler wie Buffer Overruns häufig erneut auftauchen.
2. Viele Benutzer gehen zu sorglos mit der Technik um. Bei den meisten mobilen Endgeräten ist Bluetooth standardmäßig aktiviert, und einfache PINs wie »0000« oder »1234« sind voreingestellt. So ist es einfach, die Profile und aktivierten Bluetooth-Funktionen auf diesen Geräten auszuspi-

onieren. Dies kann mit einer geeigneten Antenne aus einer Entfernung von bis zu 2 km erfolgen[23].

Es gibt unterschiedliche Angriffsmöglichkeiten und entsprechende Software für Bluetooth, die Namen wie Bluesnarfing, Bluebugging usw. tragen, die nicht auf allen mobilen Endgeräten erfolgreich sind – und wenn, dann benötigen sie überwiegend ein vorhergehendes Pairing mit dem anzugreifenden Endgerät.

Wir wollen diesen Punkt nicht weiter ausführen; Interessierte seien auf die angegebene Quelle[24] oder auf die Penetrationstest-DVD »BackTrack«[25] verwiesen.

Tipp

Bluetooth sollte, wenn möglich, deaktiviert werden. Falls Bluetooth doch genutzt wird, ist die Verwendung einfacher PINs zu vermeiden. Pairing ist nur »homöopathisch« mit bekannten Geräten in überschaubarer Umgebung, nicht in überfüllten Hallen (Messen) vorzunehmen, und das Gerät ist als »nicht sichtbar« einzustellen. Nach Gebrauch sollte Bluetooth deaktiviert werden.

3.7 Risiko Cloud Computing

Das Auslagern von Daten in eine Cloud ist eine beliebte Erweiterung der Apps auf mobilen Endgeräten und gestattet es, mit mehreren mobilen und stationären Endgeräten einheitliche Versionen von Dokumenten zu benutzen. Der Vorteil von Cloud Computing ist auch vor dem Hintergrund zu sehen, dass die Benutzer in der Regel keinen direkten Zugriff auf das Filesystem ihres Smartphones oder Pads haben und es Synchronisationssoftware oder weiterer Apps bedarf, um z.B. über WLAN Daten mit einem Desktop auszutauschen.

23. *http://www.easy-coding.de/blog/bluetooth-attacken-auf-handys-2-km-entfernung_120.html*
24. *http://www.eetimes.com/design/communications-design/4017819/The-Bluejacking-Bluesnarfing-Bluebugging-Blues-Bluetooth-Faces-Perception-of-Vulnerability*
25. *http://www.backtrack-linux.org/backtrack/backtrack-5-release/*

Aber was bedeutet Cloud Computing für die Sicherheit sensibler Daten, die wir in eine Cloud übertragen? Was geschieht mit den Daten in der Cloud?

Allgemein gesagt stellt Cloud Computing Unternehmen und Institutionen gemeinsame Datenspeicher, Applikationen und Hardware über das Internet auf Abruf zur Verfügung. Ermöglicht wird diese Form der IT-Infrastruktur durch eine Kombination aus Virtualisierung und Outsourcing.

Cloud Computing unterscheidet sich durch die Entkopplung der Daten und Applikationen von Speicherplatz und Servern sowie deren Lokation signifikant von herkömmlicher IT-Infrastruktur. Die traditionellen physischen Grenzen wie bauliche Gegebenheiten oder Netzwerkübergänge, die mit zum Schutz von Informationen in einem Unternehmen dienen, sind in der Cloud nicht mehr vorhanden.

Clouds sind sehr flexible Gebilde, die ihre Ausdehnung und ihren Standort, beispielsweise durch die Vertragsgestaltung des Cloud-Anbieters mit seinen Subkontraktoren, ständig verändern können. Wo zum Beispiel ist Apples iCloud genau lokalisiert, welche Unternehmen sind daran beteiligt, gibt es zusätzliche Subkontraktoren, welche Dienste leisten diese? usw.

Die Analyse und die Bewertung der Risiken für den Informationsschutz gewinnen dadurch an Komplexität. Die Anforderungen an den Informationsschutz, das heißt die Integrität, Vertraulichkeit, und die Verfügbarkeit der Informationen in einem festgelegten Umfang zu gewährleisten, steigen beim Übergang zum Cloud Computing stark an.

Dabei ändern sich die Standards, Verfahrensweisen, Methodiken zur Einhaltung von Informationssicherheit nicht grundlegend; sie müssen aber an die Gegebenheiten des Cloud Computing adaptiert werden. In besonderem Maß muss der Informationsschutz durch einen erhöhten Abstraktionsgrad der outgesourcten Virtualität mit Zugang zur Cloud als Service im Internet Rechnung tragen.

Zum Beispiel kann in der Cloud eine sehr konkrete Regel in der Security Policy des Unternehmens, dass bestimmte Dienste und Ports auf einem Unix-Server zu sperren sind, in der Cloud nicht eingehalten und überprüft werden, da man als Unternehmen bei der Verwendung von Diensten in einer Cloud in der Regel weder die Hardware noch das Betriebssystem oder den Standort des Servers kennt.

Als weiterer Aspekt kommt hinzu, dass der Begriff der Benutzeridentität beim Cloud Computing zu erweitern ist. In der Cloud kommen neben den obligaten Mensch-Maschinen-Kommunikationen zahlreiche Maschinen-Maschinen-Transaktionen hinzu.

Wichtig für Informationssicherheit ist ebenfalls, in einem Unternehmen vor dem Übergang in das Cloud Computing Vorgehensweisen und Prozesse zu etablieren, wie der in Frage kommende Cloud-Anbieter hinsichtlich der Etablierung einer Vertrauensbasis evaluiert und im Betrieb überwacht werden kann. Die dafür in Frage kommenden Prozesse und Maßnahmen mit ihren Schlüsselindikatoren sind für die weitere Vertragsgestaltung mit dem Cloud-Anbieter in Form von Service Level Agreements von großer Relevanz. Diese Vereinbarungen sind in der mobilen Welt als Geschäftsbedingungen sehr allgemein gehalten. Man akzeptiert sie entweder ad hoc beim Zugang zur Cloud oder man lässt es eben bleiben.

Wichtige Maßnahmen zur Etablierung einer Vertrauensbasis sind beispielsweise:

- Klare, festgelegte Regelwerke und Vorgehensweisen zum Schutz sensibler Daten.
- Nachweis der Einhaltung von Informationssicherheits- und Compliance-Standards wie z.B. ISO 27001, ISO 27005, Sarbanes Oxley Act etc. durch den Cloud-Anbieter und seine Subkontraktoren. Der Nachweis wird in der Regel durch eine erfolgreiche Zertifizierung oder durch die Vorlage eines Prüfberichtes wie zum Beispiel bei Sarbanes Oxley ein SAS70-Report für den Betrachtungszeitraum erbracht.
- Transparenz der Informationsverarbeitung in der Cloud, Anwendung des Vier-Augen-Prinzips (Segregation of Duty) bei wichtigen, festgelegten administrativen Vorgängen; dabei sollten zwei Augen aus dem eigenen Unternehmen kommen.
- Kenntnis der Vorgehensweise des Cloud-Anbieters beim Einrichten virtueller Maschinen.
- Separierung sensibler Unternehmensdaten und Anwendung von Verschlüsselung, wenn immer möglich.

Im eigenen Unternehmen ist der Zugang mobiler Endgeräte zu Clouds kritisch zu betrachten, da er mit hohen Risiken behaftet sein kann. Man betrachte beispielsweise die Speicherung personenbezogener Daten, die gesetzlichen Bestimmungen nach dem Bundesdatenschutzgesetz unterworfen sind, in einer Cloud, deren Standort unbekannt ist und von der wir annehmen müssen, dass sie nicht im europäischen Wirtschaftsraum liegt. Das Risiko der Verletzung geltenden Rechtes ist hier gegeben und kann juristische Probleme nach sich ziehen.

Aus der jüngeren Vergangenheit wissen wir, dass Clouds auch für mehrere Tage ausfallen können und nach dem Wiederanlauf nicht mehr alle Daten vorhanden sind. Business-Continuity-Planung muss dies als möglichen Notfall berücksichtigen, falls sensible Daten wichtiger Geschäftsprozesse von mobilen Endgeräten aus in Clouds unterwegs gespeichert werden.

Als Schutzmaßnahmen beim Zugang zu sensiblen Applikationen und Daten in einer Cloud ist als Erstes auf eine starke Authentifizierung des Benutzers zu achten. Eine Authentifizierung über eine Benutzeridentifikation und ein Passwort ist in der Regel nicht ausreichend. Von einer starken Authentifizierung spricht man, wenn man zwei schwer kompromittierbare Verfahren wie regelmäßig wechselnde Passwörter mit vorgeschriebenen Bildungsregeln und einen personifizierten Gegenstand (z.B. Chipkarte) oder ein evaluiertes biometrisches Merkmal zur Authentifizierung verwendet. Zugriffe über mobile Geräte wie Smartphones oder Pad-Computer sollten sehr genau geplant und im Mobile Device Management berücksichtigt werden, da diese Geräte milieuwechselnd sind und von ihrer Ausstattung her ein hohes Sicherheitsrisiko darstellen. Es muss technisch unterbunden werden, wesentliche administrative Tätigkeiten über ein mobiles Endgerät in der Cloud auszuführen.

Zusammenfassend lässt sich sagen, dass Cloud Computing mit all seinen wirtschaftlichen Vorteilen ein Paradigmenwechsel bei der Gestaltung der mobilen IT-Infrastruktur darstellt, der wesentliche Implikationen auf die Ausgestaltung des Informationsschutzes eines Unternehmens hat. Eine abgestimmte Security- und Management-Policy mit genau festgelegtem Umgang mit sensiblen Daten und der Voreinstellung der mobilen Endgeräte hinsichtlich der Nutzung von Clouds ist Voraussetzung für die sichere Verwendung von Cloud Computing.

Vorsicht

Beim Verlust mobiler Endgeräte, in denen die Zugangsparameter zu Clouds gespeichert waren, müssen umgehend Vorkehrungen zur Sicherung der Daten getroffen werden – insbesondere wenn diese Daten unverschlüsselt oder nur transparent verschlüsselt in der Cloud gespeichert wurden

3.8 Anwendungsprogramme mit unerwünschtem Datenabfluss

Bei den in der letzten Zeit häufig auftauchenden Meldungen über Apps für mobile Endgeräte, überwiegend mit den Betriebssystemen Android und iOS, die Schadfunktionen ausüben, müssen wir uns differenziert fragen, welcher Natur diese Schadfunktionen eigentlich sind und was die Firmware-Hersteller für Gegenmaßnahmen ursprünglich vorgesehen haben.

Wenn wir von purem Vandalismus als Schadensfunktion absehen, geht es in der Hauptsache darum, auf irgendeine Art und Weise den Benutzer zu – für ihn – teuren Handlungsweisen zu verleiten oder mit den persönlichen Daten auf den mobilen Endgeräten Geld zu machen. Es fallen einem sofort Banking-Apps mit entsprechenden Trojanern (»ZitMo«) ein, wie wir bereits oben angeführt haben. Aber die Bandbreite dieser Anwendungsprogramme mit schädlichem Verhalten ist viel größer. Wir haben es häufig mit Apps zu tun, die »nach Hause telefonieren« und dabei für sie erreichbare Daten aus den mobilen Endgeräten übermitteln. Das heißt, sie zeigen ein erweitertes Kommunikationsverhalten mit Servern im Internet, bei denen nicht nur Daten abgerufen werden, die von den Apps für ihre eigentliche Nutzfunktion benötigt werden (Wetterdaten, Preislisten, Benzinpreise ...), sondern sie übertragen Daten aus dem mobilen Endgerät zu Servern im Internet. Die Datenübertragung erfolgt meist unverschlüsselt im Klartext, also für einen Man-in-the-Middle bei einem Rogue Access Point oder einer Rogue BTS direkt lesbar.

Die übermittelten Daten dienen zum Erstellen von persönlichen Profilen und werden häufig von kostenlosen Apps in iPhones und Androids an Werbefirmen gesendet.

Aktuelle Ergebnisse[26] weisen interessante Unterschiede bei dem Zugriff auf sensible Daten in iPhones und Androids auf. Auch kann man von einer Proliferation von zusätzlich enthaltenen Programmteilen von Werbeunternehmen bei beiden Plattformen sprechen.

- 29 % der kostenlosen Apps für Android haben die Möglichkeit auf den momentanen Aufenthaltsort des mobilen Endgerätes zuzugreifen, bei iPhones sind es 33 % der kostenlosen Apps.
- Mit 14 % sind ungefähr doppelt so viele kostenlose Apps für iPhone in der Lage, auf die Kontaktdaten des Benutzers zuzugreifen als kostenlose Apps für Androids (8 %).
- 47 % der kostenlosen Android-Apps beinhalten Third Party Code, bei iPhones sind es 23 %. Third Party Code beinhaltet Programmroutinen, die das Senden und Anzeigen mobiler Werbung oder die Analyse und das Nachverfolgen des Benutzerverhaltens unterstützen.

Die einen mag es weniger stören, wenn der Aufenthaltsort übertragen und aufgezeichnet oder Werbung gesendet wird; für andere ist es eine Verletzung ihrer Persönlichkeitsrechte.

Hinweis

Kostenlose Apps sind in den seltensten Fällen wirklich kostenlos; im Regelfall zahlt man mit seinen persönlichen Daten dafür.

Was ist nun von den Herstellern vorgesehen, um Daten gegenüber dem Zugriff durch Apps zu schützen, welche Sicherheitsmodelle finden Anwendung?

iOS, Android, Symbian und WP7 verwenden das Modell des »Application Sandboxing«. Diesem Modell liegt die einfache Überlegung zugrunde, dass Computerviren, Trojaner, Spyware und andere Malware nur das ausspionieren, kopieren und infizieren können, auf das sie Zugriff haben. Jede Applikation läuft in einer eigenen »Sandbox«, einer eigenen Anwendungsumgebung. Somit können die Rechte der Applikationen auf CPU, Speicher, Daten und Kommunikationskanäle überwacht und eingeschränkt werden. Kein Vorgang

26. *http://blog.mylookout.com/blog/2010/07/27/introducing-the-app-genome-project*

soll Auswirkungen außerhalb der Sandbox haben. Dafür werden für jede laufende Applikation Ressourcen in Form von Hauptspeicher, CPU und Metadaten benötigt. Jeder Besitzer von iPhone, iPad dürfte das Verhalten seines mobilen Endgerätes kennen, wenn viele Apps geöffnet wurden, im Hintergrund mit ihren Sandboxes noch vorhanden sind und das Gerät immer träger reagiert.

Innerhalb der Sandbox legen die Apps ihre eigenen temporären Dateien an, laden ihre eigenen Programmbibliotheken, Dokumente usw. Allerdings müssen sie mit anderen Apps und dem Betriebssystem kommunizieren – zum Aufruf einer Seite im Internet oder zum Anzeigen von Daten, um nur zwei Beispiele zu nennen. Dazu dient die sogenannte Inter-Process Communication. Die nachfolgende Abbildung zeigt sehr vereinfacht dargestellt Sandboxes auf einem mobilen Gerät.

3

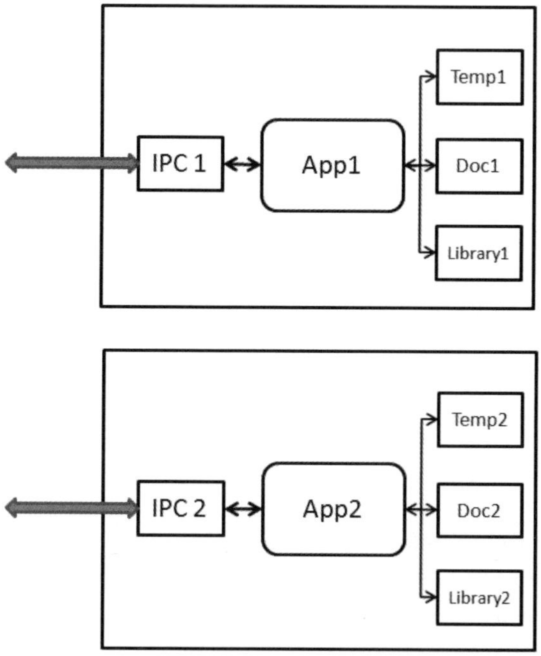

Abbildung 3.14: Struktur zweier Apps in Sandboxes

Wie man sieht, kann eine Sandbox nicht die vollständige Abschottung der Apps bewerkstelligen. Es bleibt die Frage, wie genau und vollständig die Kommunikation überwacht und reglementiert wird.

In einem Apple »unjailbreaked« iOS sind Apps gegenüber anderen Apps sowie dem Kernel des Betriebssystems isoliert und haben keinen Zugriff auf die Daten anderer Apps. Eine App hat keine Möglichkeit herauszufinden, ob eine andere App ebenfalls geladen wurde.

Alle Anwendungen von Drittanbietern werden unter iOS mit den gleichen Limitierungen für die Gerätesteuerung ausgeführt und unterliegen der völligen Kontrolle durch das Betriebssystem und den Endbenutzer. Keine App kann sich gesonderte Rechte verschaffen, indem sie sich selbst als »systemkritisch« einstuft.

Apps von Drittanbietern erhalten auch keinen Zugriff auf E-Mail-Postfächer und E-Mail-Anhänge sowie auf die Telefon-Services. Sie können weder SMS lesen noch ohne die Zustimmung des Benutzers versenden, Anrufe initiieren oder beantworten.

Die Sandbox wird mit Regeln für jede App erzeugt, aber die Existenz des Mechanismus besagt noch nicht, dass die Regeln auch ausgeführt werden. Die Regeln werden nur angewendet, wenn ein Programm/Prozess mit diesen Regeln eingesperrt wird; dies können die Apps mittels der Anweisung `sandbox_init` selbst tun oder die Apps werden von außen über die Anweisung `sandbox_exec` eingesperrt. Die Sandbox ermöglicht der App keine weiteren Funktionalitäten, sie kann nur einschränken.

Aber iOS erlaubt Apps von Drittanbietern ohne explizite Einwilligung des Benutzers umfangreichen Zugriff auf Systemressourcen über APIs (»Application Programming Interface«).

Apps dürfen ohne Rückfragen

- mit anderen Computern über WLAN kommunizieren,
- auf das Adressbuch des Gerätes inklusive E-Mail-Adresse, Notizen zu Kontakten etc. zugreifen,
- auf Kalendereinträge zugreifen,
- die UUID (Universally Unique Identifier) des Gerätes auslesen,
- auf die Historie des Safari-Browsers zugreifen,
- die eigene Telefonnummer aus dem Gerät auslesen,
- auf die Musik, Video- und Fotogalerie zugreifen,

- die Liste der zuletzt angeschauten YouTube-Videos auslesen,
- die Historie der Wortvervollständigungsfunktion auslesen,
- die Log-Datei der WiFi-Verbindungen auslesen,
- auf Mikrofon und Kamera des Gerätes zugreifen.

Apples iOS-Partitionsverschlüsselung bietet hier keinen Schutz, da für jede App, die im Hintergrund läuft, der Schlüssel zugänglich und die Verschlüsselung transparent ist.

Der Schweizer Softwareentwickler Nicholas Seriot hat diese vielfältigen Möglichkeiten des Datenabflusses auf einem regulären, unjailbreaked iPhone nachgewiesen. Der Programmierer wies daraufhin, dass es nicht unmöglich ist, auch im App Store Software anzubieten, die verschiedene private Informationen der Nutzer auslesen kann.

Seriot stellte zum Beweis ein App mit Namen »SpyPhone« basierend auf den Standard-APIs von Apple vor, mit dem man die oben aufgelisteten Daten auslesen und per E-Mail an einen vorgegebenen Adressaten senden kann.

Abbildung 3.15: SpyPhone von Nicholas Seriot[27]

Der Sourcecode zu SpyPhone kann unter *https://github.com/nst/spyphone* eingesehen werden.

27. *http://seriot.ch/resources/talks_papers/iPhonePrivacy.pdf*

Halten wir für das Sandboxing unter iOS fest:

- Jede App kann nur auf eigene Dateien und Einstellungen zugreifen; die Apps sind gegeneinander und gegenüber dem Betriebssystem isoliert.
- Auf Ebene des Filesystems haben alle Apps Zugriffsrechte auf die Dateien.
- Alle Apps laufen unter derselben User-ID, was bei einem Fehler der Sandbox ausgenutzt werden könnte.
- Apps können nur auf APIs zugreifen und nicht direkt auf Ressourcen des Betriebssystems.
- Lesender Zugriff von einer App auf Daten außerhalb der App-Verzeichnisse ist nicht unterbunden und einfach möglich, aber für Apps im App Store nicht erlaubt.
- Die Demo-App »SpyPhone« von Nicolas Seriot zeigt mögliche Folgen für Standard-Apps.
- Funktionen für Zugriff auf Dateisystem sind im Binärcode einer App zwar auffindbar, aber Zieldatei und Zweck lassen sich von einem versierten Angreifer beliebig verschleiern.

Wie sieht nun das Sicherheitsmodell der Apps bei den anderen mobilen Betriebssystemen aus?

Android ist eine Kombination aus einem Linux-Betriebssystem und einer Java-Plattform. Bei dieser Plattform handelt es sich nicht um die offizielle Java Virtual Machine (JVM) von Sun bzw. Oracle, sondern um einen ihrer Ableger mit der Bezeichnung Dalviks Virtual Machine (DVM). Wie jedes in Java geschriebene Programm wird jede Android-App in ihrer eigenen Virtual Machine ausgeführt und hat keinen Zugriff auf die Ressourcen anderer Apps oder Prozesse.

Obwohl »Sandboxing« eines der Designprinzipien der Java Virtual Machine ist, werden zusätzliche Sicherheitsmaßnahmen der Zugriffskontrolle und Rechtevergabe durch das Android-Betriebssystem getroffen.

Auch hier gibt es Ausnahmen bei der Isolation der Apps:

- Apps können eine Liste aller installierten Apps einschließlich ihrer Programmlogik auf dem mobilen Endgerät einsehen.

- Apps dürfen alle Inhalte einer eingelegten SD-Karte ohne Einschränkungen lesen, aber nicht ändern.
- Apps dürfen andere Apps in dem Gerät aufrufen, z.B. den Web-Browser oder Google Maps.

Im Vergleich zu iOS sind das zunächst nur wenige Ausnahmen ohne große Auswirkungen. Da aber diese strenge Isolation zu einer zu starken Limitierung bei den Apps führen würde (beispielsweise wären Apps mit Zugriff auf das Internet aus der App heraus nicht möglich), hat Google hier das Konzept der »à la carte«-Rechte eingeführt.

Apps können je nach Gebrauch die Erlaubnis für bestimmte Zugriffe bei der Installation vom Benutzer abfragen, sozusagen ihr Rechte »à la carte« erweitern. Entschließt sich der Benutzer, mit der Installation fortzufahren, erhält die App alle von ihr benötigten Zugriffe. Die Installation wird abgebrochen und die App ist nicht ausführbar, wenn der Benutzer die Zugriffe verweigert. Eine dritte Möglichkeit, einige Zugriffe zu erlauben, andere zu unterbinden, gibt es nicht.

Die Zugriffe, die eine App erhalten kann, sind recht vielfältig:

- Zugriff auf das Netzwerk-Subsystem: Apps können Netzwerkverbindungen mit anderen vernetzten Geräten über WiFi oder Mobilfunk einrichten.
- Zugriff auf Geräte-IDs: Apps können die Telefonnummer des mobilen Endgerätes, die Geräte-ID (International Mobile Equipment Identity, IMEI), die Seriennummer der SIM-Karte und die Teilnehmer-ID (International Mobile Subscriber Identity, IMSI) auslesen.
- Zugriff auf Messaging-Systeme: Apps können auf E-Mails und Anhänge im Postein- oder -ausgang sowie auf SMS-Systeme zugreifen. Auch können ohne vorherige Anfragen beim Benutzer E-Mails und SMS-Nachrichten versendet werden. Eingehende E-Mails und SMS lassen sich von Apps abfangen.
- Zugriff auf Kalender und Adressbuch: Apps können im Adressbuch und Kalender lesen, ändern, löschen und neue Einträge hinzufügen.
- Zugriff auf Multimedia und Image-Dateien: Apps können auf Multimedia (z.B. MP3-Dateien) und von Fotoanwendungen gespeicherte Bilder zugreifen.

- Zugriff auf externe Speicherkarten: Apps können den Zugriff auf externe Speicherkarten zum Schreiben, Ändern oder Löschen von Daten anfordern. Ist der Zugriff einmal erlaubt, hat die App unbeschränkten Zugang zu allen Daten, die sich auf der Speicherkarte befinden. Daten auf Speicherkarten sind in der Grundeinstellung nicht verschlüsselt.
- Zugriff auf das Global Positioning System: Apps können den Standort des mobilen Endgeräts auslesen.
- Zugriff auf das Telefoniesystem: Apps können Anrufe auslösen und ohne Zustimmung des Benutzers einen Telefonanruf beenden.
- Zugriff auf Logs und Browserverlauf: Apps greifen auf Log- und Browserdateien wie Lesezeichen und Historie zu.
- Zugriff auf Task-Liste: Eine App kann die Liste der aktuell laufenden Anwendungen erhalten.

Wir haben es bei Android mit einer zunächst stärkeren Isolation der Apps zu tun als bei iOS. Die Grundeinstellung ist, dass alle Zugriffe auf fremde Daten und die Gerätefunktionen verboten sind. Nur erlaubt sind Zugriffe auf die eigenen Daten der betrachteten App. Diese Grundeinstellung kann nun vom Benutzer durch Erteilen statischer Rechte stark erweitert werden. Android überlässt dem Benutzer sozusagen die Verantwortung über das Zugriffsregelwerk.

Bei iOS gibt es in der Grundeinstellung weitaus mehr Zugriffsmöglichkeiten über die APIs für die Apps, die vom Benutzer nicht beeinflusst werden können. Der Benutzer hat hier keine Gestaltungsmöglichkeiten.

Sehen wir uns noch zum Abschluss des Kapitels die Sicherheitsmodelle von WP7 und Symbian an, die große Ähnlichkeiten miteinander aufweisen.

Microsoft hat bei Windows Phone 7 (WP7) Berechtigungen hierarchisch in einem ineinander verschachtelten Kammerkonzept (»Chamber«) organisiert. Jeder ausführbare Code wird dabei einer von vier Kammern zugeordnet:

- Die »Trusted Computing Base« (TCB) bietet die meisten Berechtigungen. Applikationen in dieser Chamber haben unbeschränkten Zugriff auf nahezu alle Ressourcen. Zusätzlich können in der TCB laufende Programme Richtlinien modifizieren und das Sicherheitsmodell durchsetzen. Es liegt nahe, dass so wenig Code wie möglich diese Berechtigungen hat, daher laufen nur der Kernel des Betriebssystems sowie Kernel-Mode-Treiber in dieser Chamber.

- Darunter ist die »Elevated Rights Chamber« (ERC) angeordnet. Code mit diesen Berechtigungen kann nahezu alle Funktionen der TCB nutzen, hat aber keinen Zugriff auf das Sicherheitsmodell. Hier sind verschiedene Dienste für andere Funktionen und User-Mode-Treiber angesiedelt.
- Die dritte Kammer ist die »Standard Rights Chamber« (SRC). Sie ist der Standard für alle von Microsoft installierten Programme wie etwa Outlook Mobile.
- Als Letztes folgt die »Least Privileged Chamber« (LPC). Sie ist für Applikationen von Drittherstellern gedacht und unterscheidet sich grundlegend von den anderen Stufen: Die Berechtigungen für diese Chamber sind nicht fest eingestellt, sondern jeder Entwickler muss in seiner App definieren, welche Rechte er benötigt. Dazu gibt es einen festen Katalog; so ist beispielsweise der Zugriff auf die GPS-Daten, das Mikrofon, bestimmte Sensoren oder das Netzwerk möglich.

Einige wenige Rechte und Ressourcen wie beispielsweise ein isolierter Speicherbereich stehen jeder App von Haus aus zur Verfügung.

Jede Anwendung wird zusätzlich durch eine Sandbox isoliert. Das bedeutet, dass Daten nicht direkt zwischen den einzelnen Apps fließen, sondern ein Zugriff maximal über die Cloud (»SkyDrive«) möglich ist. Das Modell der Sandbox in WP7 ist sehr restriktiv. Apps von Drittanbietern können nicht im Hintergrund laufen. Sie können nicht auf ein gemeinsames Dateisystem, sondern nur auf einen für sie isolierten Speicherbereich zugreifen. Auch Zugriffe von Apps auf Benutzerdaten, außer einer anonymisierten ID des Benutzers, oder auf Funktionalitäten des mobilen Endgerätes sind nicht gestattet. Durch Zuordnung der Apps zu den oben beschriebenen Kammern werden die Rechte und damit die Zugriffsmöglichkeiten der Apps erweitert.

Symbian hat ebenfalls das Konzept der unterschiedlichen Kammern und damit assoziierten Rechten implementiert, behandelt Apps aber standardmäßig weitaus weniger restriktiv als WP7.

3.9 Aufhebung der Hersteller-Restriktionen (»Jailbreak« und »Rooten«)

Wie wir bereits angeführt haben, hat Apple das iPhone und andere iOS-Geräte mit einem Schreibschutz, einer Signaturprüfung und anderen Maßnahmen geschützt, um bis heute zu verhindern, dass Apps, die nicht aus dem App Store von Apple kommen, auf die iOS-Geräte geladen werden können. Einer der Gründe, warum nur solche Apps auf iOS-Geräten zugelassen sind, die über den App Store installiert werden, ist die volle Kontrolle über Funktionalität und Optik der Apps. Nur Lösungen, die den sehr restriktiven Vorgaben von Apple entsprechen, sind erlaubt.

Mit dieser Kontrolle verhindert Apple wirkungsvoll, dass Apps mit Schadsoftware in Umlauf gelangen und damit nicht nur den Benutzer des iPhone, sondern auch das Image von Apple schädigen. Fast so lange, wie das iPhone auf dem Markt erhältlich ist, bemühen sich Entwickler, abseits von Apples Vorgaben, die Funktionen von iOS-Geräten zu erweitern. Aktuell federführend sind das »iPhone Dev Team« und das »Chronic Dev Team«, die teilweise zusammen, teilweise getrennt Lösungen erarbeiten.

Bevor eigene Apps oder solche anderer freier Entwickler auf das iPhone gelangen können, ist der Schreibschutz der Geräte aufzuheben. Dazu sind einige Prüfmechanismen auszuhebeln, mit denen Apple derartige Eingriffe verhindern will. Die Deaktivierung der Prüfmechanismen übernimmt der sogenannte »Jailbreak«: »Gefängnisausbruch« wird der Prozess genannt, bei dem der Benutzer vollen Schreibzugriff auf die Partitionen des iPhone erhält. Das Dateisystem wird im Modus »Lesen/Schreiben« mit vollem Zugriff (Root) angelegt. Beim Jailbreak wird der Kernel des Betriebssystems so verändert, dass sich auch Apps installieren lassen, die nicht die Kontrollen von Apple passiert haben. Dazu werden Code-Signatur und andere Sicherheitsmechanismen der iOS-Firmware ausgeschaltet. In den meisten Fällen erfolgt der Jailbreak mithilfe eines Jailbreak-Programms am Windows- oder Mac OS-X-Rechner. Der Jailbreak verstößt zwar gegen Apples Nutzungsbedingungen, ist aber nicht illegal. Es sind bisher drei verschiedene Arten von Jailbreaks publiziert worden.

- »Untethered Jailbreak«: Das iOS-Gerät lässt sich nach dem Jailbreak sofort nutzen. Auch nach vollständigem Herunterfahren von iOS ist der Jailbreak nach dem Neustart vorhanden. Einmal durchgeführt, ist das iPhone so lange »jailbroken«, wie es nicht auf eine neue iOS-Version aktualisiert wird.

- »Userland Jailbreak«: Eine Form des oben angeführten »Untethered Jailbreak«, bei dem zum eigentlichen Jailbreak kein Rechner benötigt wird, trägt die Bezeichnung Userland (»von Userseite ausgeführt«) und macht sich Sicherheitslücken in iOS-Apps zunutze, die Dateien öffnen können. Die bekanntesten »Userland Jailbreaks« nutzen Sicherheitslücken in der Verarbeitung von PDF-Dateien unter iOS 3.2.x und 4.2.x aus.

  Wenn man die Website *www.jailbreakme.com* mit dem Safari-Browser aufruft, führt der in diese Webseite eingebettete Code in Sekunden den Jailbreak aus.

- »Tethered Jailbreak«: Trotz Jailbreaks mithilfe einer geeigneten Software auf einem Windows-PC oder Mac muss das iOS-Gerät nach jedem Neustart wieder an den Rechner mit der Software angebunden (engl. *tethered*) werden, um den Bootprozess von iOS ausführen zu können. Bei einem Neustart ohne Rechner wird das iOS nicht geladen, und das iOS-Gerät kann nicht benutzt werden.

Die Software für Jailbreaks erlaubt immer nur für eine iOS-Version auf bestimmten Geräten (z.B. iPad2, iPhone 3GS, 4, 4S) die Aufhebung der Restriktionen, beim nächsten Update auf eine neue iOS-Version schließt Apple in der Regel die Lücke, welche den letzten Jailbreak ermöglichte.

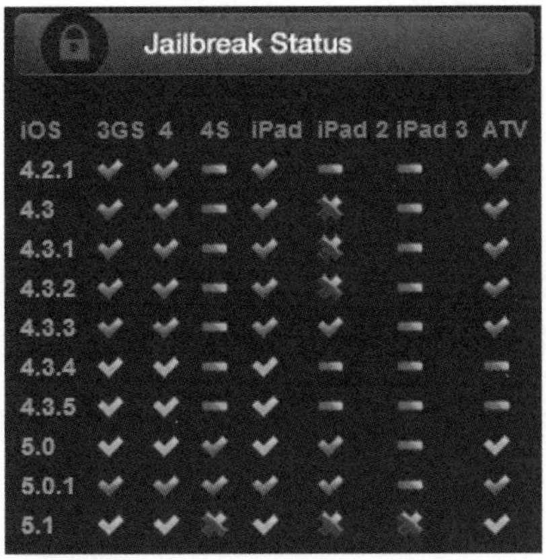
Jailbreak Status

iOS	3GS	4	4S	iPad	iPad 2	iPad 3	ATV
4.2.1	✓	✓	–	✓	–	–	✓
4.3	✓	✓	–	✓	✗	–	✓
4.3.1	✓	✓	–	✓	✗	–	✓
4.3.2	✓	✓	–	✓	✗	–	✓
4.3.3	✓	✓	–	✓	✓	–	✓
4.3.4	✓	✓	–	✓	–	–	–
4.3.5	✓	✓	–	✓	–	–	–
5.0	✓	✓	✓	✓	✓	–	✓
5.0.1	✓	✓	✓	✓	✓	–	✓
5.1	✓	✓	✗	✓	✗	✗	✓

Abbildung 3.16: iOS-Jailbreak-Status[28]

28. *http://www.apfelearth.com/*, Abruf 26.04.2012

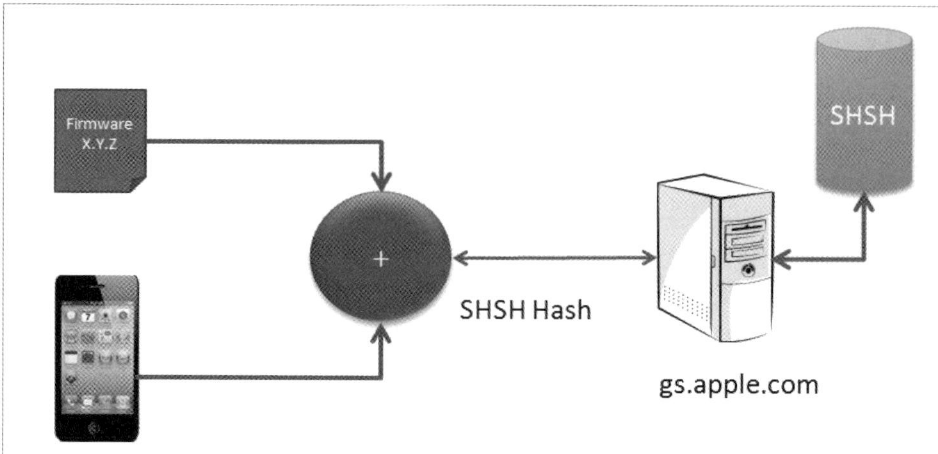

3

Abbildung 3.17: Abfrage von SHSH-Blobs bei der Installation von iOS-Firmware

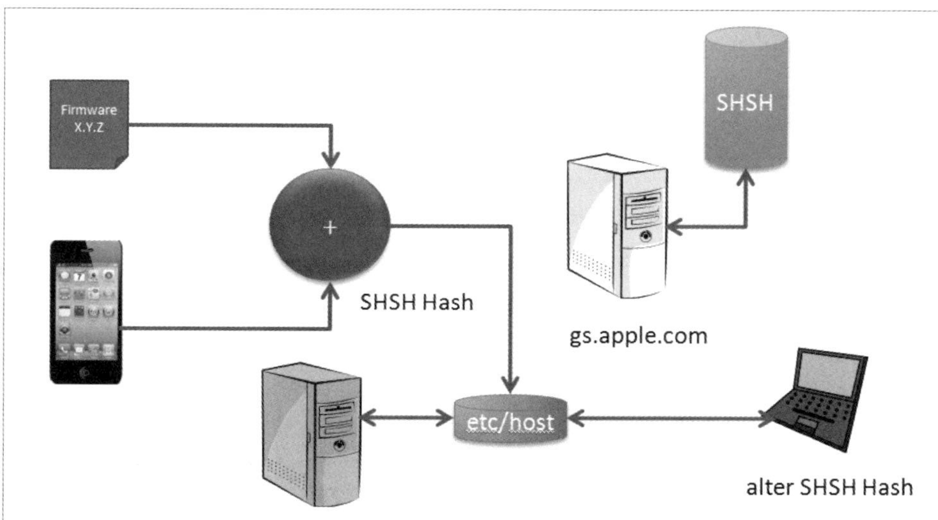

Abbildung 3.18: Installation älterer Firmware-Versionen

Zur Verhinderung eines Downgrades (das Installieren einer älteren iOS-Version, für die ein Jailbreak möglich ist) hat Apple beim Installieren seiner Firmware die Kommunikation mit einem Apple-Server eingeführt. Apples Server erlauben nur das Aufspielen aktueller Firmware-Versionen, nur sie werden für den Installationsprozess signiert. Mit SHSH-Blobs lässt sich diese Sicherheitsvorkehrung aushebeln. Ein SHSH-Blob ist eine kleine Hash-Datei für einersion des iOS, die mithilfe einer Programms (»Tiny Umbrella«) aus dem iOS-Gerät ausgelesen werden kann und beim Downgrade die Signatur der älteren iOS-Version ermöglicht. Die SHSH-Blobs können auch im Internet gespeichert werden.

Apple hatte in iOS bis zur Version 4.2 eine spezielle Schnittstelle integriert, über die sich einfach herausfinden ließ, ob das betrachtete iOS-Gerät einem Jailbreak unterzogen wurde. Mit diesem API sollte es Administratoren einfacher gemacht werden, Sicherheitsrichtlinien strikter umzusetzen und den Zugang zu Servern für »jailbroken« iOS-Geräte zu sperren. Dieses API wurde von Apple ab iOS 4.2 entfernt.

Man könnte nun der Ansicht sein, dass Jailbreaks eine von Apple zwar unerwünschte, aber legale Funktionserweiterung der iOS-Geräte bewirken und auf das Mobile Device Management keine negativen Einflüsse haben. Dies ist jedoch falsch. Es gibt eine ganze Reihe von Sicherheitslücken, die man sich durch einen Jailbreak einhandelt.

- Nach einem unvorsichtigen oder unsachgemäßen Jailbreak kann es passieren, dass das iOS-Gerät ein »bricked device« ist; das heißt, es hat noch die Funktionalität eines Ziegelsteins.
- Nach einem Jailbreak erlischt der Garantieanspruch für das Gerät, und man kann im Falle eines technischen Schadens keinerlei Unterstützung von Apple erwarten.
- Apps von Drittanbietern wurden nicht von Apple überprüft. Es können auch selbst signierte Apps installiert werden.
- Nach einem Jailbreak entfällt die Prüfung der digitalen Signaturen von Applikationsbinaries. Es lassen sich beliebige nicht signierte Apps ausführen.
- Jailbreaks sind das Einfallstor für »Malware« (Computerviren, Trojaner, Spyware, Würmer).
- Nach einem Jailbreak ist das Passwort für »root« standardmäßig auf »alpine« gesetzt.
- Ein Angreifer, der sich im gleichen WLAN wie das iOS-Gerät befindet, hat alle Rechte des Administrators (»root«) auf dem Gerät.
- Anwendungen können als »root« außerhalb der Sandbox gestartet werden und unterliegen keinen Beschränkungen mehr! Sie haben damit Schreib- und Ausführungsrechte auf dem gesamten Dateisystem.

- Die Vertrauenswürdigkeit der Tools zum Jailbreak ist umstritten, bei der Manipulation an der Firmware könnten auch Hintertüren eingebaut werden.
- Updates werden häufig bewusst nicht mehr eingespielt, um Jailbreak nicht zu verlieren. Die »jailbroken« iOS-Geräte bleiben daher oft gegen Bedrohungen ungeschützt, bis ein neuer Jailbreak verfügbar ist.

Die Nachteile sind für geschäftliche Nutzung der iOS-Geräte gravierend und unbedingt zu vermeiden. Die meisten Mobile Device Management-Systeme können den Zustand eines iOS-Gerätes feststellen und OTA an die Administration senden.

Analog zum Jailbreak bei iOS-Geräten gibt es bei Android das »Rooten«. Ein Root-Konto ist ein sogenanntes Superuser-Konto. Es bietet dem Nutzer also die höchstmöglichen Zugriffsrechte auf das Betriebssystem. Man wird somit der Administrator über das Android-Gerät. Im Auslieferungszustand gewähren die Hersteller den Nutzern diese Rechte nicht. Die Kernfunktionen des Betriebssystems können somit nicht verändert werden. Mit Root-Zugriff ist es möglich, modifizierte Android-Versionen (»Custom ROMs«) zu installieren.

Ein Android-Gerät zu »rooten«, ist eine recht einfache Angelegenheit, wenn man ein automatisches Rooting-Programm verwendet. Das Programm für eine spezifische Gerätegruppe wird auf einem PC installiert und führt nach dem Start den gesamten Rooting-Prozess auf dem mittels USB-Kabel mit dem PC verbundenen Android-Gerät durch. Ein »Unrooten« ist mit diesen Programmen ebenfalls möglich und setzt das Android-Gerät wieder auf die Einstellungen des Herstellers zurück.

Vorteile eines Android im »Root«-Zustand:

- Volle Kontrolle über das Android Betriebssystem.
- Installierte Apps können auf die SD-Karte verschoben werden, dies entlastet den internen Speicher des Android-Gerätes.
- Systemdateien können modifiziert werden – so können vorinstallierte Dateien wie z.B. Themes oder Applikationen wie Kalender, Kontaktverwaltung, Uhr, Bootloader etc. verändert werden.
- Verwendung von Apps, die Root-Rechte benötigen. Einige nützliche Apps verlangen zwingend Root-Zugriff auf das Android-Betriebssystem und können nur verwendet werden, wenn das Gerät gerootet wurde. Hier sind

z.B. Task Manager, um Apps zwingend beenden zu können, Programme zum Erstellen von Screenshots oder Backup Tools zu nennen.

- Backup des kompletten Systems auf einer SD-Karte.
- Der Cache für Apps wie den Browser, Maps oder Android Market kann auf die SD-Karte ausgelagert werden, was ebenfalls internen Speicherplatz schont.
- Ein Neustart des kompletten Systems über ein Terminal-App ist mit einem einfachen Befehl möglich.
- Volle Zugriffsrechte auf Dateien des Gerätes.

Der Root-Zugriff auf Android bietet gleichzeitig auch Nachteile und Risiken:

- Man kann keine Over the Air Updates, welche von den Herstellern direkt über die Mobilfunknetze verteilt werden, mehr empfangen. Genauer gesagt, der Empfang ist möglich, man verliert aber zunächst wieder die Root-Rechte. Man muss also wieder auf modifizierte Custom ROMs zurückgreifen.
- Nach dem Rooten erlischt die Garantie des Herstellers.
- In seltenen Fällen ist auch ein Totalschaden des Systems (»bricked device«) möglich.

Hier gilt das Gleiche wie bei den iOS-Geräten: Die Sicherheitslücken, die durch das »Rooten« entstehen, sind für den Unternehmenseinsatz der Geräte nicht tolerierbar.

Das Mobile Device Management hat neben Verwaltungsaufgaben vorrangig das Ziel, die beschriebenen Schwachstellen durch Voreinstellungen und OTA-Eingriffen zu beseitigen bzw. in einen akzeptablen Zustand abzusenken.

4 Mobile Device Management

Nachdem wir uns in den vorhergehenden Kapiteln einen Überblick über die Hardware und Firmware von mobilen Endgeräten sowie deren Sicherheitsprobleme verschafft haben, wollen wir in diesem Kapitel die Grundlagen des Mobile Device Managements während des gesamten Lebenszyklus unseres mobilen Endgerätes betrachten.

4.1 Grundlagen

Vergleichbar mit dem »Local Device Management«, der seit Jahrzehnten praktizierten Systemadministration von stationären IT-Infrastrukturen, steht Mobile Device Management für die umfassende Verwaltung und Überwachung der mobilen Infrastruktur eines Unternehmens oder einer Organisation. Die spezifischen Unterschiede sind:

- Die Geräte sind nicht an einem festen Standort lokalisiert; sie sind nur über Mobilfunknetze oder WLAN zu erreichen. Es kann nicht von einer definierten Qualität der Erreichbarkeit ausgegangen werden.
- Große Datenmengen können nur einigermaßen zuverlässig über WLAN übertragen werden.
- Alle Aktionen müssen »Over the Air« ausgelöst und kontrolliert werden.
- Inventarisierungen und Audits können nur ferngesteuert erfolgen.
- Manuelle Eingriffe sind kaum möglich; die Personen mit physischem Zugriff auf die mobilen Geräte sind in der Regel keine IT-Fachleute und können keine komplexen Verwaltungsvorgänge vornehmen.
- Je nach Policy kann die mobile Infrastruktur sehr heterogen in Hardware und Firmware sein, d.h. es sind eventuell Smartphones, Pad-Computer, Tablets und mobile Software verschiedener Hersteller zu verwalten.

Tipp

Zur Reduzierung der Komplexität der Managementlösung sollten die zur Auswahl gestellten mobilen Geräte und die Firmware stark reduziert werden. Die Frage nach der Unterstützung von »Bring Your Own Device« beeinflusst die Auswahl eines geeigneten Mobile Device Management-Systems in hohem Maße und muss vor dessen Auswahl geklärt sein.

Welchen Anforderungen sollte in diesem Umfeld ein Mobile Device Management-System genügen?

Idealerweise sollte es

- kompatibel zu allen marktüblichen mobilen Plattformen und Anwendungen sein,
- in allen gängigen Mobilfunknetzen arbeiten,
- direkt »Over The Air« (OTA) unter Auswahl bestimmter Zielgeräte implementiert werden können,
- mobile Geräte nach Bedarf von Administratoren dem System hinzufügen oder daraus entfernen können,
- stets die Integrität und Sicherheit der IT-Infrastruktur gewährleisten,
- Security Policies konsequent durchsetzen,
- transparent für den Anwender sein; er bekommt von der Existenz der Lösung so wenig wie möglich mit.

Soweit das Ideal. In der Praxis sind wir – gerade was die Kompatibilität zu allen Plattformen angeht – davon noch ein gutes Stück entfernt.

Das prinzipielle Modell eines Mobile Device Management-Systems orientiert sich am klassischen Client-Server-Modell und sieht vor, dass in dem mobilen Endgerät ein Client (Software-Agent) installiert wird, über den die Kommunikation des Management-Servers mit der Management-Schnittstelle in der Firmware des mobilen Endgerätes abgewickelt wird. Clients für Exchange ActiveSync sind in vielen mobilen Betriebssystemen bereits vorinstalliert; BlackBerrys haben diese in der Firmware eingebaut.

Der Funktionsumfang des Management-Servers wird von der Ausprägung der Management-Schnittstellen bestimmt.

Ziehen wir den Vergleich mit traditioneller Systemadministration heran, so sollten Mobile Device Management-Systeme über folgende Funktionen verfügen:

- Inventarisierung der mobilen Geräte
- Incident und Problem Management
- Verteilung von Patches, Updates und Applikationssoftware,
- Überprüfung der Compliance mit Sicherheitsrichtlinien,
- Backup und Restore,
- Sperren des Geräts und Löschen sensibler Daten,
- Zustandsüberwachung und Auditieren der mobilen Geräte.

4.1.1 Inventarisierung

Die Inventarisierung der mobilen Endgeräte beinhaltet

- die Identifizierung der Geräte anhand einer eindeutigen Kennung,
- eine Zusammenstellung der auf diesen Geräten installierten Firmware mit Versionsbezeichnung,
- eine Liste der auf den Endgeräten installierten Applikationen und Daten,
- die Erfassung der Mobilfunkanbindung über die verwendete SIM-Karte.

Die bei der Inventarisierung erhobenen Daten werden zum Abgleich mit der Policy des Unternehmens oder der Organisation herangezogen. Dabei wird überprüft, ob das mobile Inventar nicht gegen das Regelwerk verstößt bzw. genehmigungspflichtige Anteile vorhanden sind, und wenn ja, von wem und wann für wie lange die Genehmigung erteilt wurde.

Wegen der hohen Änderungsraten sollte die Inventarisierung der mobilen Endgeräte in relativ kurzen Abständen erfolgen, beispielsweise jedes Quartal.

4.1.2 Incident und Problem Management

Wie in der stationären IT-Welt treten auch bei mobilen Endgeräten Fehler unterschiedlichen Schweregrades auf – oft nachdem auf den Geräten ein

Update von Firmware oder Apps durchgeführt wurde. Der Endbenutzer, der sich irgendwo auf der Welt aufhält, erwartet in diesen Fällen eine zuverlässige Unterstützung. Die unterschiedlichen Firmwares enthalten so gut wie keine automatische Fehlererkennung. Man ist auf Hilfe von außen angewiesen, die in diesen Fällen mit dem Mobile Device Management-System (MDM) »Over The Air« zu leisten ist. Dazu werden Informationen über den Systemstatus des mobilen Endgerätes, Logfiles, Bildschirmfotos, Speicherauszüge etc. benötigt, die das MDM vom betreffenden Endgerät einholen muss. Ferngesteuerte Fehleranalyse und Fehlerbehebung analog zu Remote Desktop sind in den aktuellen Firmwareversionen nicht vorgesehen und müssen bei Bedarf ebenfalls vom MDM geleistet werden.

Wichtig

Für die Auswahlkriterien des Mobile Device Management-Systems ist die gewünschte Form des Incident und Problem Managements detailliert zu beschreiben und zu berücksichtigen. Die Benutzerakzeptanz für die zentrale Administration hängt wesentlich von der effektiven Unterstützung der »Homebase« im Fehlerfall ab.

4.1.3 Verteilung von Patches, Updates und Applikationssoftware

Das Patch Management bei mobilen Geräten besteht aus einem organisatorischen und einem technischen Teil.

Der organisatorische Teil beinhaltet die

- Kenntnis der aktuell installierten Software,
- Benachrichtigungen über neue Patches und deren Priorität,

während im technischen Teil die

- Patches und Updates für Betriebssysteme sowie
- Patches und Updates für Apps

vorgenommen werden.

Updates von Firmware für mobile Endgeräte beinhalten in der Regel das Beseitigen von kritischen Sicherheitslücken und sollten deshalb zeitnah nach Freigabe durch die Hersteller durchgeführt werden.

Während für Apples iOS bis zur Version 5 nur die Möglichkeit bestand, über iTunes und USB-Anschluss kabelgebunden die Firmware in vollständigem Umfang auf die neueste Version zu aktualisieren, hat sich schon seit längerer Zeit die FOTA-Technik (Firmware Updates Over-The-Air) etabliert.

2002 wurde die Open Mobile Alliance (OMA) aus den bis dahin autark arbeitenden Organisationen Open Mobile Architecture Initiative und WAP Forum gebildet. Die Organisation besteht aus etwa 350 Mitgliedern, darunter den wichtigsten Vertretern des Mobilfunksektors sowie benachbarter Industriezweige wie Microsoft, Vodafone, Nokia oder IBM[1].

Zu den Standards, die von der OMA aufgestellt wurden, zählt das OMA Device Management (DM) mit einer Reihe von Protokollen für das Remote Management von Smartphones, zu der auch die Realisierung von FOTA gehört.

Die grundlegende Idee von FOTA besteht aus der Übertragung der Unterschiede zwischen alter und neuer Version der Firmware, um die Größe der Update-Dateien zu reduzieren, was der Betriebssicherheit zugutekommt. Die mobilen Endgeräte laden die Update-Dateien und führen nach der Installation einen Boot-Vorgang durch. Ist dieser erfolgreich, erfolgt eine OTA-Quittierung des erfolgreichen Updates. Der Empfang der neuen Firmware und die anschließende Installation dürfen nicht die Funktionalität des mobilen Endgerätes einschränken oder Einstellungen (Kontakte, Ruflisten etc.) verändern.

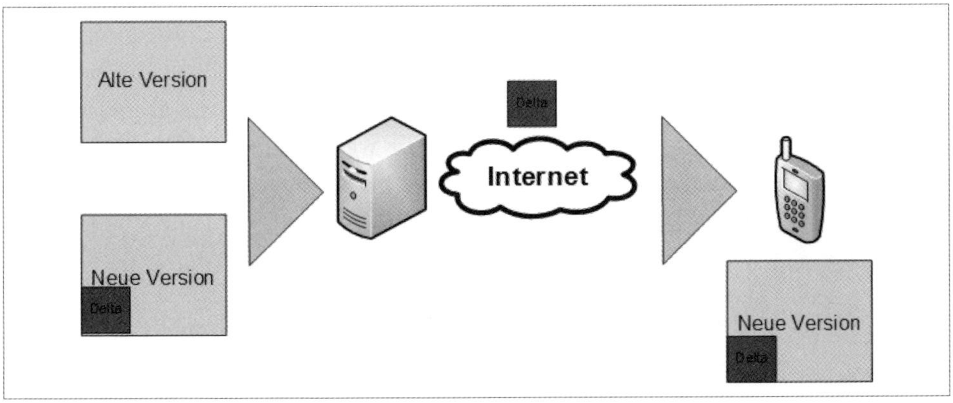

Abbildung 4.1: Übertragen der Versionsunterschiede der Firmware als FOTA

1. *http://www.openmobilealliance.org/Technical/WorkingGroupsCommitees.aspx*

Vorsicht

Bei FOTA ist auch das Branding ein wichtiges Thema: Jeder Mobilfunkanbieter hat seine eigenen Erweiterungen zu einem Update der eingesetzten Firmware, z.B. Android.

Eine Weiterentwicklung von FOTA ist Software Components Over the Air (SCOTA), dabei wird von einem modularen Aufbau der gesamten Software eines mobilen Endgeräts ausgegangen. Damit ist es möglich, OTA diskrete Softwarekomponenten zu übertragen, die beispielsweise das mobile Endgerät mit kundenspezifischen Funktionen erweitern. Modifikationen im Rahmen von Updates sind ebenfalls auf Komponentenebene möglich.

Die Aktualisierung von Apps erfolgt unterschiedlich zu den Updates der Firmware. Apps werden aus Markets bezogen, über das MDM-System installiert, aktiviert, blockiert oder bei Bedarf auch gelöscht. Eine Aktualisierung der Apps ist auch direkt über die Markets möglich. Standard ist die Information des Endanwenders über ein vorhandenes Update für die Apps auf seinem mobilen Endgerät. Je nach Firmware müssen vor dem Update manuelle Bestätigungen für Installation und Rechteänderungen eingeholt werden.

Eine Ausnahme sind Apps für iOS-Geräte: Bis auf In-house-Apps können die Apps nur über den App Store und iTunes bzw. iCloud installiert oder aktualisiert werden. In-house-Apps sind Applikationen, die offiziell mit dem Segen und der Zertifizierung von Apple für ein Unternehmen oder eine Institution entwickelt wurden, aber nicht im App Store angeboten, sondern nur exklusiv genutzt werden. Diese In-house-Apps lassen sich ohne Benutzereingriffe OTA installieren, überwachen und verändern. Wir werden später bei der Verwaltung von iOS-Geräten über mobileconfig-Files darauf noch zurückkommen.

Hinweis

Beim Patch Management können folgende generelle Probleme und Fragen auftreten:

- Wie sieht es mit der Erreichbarkeit aller verwalteten Geräte aus?
- Zu welcher Zeit ist der Endanwender zum Patch/Update bereit?

- Lässt es sich feststellen, wer welche Version erhalten hat?
- Welche Anforderungen haben die Mobilfunkbetreiber?
- Was passiert beim Abbruch von Verbindungen?
- Werden »Bricked«-Zustände beim Abbruch der Verbindung verhindert?

4.1.4 Überprüfung der Compliance mit Sicherheitsrichtlinien

Wie wir in den vorigen Kapiteln bereits festgehalten haben, ist die Sicherheit der mobilen Endgeräte wesentlich von der aktivierten Benutzersperre mit ihren Parametern wie Freischaltungsdauer, tolerierten Fehlversuchen, automatischer Sperre bei Inaktivität etc., der Verschlüsselung und der Güte der dafür eingesetzten Passwörter abhängig.

Je nach Möglichkeiten, die die eingesetzte Firmware bietet, sind entsprechende Sicherheitsrichtlinien implementierbar. Das MDM-System muss in der Lage sein, OTA die Richtlinien an die mobilen Endgeräte zu verteilen, deren korrekte Umsetzung zu kontrollieren und mit den Vorgaben zu vergleichen. Bei Abweichungen oberhalb einer vorgegebenen Toleranzschwelle muss das MDM-System die Endgeräte, die jetzt nicht mehr mit den Sicherheitsrichtlinien compliant sind, sperren und/oder die sensiblen Daten im Gerät zu löschen. Es ist hilfreich, Verstöße gegen die Richtlinien, wie die wiederholte Eingabe falscher Passwörter, zu protokollieren und über das MDM die Zentrale zu alarmieren.

Wichtig

Das MDM System muss

- Richtlinien verteilen,
- die Umsetzung kontrollieren und auditieren,
- Gruppen und Ausnahmen zulassen,
- bei Angriffsversuchen (meist nur Fehleingaben von Passwörtern) das Gerät sperren oder löschen,
- Verstöße gegen die Richtlinien aufzeichnen und melden.

4.1.5 Backup und Restore

Natürlich können auch bei mobilen Endgeräten Situationen wie beispielsweise der Verlust des Geräts und die Inbetriebnahme eines Ersatzgerätes eintreten, die ein Restore von Daten und Apps mit sich führen. In der mobilen Welt ist Backup und Restore abhängig von den durch die Firmware vorgegebenen technischen Möglichkeiten, der Nutzungsart des Geräts und dem Aufenthaltsort des Geräts. Dazu betrachten wir mehrere Fallbeispiele:

Fall 1

4

Das mobile Endgerät hat ein iOS-Betriebssystem. Bis zur Version 5 war nur ein Backup und Restore von Apps, Daten und Einstellungen über Kabel und USB-Anschluss mit iTunes möglich; ab Version 5 ist dies auch über die iCloud (ein Cloud Service von Apple) machbar. In der iCloud können weitgehend automatisiert

- gekaufte Musik, Apps und Bücher,
- Kalender, Notizen, Kontakte, Mail,
- Fotos und Videos,
- Geräteeinstellungen,
- App-Daten,
- Home-Screen und Anordnung von Apps,
- Nachrichten (iMessage, SMS und MMS) und
- Alarmtöne

gesichert und bei Bedarf geladen werden. Die Datenübertragung erfolgt SSL-verschlüsselt, und wegen der Datenmenge wird dafür in der Regel ein WLAN benötigt. Bei der Verwendung der iCloud zu Backup und Restore ist die in Kapitel 2 aufgeführte Problematik des Speicherns sensibler Daten an unbekannten Orten zu beachten.

Fall 2

Das Gerät ist kein iOS-Gerät. Gibt es die technische Möglichkeit, PIM-Daten (Personal Information Manager) zu synchronisieren, hat man Mails, Kontakte, Aufgaben, Notizen und Termine auf einem zentralen Server gelagert und verwendet im mobilen Endgerät nur Kopien. Ein gesondertes Backup ist hier nicht notwendig, ein Restore erfolgt durch eine erneute Synchronisation. Gibt es allerdings weitere Dokumente, Einstellungen und Apps, für die ein Backup benötigt wird, treten einige Fragen für das MDM in den Vordergrund:

- Über welchen Übertragungsweg kann die Datensicherung und -wiederherstellung erfolgen? Mobile Endgeräte haben als OTA-Kommunikationswege WLAN, UMTS, GSM; was eignet sich hinsichtlich der zu übertragenden Datenmenge und der Abdeckung der Kommunikationsnetze am Aufenthaltsort?
- Wie häufig wird die Datensicherung vorgenommen?
- Wie hoch ist das maximale Alter eines Backups?
- Kann das Backup automatisch nach einer Benutzerinformation ablaufen oder sind zusätzliche manuelle Eingriffe notwendig?
- Können die Daten innerhalb der eigenen IT-Infrastruktur oder in einer Cloud gespeichert werden?

Apps mit ihren Umgebungen können über das MDM wiederhergestellt oder im Falle von iOS-Geräten aus der iCloud geladen werden.

4.1.6 Sperren des Geräts und Löschen sensibler Daten

Wie wir bereits ausgeführt haben, gehören zum Schutz der Vertraulichkeit sensibler Daten das Sperren des Zugriffs auf die mobilen Endgeräte sowie das Löschen dieser Daten, wenn der Verdacht auf unberechtigte Einsichtnahme durch Dritte besteht.

Sollte der Verlust des Geräts durch Verlieren oder Verlegen zustande kommen, ist die naheliegende Reaktion die Sperrung des Zugriffs. Was sollte diese beinhalten? Als Erstes ist die Inbetriebnahmesperre des Geräts zu aktivieren, damit ein eventueller Finder die Daten nicht einsehen kann. Je nach voreingestellten Zugängen zu Ressourcen sind auch die Verbindungseinstellungen zu löschen, beispielsweise durch Widerruf (Revoke) von Zertifikaten sowie das Löschen von gespeicherten User IDs und Passwörtern. Falls sich das Gerät wiederfindet, ist es in diesem Fall einfach, die Daten über das MDM wiederherzustellen.

Falls von einem dauerhaften Verlust oder gar Diebstahl ausgegangen werden muss, sind in der nächsten Eskalierungsstufe alle Daten auf dem Gerät zu löschen und das Zurücksetzen auf die Werkseinstellungen vorzunehmen.

Das MDM muss die Befehle zum Sperren und Löschen OTA übermitteln; dazu sollte das MDM mehrere Kommunikationswege verwenden können. Erfahrene Diebe schalten ihre Beute in den Flugmodus oder besser: Sie entfernen sofort die SIM-Karte. Einige MDM mit Agents auf den Endgeräten überwachen kritische Aktionen und können ohne Verbindung zur Zentrale Daten löschen. Wir werden auf diesen Sachverhalt später genauer eingehen.

4.1.7 Zustandsüberwachung und Auditierung der mobilen Geräte

Aus den Endgeräten lässt sich mithilfe des MDM eine Vielzahl von Daten OTA auslesen, die der Zentrale einen Status über den Zustand der Geräte vermitteln, was gerade im Fehlerfall sehr hilfreich ist. Neben Verbindungs-, Speicher- und Akkustatus lassen sich auch die installierten Daten, der belegte Speicher, aufgelaufene Mobilfunkkosten und installierte Apps überwachen. Bei BYOD müssen hierzu Vereinbarungen mit den Besitzern der Geräte getroffen werden. In einem späteren Kapitel wird dieser Punkt ausführlich diskutiert.

Rechtlich bedenklich im Sinne des Datenschutzes ist das Ermitteln der geografischen Koordinaten des Aufenthaltsortes, beispielsweise wenn das Gerät oder dessen Träger vermisst wird. Ein Sonderfall besteht, wenn von einer Gefahr für Leib und Leben ausgegangen werden muss. Diese Gefahrenart, die in verschiedenen Rechtsnormen die Tatbestandsvoraussetzung für gesonderte Befugnisse darstellt, ist allerdings keine Befugnis zur Ignorierung des Bundesdatenschutzgesetzes und bedarf der vorherigen Zustimmung der Mitarbeiter.

Ähnlich verhält es sich bei der Übermittlung von Screenshots im Fehlerfall an das MDM. Auch hier ist in der Regel eine vorherige Zustimmung der Mitarbeiter erforderlich[2].

---

2. *http://www.datenschutz-bayern.de/technik/orient/mainwtg.htm*

4.1.8 Protokolle im Mobile Management

Bei der Kommunikation zwischen MDM und mobilen Endgerät können unterschiedliche Protokolle zum Einsatz kommen. Für diesen Zweck wird häufig Microsoft Exchange ActiveSync eingesetzt. Dieses Protokoll wurde von Microsoft ursprünglich für die Synchronisation von PIM-Daten zwischen Outlook und mobilen Endgeräten von Microsoft entwickelt und beherrscht mittlerweile eine Reihe zusätzlicher Managementaufgaben.

Exchange ActiveSync (EAS) hat sich in der mobilen Welt stark verbreitet; fast jedes mobile Betriebssystem hat einen EAS-Client lizenziert und unterstützt dieses Protokoll.

Company	Microsoft			Apple	Nokia	Google
Product	WM [1]	WM [2]	WP [3]	iOS [4]	MFE [5]	Android
Version	6.1	6.5	7.0	4.2	3.0.50	2.2

Abbildung 4.2: Unterstützung von EAS durch mobile Betriebssysteme[3]

Neben der Synchronisierung der PIM-Daten können mittlerweile (Version 14.1) eine Reihe von Einstellungen in den mobilen Endgeräten zur Durchsetzung von Policies vorgenommen werden, beispielsweise

- Fernlöschen (*remote wipe*),
- Zurücksetzen der Geräte-PIN,
- Verwaltung des Gerätepassworts,
- Deaktivierung des Wechselspeichers und der Kameras,
- Deaktivierung von WLAN und Bluetooth,
- Deaktivierung von SMS, POP3/IMAP4 Service,

3. *http://social.technet.microsoft.com/wiki/contents/articles/exchange-activesync-client-comparison-table.aspx*, MFE=Mail for Exchange

- Verwendung des Browsers und nicht signierter Apps,
- Liste von erlaubten und verbotenen Apps (Whitelist und Blacklist),
- Geräteverschlüsselung,
- Übertragung von E-Mail-Anhängen etc.,

um nur einige wenige Einstellungen zu nennen. Welche Eigenschaften und Funktionen verwendet werden können, ist in hohem Maße abhängig vom mobilen Betriebssystem des Zielgeräts. Der genaue Leistungsumfang ist unter der angegebenen Quelle[4] nachzulesen.

Exchange ActiveSync kann zur Zeit weder den Aufenthaltsort der verwaltenden Geräte ermitteln noch die Einhaltung der Policy überwachen.

Ein weiteres Protokoll ist Google Sync, das mit unterschiedlichem Funktionsumfang für mobile Endgeräte mit einem Exchange ActiveSync-Client eingesetzt werden kann. BlackBerrys bilden hier eine Ausnahme und werden nicht länger von Google Sync unterstützt[5].

Google Sync synchronisiert zunächst PIM-Daten auf den mobilen Endgeräten, kann aber in den Domains von Google Apps for Business, Google Apps for Education und Google Apps for Government Sicherheitsrichtlinien auf Google Sync-Geräten über einen Google Cloud-Dienst mit der Bezeichnung »Google Apps Mobile Management« erzwingen. Die Administration wird über ein Webportal vorgenommen.

Umfangreiche Einstellungen und Abfragen lassen sich auf Android-Geräten durchsetzen, auf denen jedoch zuvor eine »Device Policy App« zu installieren ist. Das Funktionsausmaß bei den unterschiedlichen mobilen Betriebssystemen kann man der angegebenen Quelle[6] entnehmen.

Google Sync ist in Google Apps-Domains standardmäßig aktiviert. Für Android ist Google Sync nicht erforderlich, das Betriebssystem stellt selbstständig eine Verbindung zu Google Apps her.

---

4. *http://social.technet.microsoft.com/wiki/contents/articles/exchange-activesync-client-comparison-table.aspx*
5. *http://support.google.com/mobile/bin/answer.py?hl=de&answer=82619*
6. *http://support.google.com/a/bin/answer.py?hl=de&answer=1408902&topic=1734198& ctx=topic*

Wir sehen, dass Microsoft Exchange ActiveSync eine dominierende Rolle bei den Managementprotokollen spielt, es fehlen in unserer Betrachtung noch die Protokolle des RIM BlackBerry und des iOS von Apple. Da RIM eine eigene Verwaltungsarchitektur zur Verfügung stellt, die immer noch den Charakter einer Referenz hat und das iPhone ab Version 4 eine enorme MDM-Schnittstelle aufweist, wollen wir diese beiden Protokolle in zwei eigenen Unterkapiteln behandeln.

4.2 Management von RIM-BlackBerrys

Die Sicherheit und die Administrationsmöglichkeiten von BlackBerrys der kanadischen Firma Research in Motion (RIM) gelten immer noch als Referenz einer Komplettlösung. Erreicht wird dies durch ein eigens für den geschäftlichen Einsatz der Smartphones entwickeltes Betriebssystem, proprietären Protokollen, einer Ende-zu-Ende-Verschlüsselung zwischen BlackBerry und Enterprise Server und einem eigenen Gateway zwischen Internet und Mobilfunkanbieter. Im Gegensatz zu anderen Anbietern lässt RIM seine Datenströme nicht über lokale Server der Mobilfunkanbieter, sondern über seine eigenen Rechenzentren, Network Operation Center (NOC) genannt, in Kanada und in Großbritannien laufen. Das hat für die Sicherheit mehrere Vorteile:

- Es wird keine von außen nach innen aufzubauende VPN-Verbindung mit geöffneten Ports in der Firewall des Unternehmens oder der Organisation benötigt, um beispielsweise PIM-Daten zu synchronisieren.
- Ein interner BlackBerry Enterprise Server (BES) koordiniert die kryptografisch abgesicherte Nachrichtenübermittlung vom und zum NOC. Über 300 Mobilfunkbetreiber weltweit haben spezielle Proxy-Server mit dem Namen blackberry.net eingerichtet, die mit dem NOC verbunden sind und es gestatten, dass BlackBerrys private IP-Adressen verwenden, die im Internet nicht sichtbar und damit nicht direkt angreifbar sind.
- In Richtung zu den BlackBerrys werden im NOC bis zu fünf Datenpakete für maximal sieben Tage zwischengespeichert, falls Geräte nicht erreichbar sind. Damit erhöht sich die Verfügbarkeit für administrative Eingriffe und den Push von Wartungsinformationen.

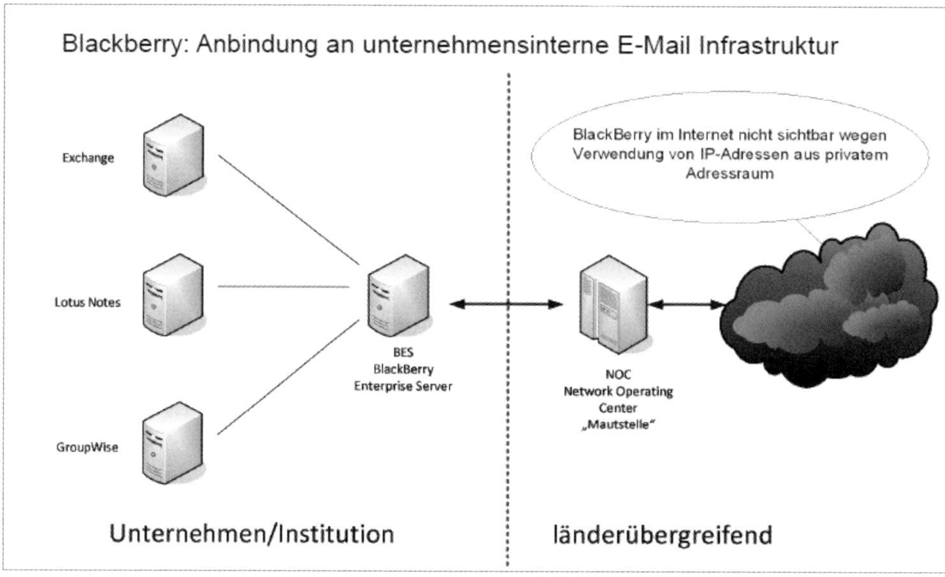

Abbildung 4.3: RIM Network Operation Center als Gateway

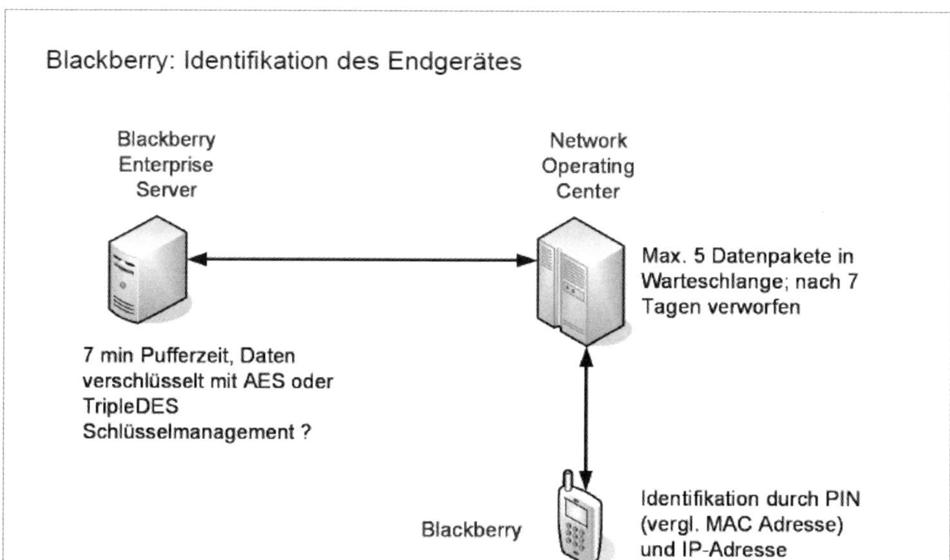

Abbildung 4.4: Verbesserung der Verfügbarkeit durch Zwischenspeicherung im NOC

Die zentrale Speicherung der Daten in den Rechenzentren in Kanada und Großbritannien ist problematisch. Europäische Behörden befürchten, dass die dortigen Regierungen Zugriff auf die Daten haben. Außerdem musste RIM 2010 Zugeständnisse an die Vereinigten Arabischen Emirate machen, damit der BlackBerry-Dienst dort weiterhin genutzt werden darf[7]. Experten gehen davon aus, dass sich auch die Strafverfolgungsbehörden der USA Zugriff auf den Mail-Verkehr und andere Kommunikationsdienste des BlackBerry verschaffen können.

In der Dokumentation von RIM sind häufig Skizzen zu sehen, bei denen ein »Infrastructure Server« zu sehen ist, dabei handelt es sich um das zuvor erwähnte NOC.

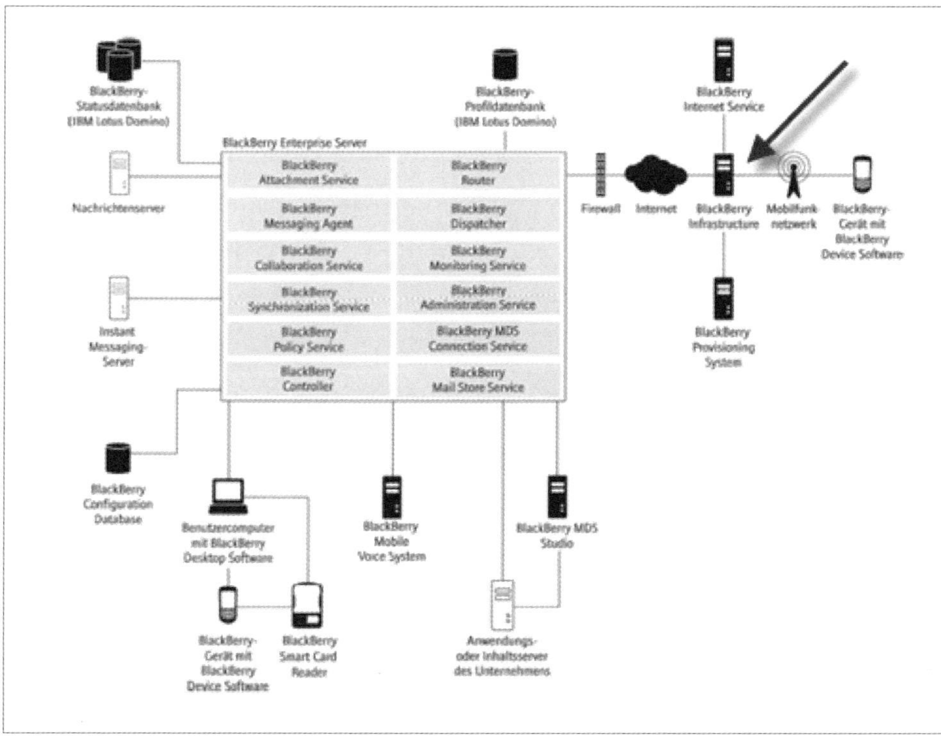

Abbildung 4.5: Übersicht der BlackBerry-Architektur mit NOC[8]

7. *http://www.zdnet.de/news/41538890/vereinigte-arabische-emirate-verzichten-auf-blackberry-sperre.htm*
8. *http://docs.blackberry.com/de/admin/deliverables/36560/BB_Enterprise_Solution_architecture_1315418_11.jsp*

Ein weiterer Kritikpunkt ist die Verfügbarkeit der Network Operation Center, die bereits mehrere gravierende Ausfälle zu verzeichnen hatten.[9]

Die Verwaltungsmöglichkeiten der BlackBerrys über den BlackBerry Enterprise Server (BES) sind jedoch herausragend. Mit über 400 Regeln lassen sich BlackBerrys für unterschiedliche Benutzergruppen sehr detailliert für ihren jeweiligen Anwendungszweck anpassen. Alle Regeln und Einstellungen werden OTA übermittelt.

Basis für die Dokumentation der verfügbaren Richtlinieneinstellungen ist der sogenannte »BlackBerry Enterprise Server Policy Reference Guide«. Abschließend sind einige Leitthemen für die Administration aufgelistet, für nähere Details sei hier auf die Dokumentation von RIM verwiesen.

Ziele für die Administration sind unter anderem:

- Einstellung der Parameter von Passworten und Passphrasen,
- Aktivierung von Maßnahmen gegen missbräuchliche Nutzung,
- Einstellung der kryptografischen Maßnahmen zum Schutz von Daten,
- Einschränkung unsicherer Nachrichten,
- Maßnahmen zum Schutz gegen Computerviren und andere Malware,
- Einschränkung der Ressourcen, auf die Apps von Fremdanbietern zugreifen können,
- Einschränkung der Benutzung von Apps von Fremdanbietern,
- Unterbindung des Ausführens von erweiterten RIM-Apps auf BlackBerrys,
- Überwachung von Policies,
- Blockierung aller Applikationen von Fremdanbietern,
- Erlauben von dedizierten Apps von Fremdanbietern,
- Zulassen einer spezifischen Fremdanbieter-App bei gleichzeitiger Blockierung aller anderen Apps von Fremdanbietern,
- Überwachen des Verhaltens von Fremdanbieter-Apps,
- Aktivierung einer vorgegebenen Policy zur Überwachung des Verhaltens von erlaubten Fremdanbieter-Apps.

---

9. *http://www.zdnet.de/news/41557116/massive-blackberry-ausfaelle-behoben*

Kleine und mittelständische Unternehmen, die die vollen BlackBerry-Funktionalitäten nutzen möchten, aber für die ein eigener BES zu teuer ist, können die Nutzung durch das sogenannte *BlackBerry Hosting* erreichen. Dabei wird der Server von einem IT-Dienstleister bereitgestellt; der Abonnent bezahlt dafür einen bestimmten Betrag pro Monat. Alternativ gibt es als Nachfolger des BlackBerry Small Business Server den BlackBerry Professional Server, der mit bis zu 30 Nutzer/Lizenzen kostenlos ist.

4.3 Management über Konfigurationsdateien bei Apple iOS-Geräten

Eine Konfigurationsdatei für iOS-Geräte ist eine XML-Datei, die Einstellungen und Vorgaben für iOS-Geräte enthält. Als Endung der Datei wird .mobileconfig verwendet und von den iOS-Geräten als Konfigurationsdatei erkannt. Die Datei lässt sich in jedem XML-fähigen Browser anzeigen, wenn man die Extension in .xml ändert.


```
<?xml version="1.0" encoding="UTF-8"?>
<!DOCTYPE plist SYSTEM "http://www.apple.com/DTDs/PropertyList-1.0.dtd" PUBLIC "-//Apple//DTD PLIST 1.0//EN">
- <plist version="1.0">
  - <dict>
      <key>PayloadContent</key>
    - <array>
      - <dict>
          <key>PayloadDescription</key>
          <string>Configures security-related items.</string>
          <key>PayloadDisplayName</key>
          <string>Passcode</string>
          <key>PayloadIdentifier</key>
          <string>MITP.passcode1</string>
          <key>PayloadOrganization</key>
          <string>Verlag</string>
          <key>PayloadType</key>
          <string>com.apple.mobiledevice.passwordpolicy</string>
          <key>PayloadUUID</key>
          <string>06572FE1-DF3F-4F01-A6A6-FDC4AAF0C837</string>
          <key>PayloadVersion</key>
          <integer>1</integer>
          <key>allowSimple</key>
          <false/>
          <key>forcePIN</key>
          <true/>
          <key>maxFailedAttempts</key>
          <integer>10</integer>
          <key>maxGracePeriod</key>
          <integer>1</integer>
          <key>maxInactivity</key>
          <integer>2</integer>
          <key>maxPINAgeInDays</key>
          <integer>90</integer>
          <key>minLength</key>
          <integer>6</integer>
          <key>pinHistory</key>
          <integer>4</integer>
```


Abbildung 4.6: Inhalt einer .mobileconfig-Datei

Die Konfigurationsdateien lassen sich in einem XML-Editor erstellen; viel einfacher und komfortabler geht dieser Vorgang jedoch mit einem kostenloses Tool von Apple für Mac OS X oder MS Windows. Dieses Tool mit der Bezeichnung iPhone Configuration Utility ist auf der Seite *http://support.apple.com/kb/DL1466* per Download erhältlich. Man darf sich nicht durch den Namen irritieren lassen: Die Konfigurationsdateien können nicht nur exklusiv für iPhones erstellt werden, sondern sind für alle iOS-Geräte zu verwenden.

Mit iPCU ist auch eine einfache Inventarisierung der Geräte möglich, die allerdings den Anschluss der iOS-Geräte per USB-Kabel an den PC oder MAC mit iPCU bedingt.

4.3.1 Erstellung der .mobileconfig-Dateien mit iPCU

Nach dem Start von iPCU erscheint zunächst ein Übersichtsbildschirm. Falls per USB ein iOS-Gerät angeschlossen ist, werden die Kenndaten dieses Geräts unter dem Punkt »Geräte« angezeigt.

Abbildung 4.7: iPCU-Startbildschirm mit angeschlossenem iPhone

Durch Auswählen der einzelnen Kartenreiter lassen sich die auf dem Gerät installierten Konfigurationsprofile, Bereitstellungsprofile und die Programme (Apps) einsehen. Bereitstellungsprofile dienen zur Festlegung der Umgebung und des Signierens beim Rollout für selbstentwickelte Apps – sogenannten »In-house-Apps«. Diese Profile können zertifizierte Mitglieder des iPhone Developer Program bei Apple anfordern. Sie sind für die Installation von In-house-Apps notwendig, da ein reguläres iOS-Gerät ohne Jailbreak jenseits des App Stores nur von Apple digital signierte Anwendungen installiert und ausführt.

iPCU unterstützt die Inventarisierung durch den Aufbau eines Verzeichnisses aller iOS-Geräte in der Organisation, wenn eine zentrale Stelle vor dem Aushändigen der Geräte an die Endbenutzer die Provisionierung mit Konfigurationen und In-house-Apps über das iPCU vornimmt. Handelt es sich um ca. 50-100 Geräte, so zeigt die Praxis, dass dieses kostenlose Tool für die Verwaltung der Konfigurationen für unterschiedliche Benutzergruppen bereits ausreicht. Allerdings müssen noch die Konfigurationsdateien an die iOS-Geräte übermittelt werden; dieses Thema werden wir später ausführlich behandeln.

In iPCU findet sich der Begriff »Payloads«. Er steht für die Zusammenfassung von thematisch zueinander gehörigen Einstellungen. iPCU unterscheidet zwischen 16 verschiedenen Payloads, die in dem Programm durch unterschiedliche Icons und Namen hervorgehoben werden.

Abbildung 4.8: Payloads in iPCU

Zur Veranschaulichung wollen wir beispielhaft ein mobileconfig-File mit den Payloads Allgemein, Code und Exchange ActiveSync erstellen. Dazu überlegen wir uns vor der Eingabe der Einstellungen, welches Ziel wir damit erreichen wollen, und wir konsultieren dazu unsere Security Policy für die vorgesehene Benutzergruppe.

Payload »Allgemein«

Wir erstellen eine Konfiguration des iOS-Gerätes für die Gruppe der Führungskräfte unseres fiktiven Unternehmens **Project AG**.

Für die Payload »Allgemein« gibt es die Felder:

- Name: In diesem Textfeld wird der Konfiguration, auch Profil genannt, ein Name zugewiesen, der später auf dem iOS-Gerät angezeigt wird. Die für die Konfiguration der iOS-Geräte zuständige zentrale Stelle in der IT und die Benutzer haben damit eine Übersicht über die Konfigurationen auf ihrem iOS-Gerät. Hilfreich ist es, den Namen entsprechend der Funktion der Konfiguration zu wählen. Für unser Beispiel vergeben wir den Namen **»Project AG – BasisProfil Ebene1«**
- Kennung: Dieses Feld dient dem gleichen Zweck wie das vorhergehende Namensfeld; allerdings wird die Kennung vom Gerät interpretiert und nicht vom Administrator oder Benutzer. An der Kennung erkennt das iOS-Gerät eine neue Konfigurationsdatei oder das Update einer bereits vorhandenen. Die Eingabe der Kennung muss in umgekehrter FQDN-Schreibweise (Fully Qualified Domain Name) eingegeben werden. Für unser Beispiel wählen wir als Kennung »**de.project-ag.basis-ebene1**«.
- Organisation und Beschreibung: Beide Felder sind optional und dienen zur Aufnahme zusätzlicher Informationen. Wir wählen für Organisation »**Project-AG.de**« und für die Beschreibung »**Basisprofil der Einstellungen für die Führungsebene 1, Geschäftsführer und Abteilungsleiter**«.
- Sicherheit: Das Feld Sicherheit steuert, wann und wie ein Profil von einem iOS-Gerät nach der Installation entfernt werden kann. Die Einstellungen sind: Immer, Mit Authentifizierung oder Nie. *Immer* bedeutet, dass ein Benutzer die Konfigurationsdatei aus dem iOS-Gerät entfernen kann, wann immer er will. Mit der Einstellung *Nie* wird die Konfigurationsdatei permanent installiert, sie ist nur durch ein Zurücksetzen auf die Werkseinstellungen zu entfernen. *Mit Authentifizierung* lässt sich die Konfigurationsdatei entfernen, nachdem der Benutzer das korrekte Kennwort eingegeben hat. Das Kennwort wird bei der Einstellung »mit Authentifizierung« festgelegt. Hier sollte ein Kennwort nur für diesen Zweck gewählt werden und auf keinen Fall ein gültiges Kennwort, das auch für andere Administrationszwecke verwendet wird. Bei Bedarf kann der Benutzer das

Kennwort mitgeteilt bekommen und die Konfigurationsdatei entfernen, ohne dass durch die Kenntnis des Kennworts weitere Sicherheitslücken entstehen. In unserem Beispiel wählen wir »**mit Authentifizierung**« und als Kennwort »**Uluke5Ahib82**«. Jedes Zeichen des Kennwortes wird nach der Eingabe durch ein Asterisk ersetzt und keine nochmalige Quittierung angefordert; also Vorsicht vor Tippfehlern!

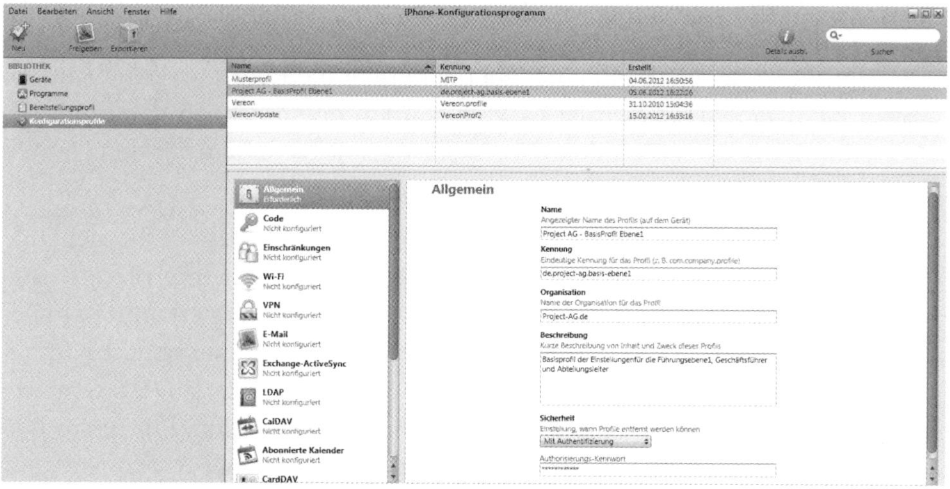

Abbildung 4.9: Beispiel Payload »Allgemein« in iPCU konfiguriert

Nach Verlassen des letzten Feldes wird die Konfigurationsdatei in die Bibliothek aufgenommen und erscheint oben in der Übersicht der Konfigurationsprofile. Wir können unser Beispielprofil bereits jetzt schon in ein iOS-Gerät übertragen; es würde aber außer der Anzeige seines Namens und der Kennung nichts weiter bewirken, da wir keine weiteren Payloads konfiguriert haben. Diesen Zustand wollen wir gleich ändern und konfigurieren die Einstellung der Zugriffssperre, die sich hinter der Bezeichnung »Code« verbirgt.

Payload »Code«

Wie wir schon eingangs erwähnten, ist es für die Sicherheit von Daten, Einstellungen und Apps auf iOS-Geräten von großer Wichtigkeit, die Zugriffssperre im Einklang mit dem Sicherheitsregelwerk unserer Organisation zu konfigurieren. Als qualitätsorientiertes Unternehmen gibt es bei unserer **Project AG** ein von der Geschäftsleitung verabschiedetes umfangreiches Sicherheitsregelwerk für mobile Endgeräte. Gerade für Führungskräfte gelten strenge Zugriffsregeln auf die mobilen Endgeräte, da anzunehmen ist, dass bei dieser Personengruppe sensible Daten auf den Endgeräten verarbeitet und gespeichert werden.

Wir wählen für die Abbildung der Zugriffsregeln auf die Einstellungen in unserem Konfigurationsprofil die Payload »Code« aus. Zunächst erscheint folgende Anzeige:

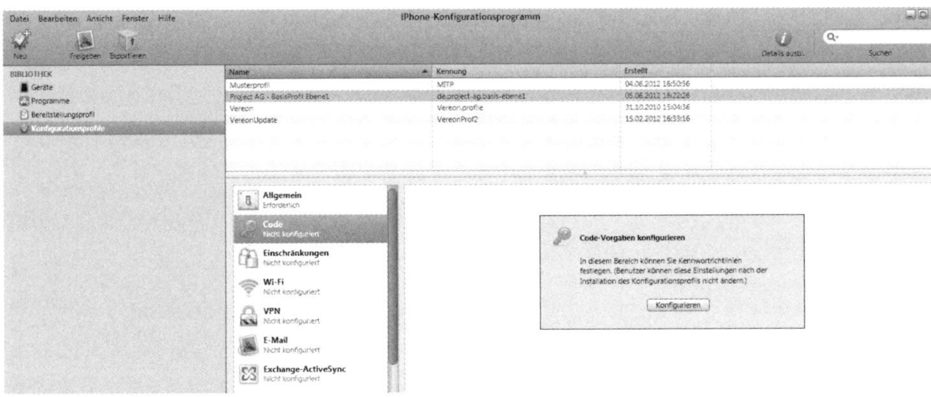

Abbildung 4.10: Auswahl der Payload »Code«

Der Hinweis, dass Benutzer nach der Installation des Konfigurationsprofils »die Einstellungen nicht mehr ändern können«, ist nur bedingt richtig. In unserem Beispiel können die Benutzer, wenn sie das Authentifizierungskennwort wissen, das Konfigurationsprofil von ihrem iOS-Gerät entfernen. Danach können die Einstellungen wieder vom Benutzer geändert werden.

Aus unseren Sicherheitsrichtlinien für die **Project AG** entnehmen wir folgende Vorgaben:

Länge und Art des Zugriffskennwortes bei mobilen Endgeräten: 6 alphanumerische Zeichen. Erläuterung: Auf keinen Fall sollten auf iOS-Geräten 4-stellige numerische PINs verwendet werden. Man benötigt aktuell (Juni 2012) weniger als 8 Minuten für einen Brute-Force-Hack dieser PINs, wenn physischer Zugriff auf das iOS-Gerät besteht. Das Gerät kann dabei auf Standby gesperrt oder ganz ausgeschaltet sein. Wünschenswert wäre deshalb ein 8-stelliges alphanumerisches Kennwort mit Sonderzeichen, was allerdings bei der Eingabe das Wechseln verschiedener Tastaturen auf dem Touch-Display bedingt und in der Praxis wenig Akzeptanz bei den Benutzern findet. 6-stellige alphanumerische Kennwörter sind hier als Kompromiss zu sehen.

- Wechselfrequenz der Kennwörter: 90 Tage.
- Automatische Sperre bei Inaktivität des Endgerätes nach: 2 Minuten.
- Länge der Kennworthistorie zur Vermeidung ähnlicher Kennworte: 10.
- Gültigkeitsdauer für die Entsperrung nach erfolgreicher Kennworteingabe: 1 Minute. Erläuterung: Nach Eingabe des korrekten Kennwortes bleibt das Gerät auch nach dem Ausschalten für die vorgegebene Zeit entsperrt. Schaltet man das Gerät innerhalb der Frist wieder ein, wird das Kennwort nicht erneut abgefragt (sogenannte »Grace Time«), was zwar komfortabel ist, aber zugleich auch eine Sicherheitslücke bei Verlust des Geräts bedeutet. Diese Zeit soll so kurz wie möglich gewählt werden.
- Maximale Anzahl von Fehlversuchen bei der Kennworteingabe, bevor alle Daten gelöscht werden (»Wipe«): 10.

Damit sieht in iPCU unsere Konfiguration der Payload nun so aus:

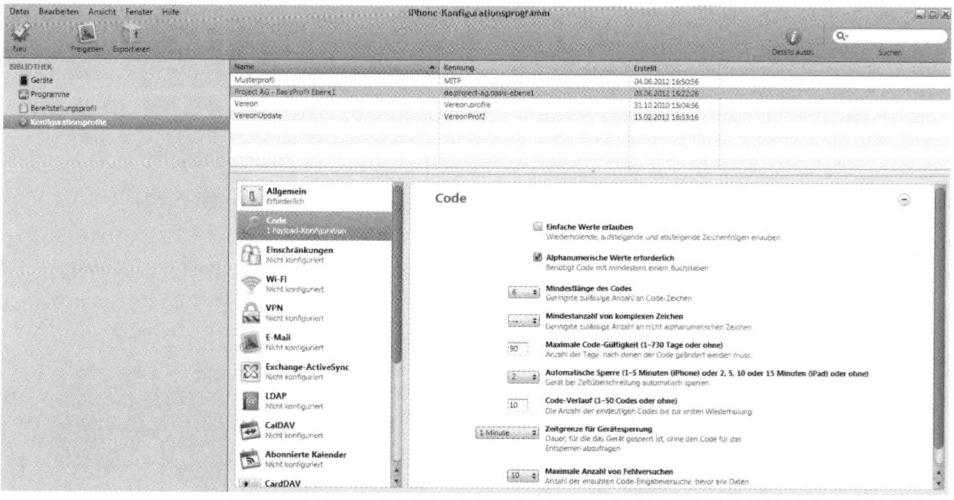

Abbildung 4.11: Konfiguration der Payload »Code«

Im nächsten Schritt wollen wir uns die Payload »Einschränkungen« vornehmen.

4

Payload »Einschränkungen«

Durch die Einstellungen in der Payload »Einschränkungen« lassen sich Funktionen des iOS-Geräts dauerhaft deaktivieren.

In unserem Beispiel konfigurieren wir Geräte für die Führungsebene der Project AG. Bei dieser Klientel ist mit reger Reisetätigkeit und der Verarbeitung von sensiblen Daten, die als vertraulich eingestuft sind, zu rechnen. Wir werden deswegen zur Etablierung eines mittleren Sicherheitsniveaus die Einschränkungen recht restriktiv vornehmen.

Zunächst erhalten wir nach Auswahl von Einschränkungen wieder einen Hinweis, dass die Einstellungen vom Benutzer nicht mehr zu ändern sind, nachdem das Konfigurationsprofil auf seinem Gerät installiert wurde.

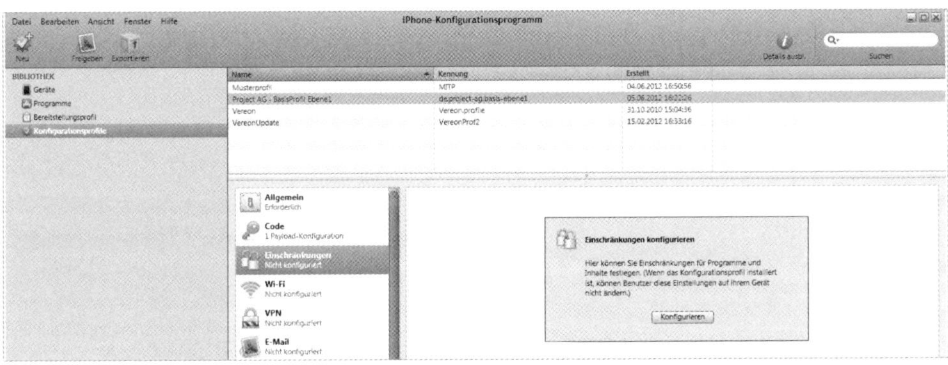

Abbildung 4.12: Aufruf des Menüpunkts »Einschränkungen«

Aus unserem Sicherheitsregelwerk für mobile Endgeräte entnehmen wir, dass alle benötigten Applikationen von der zentralen IT der Project AG vorinstalliert und keine Apps vom Endbenutzer aus dem Store nachinstalliert werden.

FaceTime, die Video-Telefonie über einen WiFi-Internetzugang, für die ein eigenes Konto angelegt werden muss, wird nicht benötigt und deshalb deaktiviert, ebenso die automatische Synchronisierung beim Roaming, die recht teuer werden kann, und die Sprachsteuerung Siri. Jede Anfrage über Siri wird als komprimierte Audio-Datei an Apple-Server in die USA übertragen und muss als Risiko angesehen werden. Außerdem lässt sich Siri zum Abhören missbrauchen[10].

10. *http://www.zdnet.de/news/41558217/apples-sprachsteuerung-siri-laesst-sich-zum-abhoeren-missbrauchen.htm*

Wichtig ist, auch die App-internen Einkäufe auszuschalten, um ungewollte Nachkäufe von App-Erweiterungen zu unterbinden. Da es sich um ausschließlich geschäftlich genutzte Geräte handelt, werden alle Einstellungen für das Ausführen von Spielen deaktiviert. Nicht aus Bosheit, sondern zur Vermeidung von Sicherheitslücken und Unterbinden von Phishing-Angriffen.

Im ersten Teil unserer Payload Einschränkungen sehen die Einstellungen folgendermaßen aus:

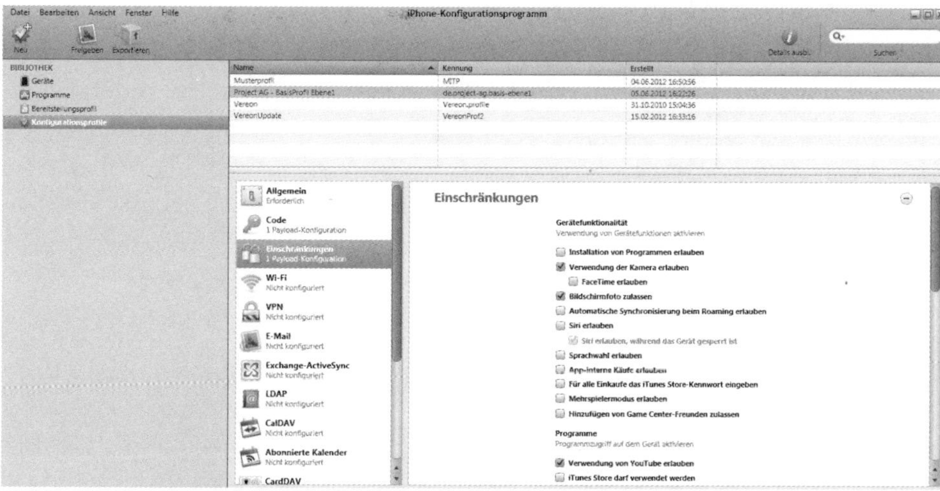

Abbildung 4.13: Erster Teil der Payload »Einschränkungen«

Laut unseren Sicherheitsregeln ist die Verwendung des Browsers und der Zugang zum Internet über den APN (Access Point Name) des Mobilfunkanbieters erlaubt. Die AutoFill-Funktion des Browsers wird aus Sicherheitsgründen deaktiviert, damit keine gespeicherten User-IDs, Adressen, Bankverbindungen etc. in falsche Hände geraten.

Da wir davon ausgehen, dass sich auf den iOS-Geräten der Führungsebene der Project AG auch personenbezogene Daten befinden, unterbinden wir die Backups auf die iCloud, da sich die Cloud-Server in den Vereinigten Staaten befinden.

In den Einstellungen für den letzten Punkt Sicherheit und Privatsphäre deaktivieren wir die »Übertragung von Diagnosedaten an Apple und die Annahme nicht vertrauenswürdiger TLS-Zertifikate.

Damit haben wir den zweiten Teil der Payload Einschränkungen konfiguriert.

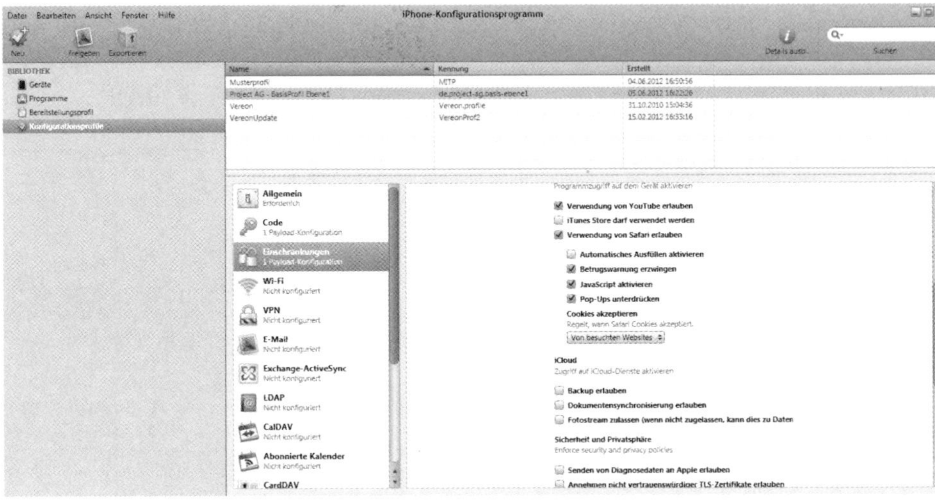

Abbildung 4.14: Zweiter Teil der Payload »Einschränkungen«

Im dritten und letzten Teil geht es um die Inhaltsbewertungen von Medien, die wir recht großzügig handhaben und keine Alterseinschränkungen festlegen.

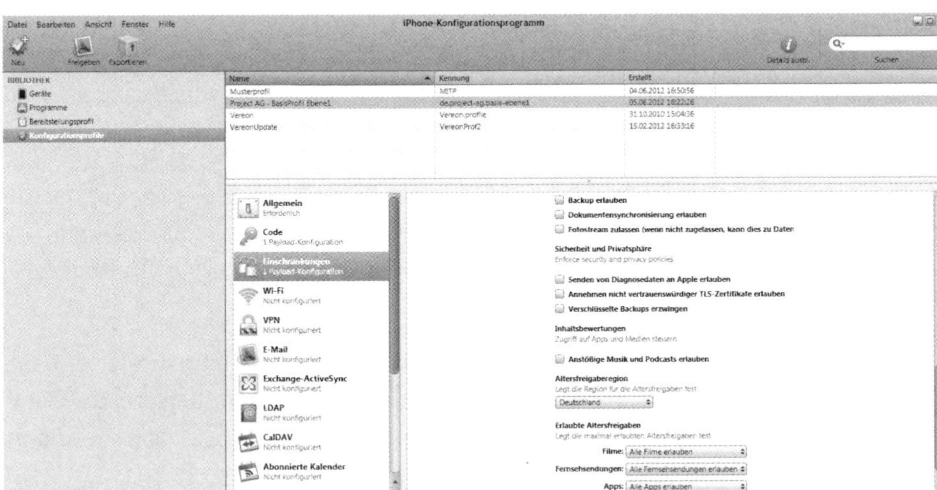

Abbildung 4.15: Dritter und letzter Teil der Payload »Einschränkungen«

Abschließend konfigurieren wir noch die Einstellungen für die Mail-Synchronisation mit dem Exchange Server und für den zentralen Mobile Device Management-Server der **Project AG**.

Payload »Exchange ActiveSync«

Der Exchange Server der Project AG ist unter der URL **mail.project-ag.de** zu erreichen. Mails dürfen von dem iOS-Gerät nur über die Mail-App gesendet werden – und aus Sicherheitsgründen nicht vom Fotoalbum, dem Browser oder anderen Apps. Mails werden mit SSL verschlüsselt übertragen; auf S/MIME verzichten wir, da wir nicht davon ausgehen, dass die Adressaten ebenfalls S/MIME mit den geeigneten Zertifikaten verwenden.

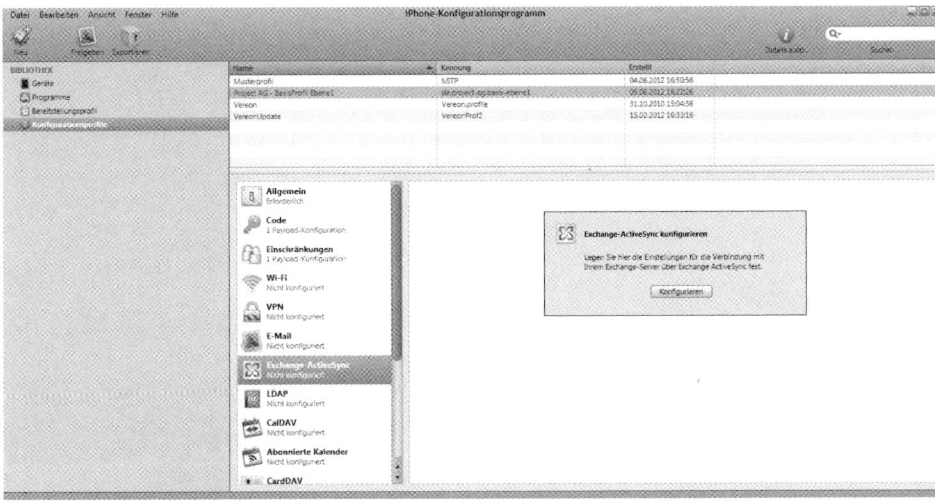

Abbildung 4.16: Auswahl der Payload »Exchange ActiveSync«

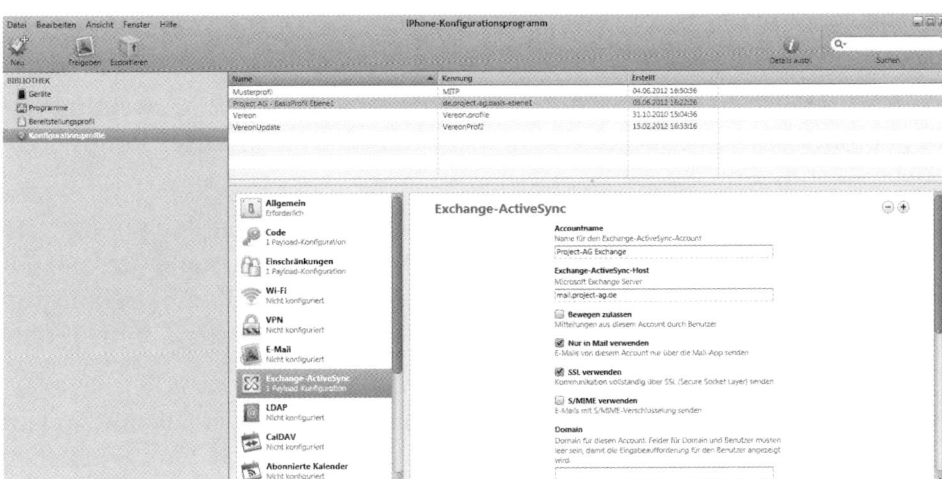

Abbildung 4.17: Der erste Teil der Payload »Exchange ActiveSync«

Die Felder für die Kontodaten bleiben frei, das erlaubt uns, das Konfigurationsprofil für alle Mitglieder der Benutzergruppe zu erstellen. Bei der Installation des Profils werden die Benutzer nach ihren Kontodaten gefragt und haben sie einmalig einzugeben. Für den Zeitraum der synchronisierten Mails legen wir eine Woche fest. Für die Kommunikationssicherung bei der Synchronisation verwenden wir wie zuvor SSL. Wir authentifizieren uns am Exchange Server über E-Mail-Adresse und Kennwort. Die beiden letzten Felder in der Payload dienen zur Festlegung des Identitätszertifikats, falls eine Authentifizierung über Zertifikate verwendet werden soll.

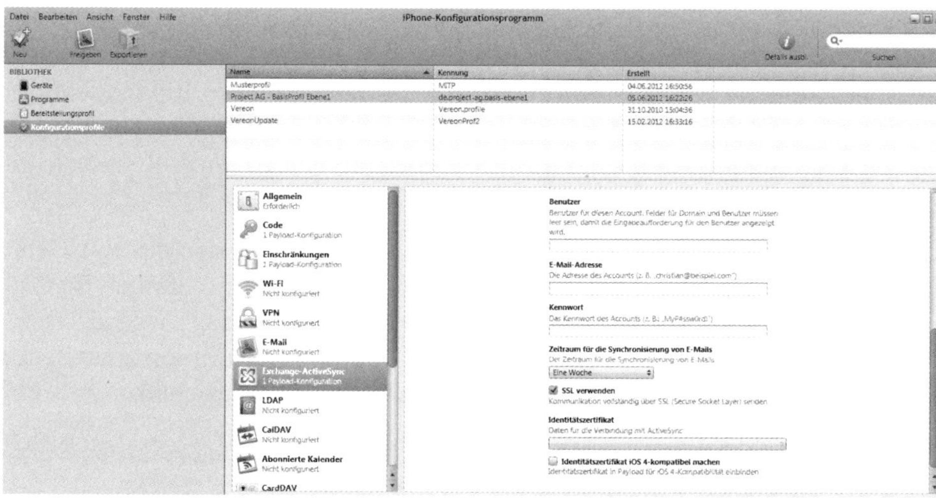

Abbildung 4.18: Der zweite Teil der Payload »Exchange ActiveSync«

Payload »Verwaltung mobiler Geräte«

Zum Abschluss wollen wir noch die Grundlagen für die Verwaltung der Geräte mit einem Mobile Device Management Server in unser Konfigurationsprofil aufnehmen.

Mit den nachfolgenden Einstellungen und der Installation des Konfigurationsprofils auf den iOS-Geräten können diese Geräte OTA von einem MDM-Server verwaltet werden und von diesem drahtlos weitere Konfigurationsprofile empfangen. Der MDM-Server kann aber nur die Konfigurationsprofile löschen, die von ihm installiert wurden.

Nach Anwahl des Menüs für die Payload »Verwaltung mobiler Geräte« sind im ersten Teil die URL des MDM-Servers und eine optionale URL zum Einbuchen der iOS-Geräte nach der erhaltenen Information, dass ein Profil zum Installieren bereitsteht, einzutragen. Fehlt die zweite URL, wird standardmäßig die

URL des MDM-Servers benutzt. Der MDM-Server muss über https öffentlich erreichbar sein. Wir verwenden in unserem Beispiel die URL *https://mdm1.it-project-ag.de* für den MDM-Server und die URL *https://mdm.project-ag.de* zum Einbuchen für den Abruf bereitgestellter Konfigurationsprofile.

Wichtig

Es ist bei der Verbindung mit dem MDM-Server das https-Protokoll zu verwenden, andernfalls erscheint im iPCU ein roter Pfeil neben dem Eingabefeld als Fehlermeldung.

Im Feld »Thema« wird die Benutzer-ID eingetragen, die im Inhaberfeld des Zertifikates steht, welches der MDM-Server zum Übermitteln von Push-Nachrichten verwendet. Daran erkennt das iOS-Gerät, welche Push-Benachrichtigungen MDM-Richtlinien enthalten.

Unter »Identität« ist das Zertifikat auszuwählen, mit dem sich das iOS-Gerät am MDM-Server authentifiziert. Dieses Zertifikat kann mithilfe der Payload »Zertifikate« eingegeben werden oder das iOS-Gerät kann das passende Zertifikat über das »Simple Certificate Enrollment Protocol« (SCEP) von einer in der Payload »SCEP« festgelegten »Certificate Authority« (CA) beziehen.

Im nächsten Feld legen wir fest, dass der MDM-Server vom iOS-Gerät eine Meldung erhält, wenn der Benutzer dieses Konfigurationsprofil löscht.

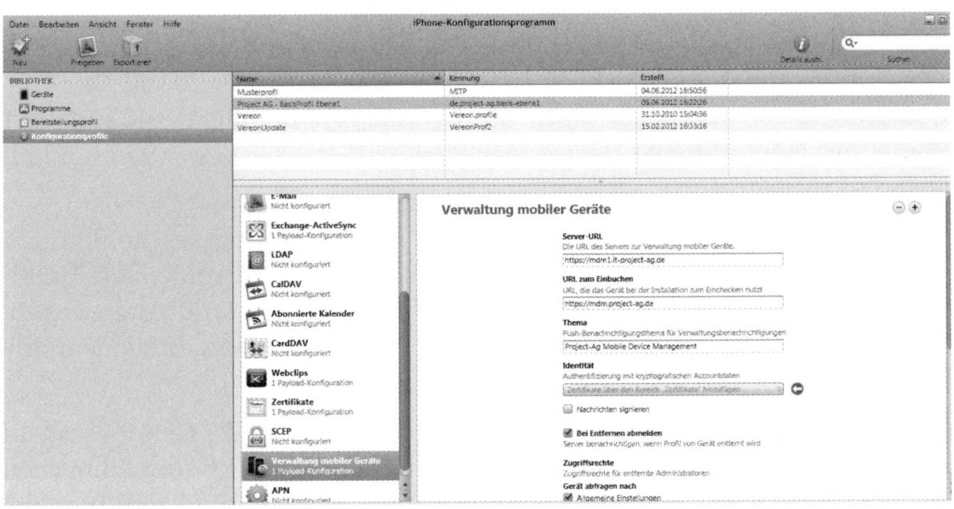

Abbildung 4.19: Erster Teil der Payload »Verwaltung mobiler Geräte«

Im zweiten Teil legen wir die Zugriffsrechte des MDM-Servers auf die Gerätedaten fest. Laut den Sicherheitsrichtlinien der **Project AG** werden die iOS-Geräte OTA zur Überprüfung der Konformität mit der Compliance der **Project AG** auditiert und betreut. Das iOS-Gerät antwortet auf verschiedene Anfragen nach Sicherheitseinstellungen, Netzwerkeinstellungen usw. und erlaubt die Fernadministration von Profilen, Apps und Einstellungen sowie Änderungen an Zugriffskennwörtern. Das Löschen von Geräten per Fernzugriff ist im Notfall unbedingt erforderlich und wird explizit erlaubt.

Für die Fernadministration muss der eingesetzte MDM-Server eine Verbindung zum APNS-Server (Apple Push Notification Server) herstellen können. Im letzten Feld »Development-APNS-Server verwenden« können wir das Abhören nach allen Push-Informationen vom iOS-Gerät zu Testzwecken einstellen.

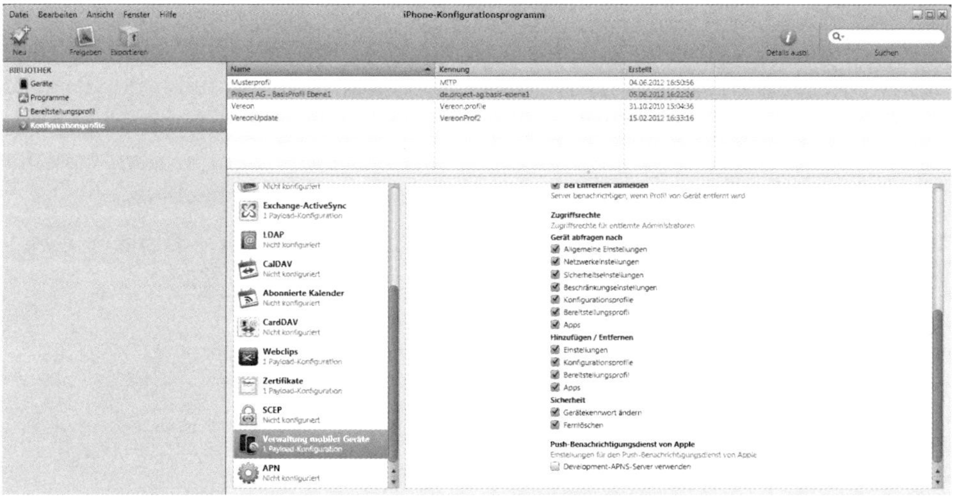

Abbildung 4.20: Zweiter Teil der Payload »Verwaltung mobiler Geräte«

Wir wollen hier unser Beispiel für eine Konfiguration von iOS-Geräten mithilfe des iPCU mit zwei Hinweisen beenden:

Hinweis 1

Während des Arbeitens mit iPCU erscheinen bei unterschiedlichen Payloads die Zeichen »+« und »–« bei den Einstellungen im oberen linken Bildschirm. Die Taste »+« bedeutet Hinzufügen von Einstellungen, beispielsweise bei WLAN das Hinzufügen der Voreinstellung mehrerer drahtloser lokaler Netzwerke, die Taste »–« löscht Einstellungen. Hier ist Vorsicht geboten. Hat man Einstellungen vorgenommen und betätigt die Löschtaste und danach wieder die Hinzufügentaste, sind alle vorher getätigten Einstellungen gelöscht.

Abbildung 4.21: Einfügen und Entfernen von Einstellungen

Hinweis 2

Wenn wir am Ende unserer Konfiguration das Konfigurationsprofil ohne Sicherheitsoptionen exportieren und bei den Einstellungen Kennwörter zur Authentifizierung voreinstellen, dann enthält die XML-Datei die Kennwörter im Klartext. Die .mobileconfig-Dateien enthalten somit sensible Daten und müssen gegen Missbrauch geschützt aufbewahrt werden.

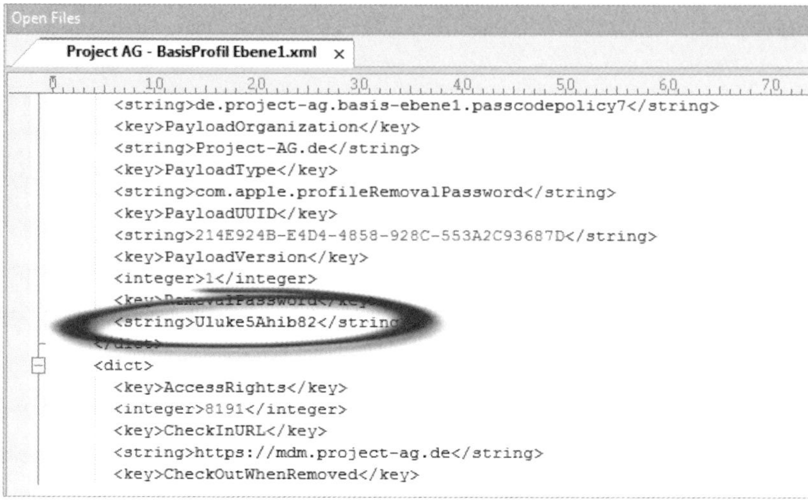

Abbildung 4.22: Kennwort für die Entfernung der Profile im Klartext in der Konfigurationsdatei

4.3.2 Export von .mobileconfig-Dateien

Wir wollen nun unsere .mobileconfig-Datei aus der internen Bibliothek des iPCU exportieren, um sie beispielweise mithilfe des MDM-Servers an die zu verwaltenden iOS-Geräte übertragen zu können. Im Menü »Datei« von iPCU ist die Funktion »Export« zu finden oder man klickt auf das Symbol in der oberen Auswahlleiste von iPCU.

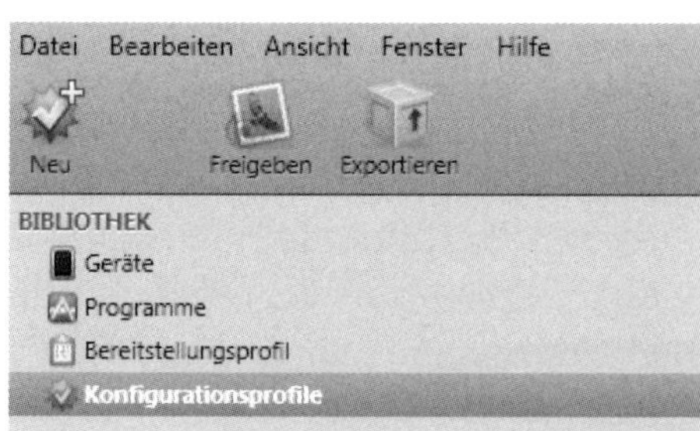

Abbildung 4.23: Export von .mobileconfig-Dateien

Danach öffnet sich ein weiteres Fenster, in dem sich Sicherheitsoptionen für den Export wählen lassen.

Es gibt drei Sicherheitsoptionen für den Export:

Ohne:

Die Konfigurationsdatei wird ohne jegliche Sicherheitsvorkehrungen exportiert und kann als XML-Dateien direkt mit einem geeigneten Editor eingesehen werden.

Abbildung 4.24: Export ohne Sicherheitseinstellungen

Konfigurationsprofil signieren:

Es wird eine digitale Signatur des Profils erstellt und mit exportiert. Die Signatur schützt nur gegen die Manipulation des Profils. Ein signiertes Profil kann in jedem iOS-Gerät installiert werden, solange es nach dem Signieren nicht geändert wurde. Es kann durch ein Profil aktualisiert werden, das die gleiche Kennung hat und von derselben Kopie des iPCU signiert wurde.

Abbildung 4.25: Export von signierter Konfigurationsdatei

Vorsicht

iPCU erstellt bei seiner Installation auf dem PC oder Mac einen RSA-Schlüssel für die Signatur, der abhängig von der jeweiligen Hardware ist. Wenn die Hardware gewechselt und eine neue Kopie des iPCU installiert wird, können frühere signierte Konfigurationsprofile nicht mehr geändert werden.

Deshalb sollten Konfigurationsprofile aus den iOS-Geräten zu löschen sein (mit Authentifizierungskennwort) und sind dann mit der neuen Kopie des iPCU wieder neu anzulegen (der iPCU-Schlüssel befindet sich auf einem PC im Ordner »RSA« im Verzeichnis c:%user%\Anwendungsdaten\Microsoft\Crypto\).

Verschlüsseltes, signiertes Konfigurationsprofil für diese Geräte erstellen:

Das Konfigurationsprofil wird signiert, damit gegen Manipulation geschützt und zusätzlich verschlüsselt. Das Konfigurationsprofil liegt nicht im Klartext vor und kann nur auf dem aus der Liste der von iPCU erfassten iOS-Geräte ausgewählten Gerät installiert werden. Für jedes ausgewählte Gerät in der Liste werden separate .mobileconfig-Dateien erzeugt.

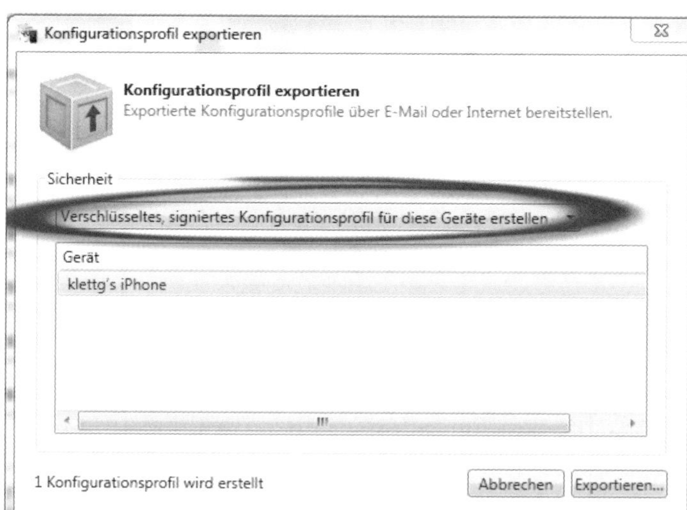

Abbildung 4.26: Verschlüsselter und signierter Export

Auf welchen Wegen können die Konfigurationsprofile mit ihren unterschiedlichen Sicherheitseinstellungen nun in die iOS-Geräte übertragen werden?

4.3.3 Bereitstellung von Konfigurationsprofilen für iOS-Geräte

Nachdem wir die Konfigurationsprofile in Form von .mobileconfig-Dateien erstellt haben, müssen wir mindestens ein initiales Konfigurationsprofil auf einem anderen Weg als drahtlos über den MDM-Server in die iOS-Geräte übertragen. Der Grund dafür ist, dass in dem initialen Konfigurationsprofil die Verbindungs- und Authentifizierungsdaten für den MDM-Server enthalten sind und ohne diese Grundkonfiguration eine Verbindung zwischen iOS-Geräten und MDM-Server nicht aufgebaut werden kann.

Für die Übertragung des initialen Profils stellt uns Apple drei Möglichkeiten zur Verfügung:

1. Direkt in iPCU per USB
2. Als Anhang per E-Mail
3. Als Download mit dem Safari-Browser

Direkt in iPCU per USB

Wenn iPCU auf einem PC oder Mac ausgeführt und ein iOS-Gerät per USB-Kabel angeschlossen wird, erscheint zunächst ein Symbol für das angeschlossene iOS-Gerät in iPCU.

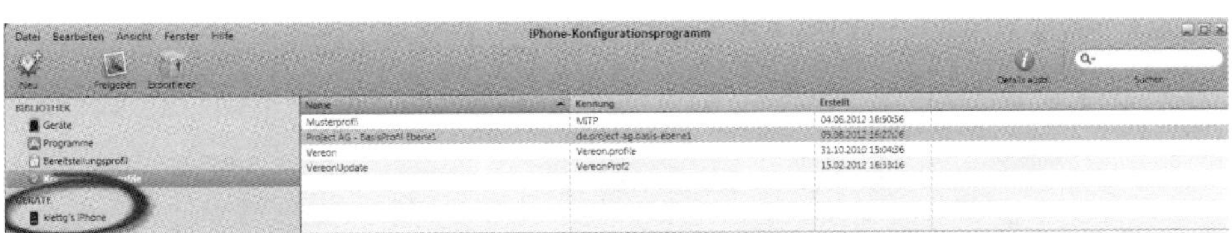

Abbildung 4.27: iPCU mit angeschlossenem iOS-Gerät

Durch Anklicken des Symbols öffnet sich ein zweiter Bildschirm, auf dem sich das gewünschte Konfigurationsprofil auswählen und auf dem angeschlossenen iOS-Gerät installieren lässt.

Abbildung 4.28: Installieren von Konfigurationsprofilen auf dem angeschlossenen iOS-Gerät

Voraussetzung für diese Vorgehensweise ist der physische Zugang des iOS-Geräts für die Verbindung mit iPCU.

Was tun wir aber im Notfall, wenn einem Mitglied der Führungsebene der **Project AG** bei einem Auslandseinsatz das iOS-Gerät abhandenkommt, er aber dringend Ersatz braucht? Der Mitarbeiter kann sich zwar ein entsprechendes Gerät an seinem Aufenthaltsort besorgen; dieses ist aber nicht konfiguriert. Es fehlen die voreingestellten Verbindungsparameter für die Kommunikation mit den Ressourcen der **Project AG**, und die Bereitstellung der initialen Konfiguration (sozusagen der »Bootloader«) über USB scheidet aus.

Als Anhang per E-Mail

Eine Lösung für den oben angeführten Notfall ist die Übertragung des initialen Konfigurationsprofil als Anhang einer E-Mail. In iPCU gibt es in der Werkzeugleiste ein Symbol mit der Bezeichnung »Freigabe«. Wird dieses Symbol angeklickt, erscheint die Abfrage nach den Sicherheitseinstellungen für das Konfigurationsprofil, die wir vom Export der Konfigurationsprofile bereits kennen.

Abbildung 4.29: Sicherheitseinstellung für die Bereitstellung von Konfigurationsprofilen per E-Mail

Hier wählen wir die gewünschte Sicherheitseinstellung aus und klicken auf die Taste »Freigeben« unten links im Fenster. Daraufhin wird das Standard-E-Mail-Programm geöffnet, und unsere Konfigurationsdatei erscheint als Anhang; es ist nur noch der Adressat und begleitender Text einzutragen.

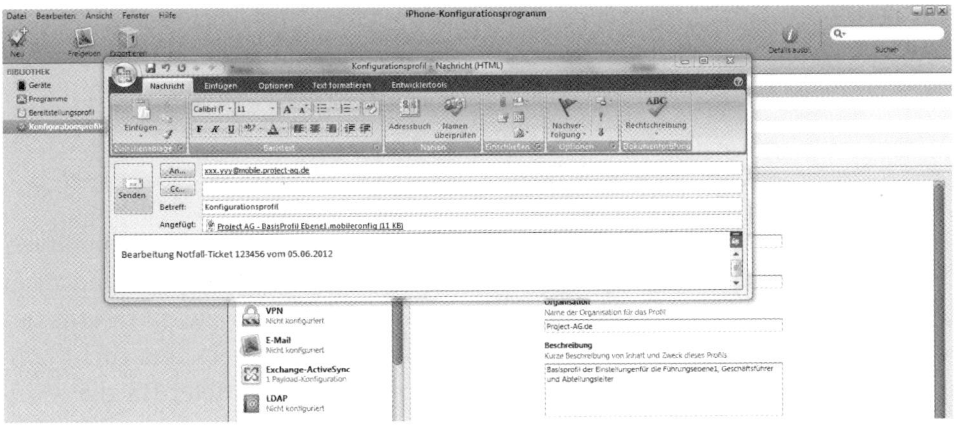

Abbildung 4.30: Übertragung des Konfigurationsprofil als E-Mail-Anhang

Für unsere beispielhaft betrachtete Notfallsituation bedeutet das allerdings, dass der Endanwender auf dem neu erworbenen iOS-Gerät ein geeignetes E-Mail-Konto einrichten muss, was für Technikaverse unter den Endbenutzern keine Selbstverständlichkeit darstellt.

Nach Empfang der E-Mail ist die Installation des angehängten Konfigurationsprofils vom Benutzer zu bestätigen, und danach kann das Gerät über den MDM-Server provisioniert werden.

Als Download mit dem Safari-Browser

Als letzte Möglichkeit zur Übertragung des initialen Konfigurationsprofils steht uns noch der Download von einer Webseite mit dem Safari-Browser des iOS-Geräts zur Verfügung. Für den korrekten Download sind für den Web-Server, auf dem die .mobileconfig-Datei bereitgestellt wird, verschiedene Einstellungen vorzunehmen; beispielsweise ist für die Datei der passende MIME-Type application/x-apple-aspen-config für den Content-Header anzugeben. Details dazu findet man bei *http://www.rootmanager.com/iphone-ota-configuration/iphone-ota-setup-with-signed-mobileconfig.html.*

Im Safari-Browser werden die .mobileconfig-Dateien zum Download angeboten:

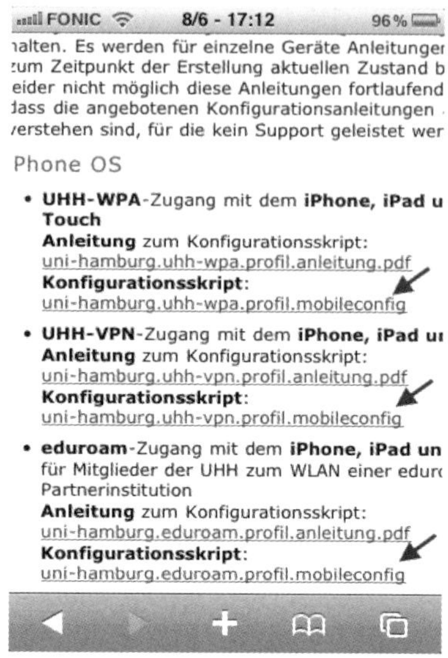

Abbildung 4.31: Beispiel für den Download von Konfigurationsprofilen[11]

Nach dem Download muss auf dem iOS-Gerät noch die Installation des Konfigurationsprofils vom Endbenutzer bestätigt werden.

Abbildung 4.32: Bestätigung zum Installieren eines mit dem Safari-Browser geladenen Konfigurationsprofils

11. *http://www.rrz.uni-hamburg.de/kommunikation/wlan-oeffnet-vpn/smartphone.html*

Diese Vorgehensweise wäre für den Anwender in unserem Notfallbeispiel die komfortabelste Möglichkeit zur Installation des initialen Konfigurationsprofils. Der Anwender muss nur die URL der Webseite mit dem Konfigurationsprofil kennen: entweder durch eine vorhergehende Schulung, über einen »Beipackzettel«, den er mit dem iOS-Gerät von der zentralen IT der Project AG ausgehändigt bekam oder er bekommt die URL aktuell per SMS auf sein neues Gerät gesendet.

Es soll am Ende dieses Abschnitts nicht unerwähnt bleiben, dass im März 2012 eine Apple-Configurator-App in den Apple Mac Store aufgenommen wurde, die einfacher als das iPCU zu bedienen sein soll und sich für kleine Gruppen bis zu 30 Personen eignet. Allerdings mit den Einschränkungen, dass man damit nur *eine* Konfiguration erstellen kann und sich Änderungen nicht per Push OTA verteilen lassen[12].

4

Wir haben in diesem Abschnitt als Beispiel die Administration von iOS-Geräten betrachtet. Welche MDM-Systeme benötigen wir aber, wenn wir eine heterogene mobile Infrastruktur mit unterschiedlichen Plattformen wie iOS, Android, BlackBerry oder Symbian zu verwalten haben? Mit der Heterogenität erhöht sich der Aufwand und erfordert den Einsatz von Client-Apps für den MDM-Server.

4.4 Mobile Device Management über Client-Apps

Mobile Device Management-Systeme mit Client-Komponenten bieten den Vorteil, dass sie eine heterogene mobile Infrastruktur mit unterschiedlicher mobiler Firmware und Branding über die gleiche Schnittstelle in Form der Client-Komponente verwalten können. Dazu muss die Client-Komponente in Form einer App für alle in Frage kommenden Firmware-Versionen und Brandings verfügbar sein. Häufig sind die Client-Komponenten mit zusätzlichen Sicherheitsmechanismen wie beispielsweise Malware-Scannern oder Backup-Programmen ausgestattet. Auch können viele Produkte die SIM-Karte überwachen und Aktionen bei deren Entfernen oder beim nicht autorisierten Wechsel auslösen.

12. *http://www.heise.de/mac-and-i/meldung/Ausprobiert-Apple-Configurator-1466907.html*

Installiert werden die Client-Komponenten als Apps über die entsprechenden Markets, wo sie meist kostenlos angeboten werden, aber nach der Installation ohne passenden MDM-Server in der eigenen Infrastruktur nutzlos sind. Update und Anpassungen an geänderte Firmware-Versionen sowie Branding sollte der MDM-Server automatisch übernehmen. Diese Aufgabe den Administratoren manuell zu übertragen, führt in einer heterogenen Infrastruktur rasch zur Überforderung mit damit verbundenen Ausfällen. Für das Update müssen die Clients über mehrere Kommunikationswege wie WLAN, 3G oder LTE zu erreichen sein.

Wichtig

Prinzipiell können die Client-Komponenten nur die Verwaltungsaufgaben ausführen, welche die beteiligten Hersteller für ihre Plattform erlauben. Bei iOS-Geräten sind das alle Einstellungen, die über die einzelnen Payloads der .mobileconfig-Dateien vorgegeben werden können. Damit ergeben sich in einer heterogenen Infrastruktur je nach mobilem Gerät unterschiedliche Möglichkeiten. Meist finden sich bei Herstellern im Kleingedruckten Feststellungen wie: »The features of the Mobile Security Suite are dependent on roots and hooks available within the mobile operating systems«.

Viele MDM-Server-Client-Systeme bieten für Plattformen wie Android, BlackBerry, Windows Mobile und Symbian einen Schutz vor Malware an. E-Mails, SMS, MMS, direkte Downloads oder Datenaustausch über Bluetooth werden von der Client-App nach Malware (Computervirus, Trojaner, Spam) in Echtzeit untersucht und bereinigt. SD-Karten und abgespeicherte Dateien scannt die Client-App beim Zugriff auf die Dateien. Auf iOS-Geräten ist der Malware-Scanner nicht funktionsbereit. Apple lässt den Zugriff auf übertragene Daten und Dateien im Speicher für die Client-App nicht zu – ein Beispiel für die unterschiedlichen Funktionen der Client-Apps in unserer heterogenen Infrastruktur.

Ist die betrachtete Client-App mit einem Malware-Scanner ausgestattet, benötigt dieser zeitnah die Versorgung mit neuen Signaturen und Heuristiken. Diese Aufgabe hat ebenfalls der MDM-Server zu übernehmen. Weitere

Sicherheitsmechanismen, die auf einigen mobilen Geräten von der Client-App bereitgestellt werden, sind neben dem Antivirus-Scanner

- Firewalls,
- Antispam,
- Backup und Restore,
- Monitoring von Applikationen,
- Schutz bei Diebstahl und Verlust.

Der letzte Punkt besteht zum einen aus der Bestimmung des aktuellen geografischen Aufenthaltsortes des mobilen Geräts, zum anderen aus dem Sperren des Geräts und dem Fernlöschen von persönlichen sowie geschäftlichen Daten aus dem Gerät. Da ein versierter Dieb als erste Maßnahme die SIM-Karte entfernt, damit sich seine Beute nicht mehr mit dem Internet oder Mobilfunknetz verbinden kann, um Befehle wie das Fernlöschen entgegenzunehmen, überwachen viele Client-Apps den Zustand der SIM-Karte und lösen bei Änderungen festgelegte Aktionen wie z.B. Löschen sensibler Daten aus.

Zum Abschluss betrachten wir noch eine eigene Klasse von Client-Server-MDM, die zwei Anforderungen erfüllt:

- Anforderung 1: Die mobile Infrastruktur ist heterogen.
- Anforderung 2: Die Verwaltungsmöglichkeiten der in Frage kommenden mobilen Betriebssysteme sind unterschiedlich und genügen nicht den Anforderungen.

Das Client-Server-MDM, das diese beiden Anforderung erfüllt, beinhaltet eine Client-Komponente, die ein eigenes mobiles Betriebssystem für die wichtigsten Funktionen wie E-Mail, Dateiablage, Kalender, Notizen, Aufgaben etc. darstellt. Es werden also nicht die generischen Funktionen des mobilen Geräts für diese Dienste verwendet, sondern diese sozusagen in der Client-App als Clone angeboten. Zwischen den generischen Funktionen und den Clones in der Client-Komponente besteht keine Verbindung. Für die IT-Administration hat diese Lösung die Vorteile eines uniformen Administrations-Interfaces mit gleichem Funktionsumfang, den Einsatz erweiterter Sicherheitsmaßnahmen wie zum Beispiel stärkere Kryptografie oder sogenannte »Kill Pill«-Eigenschaften. Die Client-App hat »Selbstmord«-Möglichkeiten zum physikalischen Auslöschen durch Überschreiben aller sensiblen Daten und Einstellungen mit Zufallsdaten. Die »Kill Pill«-Funktion wird aktiviert, wenn der MDM-Server dazu den Befehl gibt oder wenn die Client-App über eine festgelegte Zeit vom Server kein Quittierungssignal erhält.

Ein weiterer Vorteil ist ein durchgehendes Gerätemanagement und Sicherheit über die gesamte mobile Architektur hinweg. Unabhängig von den verwendeten mobilen Endgeräten hat die IT-Administration stets den kompletten Überblick und kann ihre Policies auf allen mobilen Endgeräten durchsetzen.

Diese Klasse von MDM-Server-Client-Systemen eignet sich in erster Linie für die Unterstützung eine »BYOD«-Philosophie mit den unterschiedlichsten Plattformen und Sicherheitseinstellungen der Mitarbeiter. Die geschäftlichen Daten liegen in der Client-App und werden nach vorgegebenen Sicherheitsrichtlinien des Unternehmens oder der Organisation geschützt und verwaltet. Eingriffe des Unternehmens finden nur innerhalb der Client-App statt; die Privatsphäre mit persönlichen Daten, Apps und Einstellungen der Mitarbeiter bleibt unberührt.

Allerdings haben diese MDM-Systeme auch einige Nachteile. Sie verursachen nicht zu unterschätzende Kosten für Anschaffung, Support, Infrastruktur und Betrieb. Für jede in Frage kommende Plattform mit Branding benötigt man die passende Version der Client-App. Wenn die App für ein »BYOD«-Gerät nicht vorhanden ist, kann eine Anbindung an das Unternehmensnetzwerk nicht vorgenommen werden. Entweder der Mitarbeiter akzeptiert in diesem Fall ein unternehmenseigenes mobiles Endgerät mit niedrigerem »Spaßfaktor« oder er schafft sich ein geeignetes mobiles Endgerät an.

5 Business Continuity und Mobile Device Management

Betrachten wir den Fall, dass in kritische Geschäftsprozesse eines Unternehmens mobile Infrastrukturen eingebunden sind, d.h. mobile Geräte und mobiles Arbeiten sind in *zeitkritische* Abläufe integriert: Bei ihrem Ausfall oder bei größeren zeitlichen Verzögerungen können Schäden für das Unternehmen entstehen. Wie geht man mit dieser Problematik um?

Schaut man sich zum Vergleich die Situation bei der klassischen stationären Informationsverarbeitung an, so hat diese natürlich mit den gleichen Problemen zu kämpfen. Hierauf passende Antworten zu finden, ist Aufgabe des *Business Continuity Managements* (BCM): Verluste für das Unternehmen durch Ausfall von Ressourcen oder unzulässige zeitliche Verzögerungen bei deren Nutzung sollen vermieden oder zumindest begrenzt werden.

Die Kernprozesse eines Unternehmens sind deshalb so abzusichern, dass nach Ausfällen und Verzögerungen bei wichtigen Ressourcen – Personal, Anwendungen, Rechner, Kommunikation sowie Versorgungen wie Strom, Klima etc. – möglichst schnell wieder der produktive *Normalzustand* erreicht wird.

Wie arbeitet nun das BCM?

- Im *planerischen Teil* des BCM – der Business Impact Analysis – geht es zunächst um die Analyse möglicher Ausfälle und Verzögerungen, der zeitlichen Schadenverläufe und deren Auswirkungen auf das Unternehmen. Im Ergebnis kann es Entscheidungen über die Einführung geeigneter *präventiver* Maßnahmen geben, um Ausfälle und Verzögerungen zu vermeiden bzw. in tolerablen Grenzen zu halten. Für den Fall der Fälle sind jedoch auch *reaktive* Maßnahmen aufzusetzen, d.h. die Art und Weise, wie auf bereits eingetretene Vorfälle reagiert werden soll, ist vorauszuplanen.
- In der *Praxis* des BCM werden die eingerichteten präventiven und reaktiven Maßnahmen zunächst auf ihre korrekte Umsetzung überprüft; ihre

Anwendung wird durch (Notfall-)Übungen vorbereitet – bevor sie bei Eintritt von relevanten Vorfällen angewendet werden. Ihre Wirksamkeit ist dabei zu bewerten bzw. zu messen.

Eine wichtige Rolle beim BCM spielt das *Incident Management*, mit dem Störungen, Sicherheitsvorfälle und Notfälle erfasst, geordnet (d.h. nach Plan) bearbeitet und ausgewertet werden. In der Unternehmenspraxis werden oft entsprechende *Incident Management Tools* angewendet, mit denen zumindest IT-bezogene Vorfälle erfasst und behandelt werden – der Anwendungsbereich geht jedoch darüber hinaus und kann auch sich auch auf Vorfälle bei der Infrastruktur, im personellen und organisatorischen Bereich erstrecken.

Die möglichen Vorfälle werden nach Schwere und Prioritäten bei der Bearbeitung klassifiziert. Am oberen Ende dieser Klassen steht der *Notfall*, der durch mindestens gravierende, wenn nicht gar existenzbedrohende Schäden charakterisiert ist.

Oft wird neben Sicherheitsmanagement und BCM ein separates Notfallmanagement eingerichtet, dessen Aufgaben und Verfahren in Notfallkonzepten, Notfallhandbüchern, Notfall- und Wiederanlaufplänen beschrieben sind; in der Folge werden Incident-Response Teams und Notfallteams eingerichtet, die für bestimmte Vorfälle zum Einsatz kommen.

Die Frage ist nun: Wie klinkt man in solche Strukturen das *Mobile Device Management* ein?

Doch gehen wir etwas systematischer vor ...

5.1 Business Impact Analysis

Bei der BIA geht es darum, Schadenverläufe bei Ausfall- und Verzögerungsszenarien zu ermitteln und zu bewerten und darauf basierend präventive und reaktive Maßnahmen zu planen.

Man unterstellt dazu zunächst, dass das Unternehmen als Prozesslandschaft aufgefasst werden kann, d.h. die gesamte Geschäftstätigkeit lässt sich in Form einzelner Geschäftsprozesse beschreiben. Diese kann man grob einteilen in Kernprozesse und solche, die sekundär, weniger wichtig, wenig umsatzträchtig etc. sind.

Für jeden Kernprozess im Unternehmen wird es eine ggf. noch tolerierbare Ausfallzeit (MTPD[1]) geben. Innerhalb dieses Zeitfensters muss nach einem Ausfall der Wiederanlauf oder eine Ersatzbereitstellung erfolgreich abgeschlossen werden können, d.h. der Normalzustand erreicht werden – sonst wird es unter Umständen für das Unternehmen richtig teuer. Man denke dabei beispielsweise an

- Verträge mit Kunden, in denen Service-Level und Verfügbarkeiten vereinbart sind, deren Nichteinhaltung zu Strafzahlungen führen können,
- bereitgestellte Internet-Dienste (z.B. ein Web-Shop), deren Ausfall sofort zu Mindereinnahmen für das Unternehmen führen kann,
- Verzögerungen bei Projektarbeiten mit der Folge, dass zugesagte Termine nicht eingehalten werden,
- Vorgaben von Aufsichtsbehörden, die verletzt werden und Aufsichtsmaßnahmen bis hin zur Betriebseinstellung nach sich ziehen können – z.B. bei Trust Centern nach deutschen Signaturgesetz, in denen für einige Dienste 7 x 24 Stunden unterbrechungsfreier Betrieb gefordert wird, usw.

Nun zeigt die Praxis, dass eine gesetzlich oder vertraglich bedingte MTPD mehr einem oberen *Grenzwert* entspricht: Auf dem »Weg« zu dieser Grenze entstehen im zeitlichen Verlauf natürlich bereits Schäden: Der Schadenverlauf wird in der Regel eine mit der Zeit ansteigende Tendenz zeigen. Dies kann man anhand von Schadenkurven oder Schadentabellen erfassen.

Ein Unternehmen könnte sich in dieser Systematik für ein bestimmtes Szenario ein Zeitfenster T vorgeben, das zur Begrenzung von Schäden keinesfalls überschritten werden sollte. Diese Zeit T kann kleiner oder größer als die MTPD sein. Maßgeblich für die weiteren Überlegungen ist dann natürlich die kleinere der beiden Zahlen – also $T_0 = min \{T, MTPD\}$.

Nun stellt sich folgende Frage: Wie viel Zeit WZ wird in einem bestimmten Ausfallszenario benötigt, um den Normalzustand wieder zu erreichen, d.h. einen Wiederanlauf oder eine Ersatzbereitstellung erfolgreich vorzunehmen? Die erforderliche Zeit WZ sollte folgender Bedingung genügen:

$$WZ \leq T_0$$

---

1. Maximum Tolerable Period of Disruption

Kann man diese Bedingung mit einem geordneten, verlässlichen Plan erfüllen, bleibt nichts weiter zu tun.

Ist diese Bedingung im Einzelfall dagegen *nicht* erfüllbar, weil der Zeitbedarf für die Wiederherstellung die erlaubte Grenze überschreitet, hilft in aller Regel nur, für die ausfallträchtigen Ressourcen von vornherein (= präventiv) *Redundanzen* bereitzustellen. Das kann z.B. für technische Systeme und Versorgungen ein *Cold Standby*[2], *Warm Standby*[3] oder *Hot Standby*[4] sein. Beim Ausfall personeller Ressourcen könnte man z.B. mehr oder weniger trainiertes Ersatzpersonal bei einem Dienstleister vorhalten. Auch Ersatzrechenzentren zählen zu solchen Standby-Lösungen.

Gut geplante Redundanzen haben zur Folge, dass – am Beispiel redundanter IT-Systeme erläutert – bei dem Ausfall eines IT-Systems das andere die Funktion übernimmt, ggf. im Rahmen einer noch zulässigen Verzögerung. Für die Wiederherstellung des ausgefallenen IT-Systems entsteht jetzt weniger Stress, weil das redundante noch laufende System die Arbeiten übernimmt. Für die Praxis heißt das, die maximal zulässige Wiederherstellungszeit für das ausgefallene System vergrößert sich.

Generell: Redundanzen haben zur Folge, dass sich *für jedes einzelne beteiligte Objekt* einer redundanten Landschaft die zulässige Wiederherstellungszeit verlängert!

Solche Redundanzen gehen allerdings schwer ins Geld, d.h. man wird überlegen, ob diese *präventiven* Maßnahmen wirtschaftlich sind. Dazu ist ein betriebswirtschaftlicher Vergleich zu führen zwischen den

- Kosten der Einrichtung von Redundanz und den
- möglichen Verlusten bei Verzicht auf Redundanz.

Die vorstehenden Überlegungen skizzieren die Aufgabe der sogenannten *Business Impact Analysis* (BIA).

---

2. *Cold Standby*: Einfügen eines auf Lager gehaltenen Systems in die Betriebsumgebung, muss eventuell noch konfiguriert werden, bevor eine Umschaltung, Zuführung von Daten etc. erfolgen kann, um dann eine Funktionsübernahme des ausgefallenen Systems zu ermöglichen.
3. *Warm Standby*: Ein in der Einsatzumgebung bereits vorhandenes, betriebsbereites System, das bei Ausfall eines anderen Systems dessen Funktion übernehmen kann, und zwar nach manueller Umschaltung, Zuführung aktueller Daten etc.
4. *Hot Standby*: Ein identisches, parallel laufendes System, das bei Ausfall des anderen Systems automatisch dessen Funktion übernimmt.

Skizzieren wir nun die einzelnen Schritte der BIA[5] etwas genauer:

Schritt 1: Man beginnt mit einer Übersicht (Liste, Tabelle) über die als zeitkritisch angesehenen Kernprozesse eines Unternehmens.

Schritt 2: Für jeden in Schritt 1 erfassten Prozess stellt man eine Liste aller für den *Normalbetrieb* dieses Prozesses benötigten bzw. unverzichtbaren Ressourcen zusammen. Darin können Ressourcen personeller, organisatorischer, technischer Art sowie notwendige Versorgungen und andere Infrastrukturvoraussetzungen enthalten sein.

Schritt 3: Man bestimmt für jeden Geschäftsprozess den zeitlichen Schadenverlauf bei einem Ausfall – am besten mit festgelegten Zeitperioden und einer Tabelle. Die Zeitperioden werden z.B. nach Stunden oder Tagen festgelegt. Für jede Zeitperiode wird die *Schadenhöhe* geschätzt, die sich ergibt, wenn der Prozess in dieser Zeitperiode nach einem Vorfall immer noch nicht im Normalbetrieb läuft.

Statt bei der Schadenhöhe mit konkreten Euro-Beträgen zu arbeiten, verwendet man einheitliche Schadenklassen – etwa mit den Bezeichnungen SCHADENFREI (0), GERING (1), MITTEL (2), HOCH (3), KATASTROPHAL (4) – und ordnet diesen die in Klammern angegebenen Zahlen zu.

Vielfach differenziert man nach unterschiedlichen *Schadenkategorien* wie finanzielle Verluste, Verstoß gegen gesetzliche oder vertragliche Vorgaben, Ansehensverluste etc. Die Zuordnung einer Schadenklasse nimmt man dann für jede Schadenkategorie getrennt vor und bildet anschließend eine gemeinsame Bewertung, indem man die Kategorien (unterschiedlich) gewichtet und dann addiert.

Hierzu ein Beispiel mit *einem* Geschäftsprozess (»Internetshop«), zwei Schadenkategorien »finanzielle Verluste« und »Ansehensverluste« mit der Gewichtung 60 % zu 40 % sowie vier Zeitperioden A bis D. Die genaue Festlegung der Zeitperioden haben wir uns für dieses Beispiel erspart. Man könnte sich z.B. Folgendes vorstellen: A = 0...1 h, B = 1...8 h, C = 8...24h, D > 24 h.

5. Wir geben hier nur einen Überblick über diese Thematik und verweisen für Details auf /KSK2011/, s. Quellenverzeichnis.

	Finanzielle Verluste				Ansehensverluste				Kritikalität			
Geschäfts-prozess	A	B	C	D	A	B	C	D	A	B	C	D
Internetshop	1	2	2	4	0	1	2	2	0,6	1,6	2	3,2

Tabelle 5.1: Kritikalität von Geschäftsprozessen

Im Ergebnis steht für jede Zeitperiode eine (gewichtete) Schadenklassifizierung – die vier Spalten rechts – zur Verfügung. Die vier Werte 0,6/1,6/2/3,2 werden als *Kritikalität* des Geschäftsprozesses in der jeweiligen Zeitperiode bezeichnet.

5

Hat man mehrere Geschäftsprozesse in dieser Form erfasst und bewertet, kann man zunächst erkennen, wo die höchsten Kritikalitäten liegen und wo die steilsten Anstiege zu verzeichnen sind.

Was folgt daraus? Wenn mehrere Prozesse gleichzeitig ausfallen, legt der Vergleich der Kritikalität die Reihenfolge der Wiederherstellung fest – einfach deshalb, weil man mit dem Prozess beginnt, der in einer bestimmten Zeitperiode den absehbar höchsten Schaden produziert.

Fazit

Kritikalitäten legen (unter anderem) die Reihenfolge fest, in der einzelne Prozesse wiederhergestellt werden, wenn mehrere Prozesse *gleichzeitig* ausfallen. Man spricht deshalb auch von *Wiederanlaufklassen.*

Gelegentlich sind die Kritikalitäten zweier Prozesse gleich hoch bewertet – dann orientiert man sich für die Reihenfolge der Wiederherstellung an der Schadenentwicklung in den nächst höheren Zeitperioden.

Schritt 4: Anschließend wird die Kritikalität auf jede von einem Geschäftsprozess benötigte Ressource vererbt.

Dabei wird folgende Regel angewendet:

- *In jeder Zeitperiode erbt eine zur Aufrechterhaltung des Normalzustandes benötigte Ressource die Kritikalität des sie nutzenden Prozesses.*

An dieser Stelle muss man berücksichtigen, dass viele Ressourcen nicht nur von *einem* Geschäftsprozess verwendet werden, sondern ggf. von *mehreren*. Wie geht man damit um? Hier greift die zweite Regel:

- *Die betreffende Ressource erhält als Kritikalität die Summe aller vererbten Kritikalitäten zugeordnet.*

Sehen wir uns wiederum ein (fiktives) Beispiel an, in dem ein zweiter Prozess »SAP« hinzugefügt wurde und einige Ressourcen aufgeführt sind:

Prozess					Internetshop					SAP				
Perioden						A	B	C	D		A	B	C	D
Gewichtete Schäden						0,6	1,6	2	3,2		0,3	0,6	2	3
Kritikalität														
Ressource	A	B	C	D	V	A	B	C	D	V	A	B	C	D
Server A	0,6	1,6	2	3,2	1	0,6	1,6	2	3,2	0	0	0	0	0
Internetanbindung	0,3	0,6	2	3	0	0	0	0	0	1	0,3	0,6	2	3
Mobile Device M2	0,9	2,2	4	6,2	1	0,6	1,6	2	3,2	1	0,3	0,6	2	3
...														

Tabelle 5.2: Vererbung von Kritikalitäten auf Prozessressourcen

In der grau schattierten Spalte »V« gibt die Ziffer 0 jeweils an, dass diese Ressource von dem betreffenden Prozess nicht benötigt wird, die Ziffer 1 dagegen, dass sie benötigt wird. Der Prozess »Internetshop« beispielsweise benötigt im Normalbetrieb unverzichtbar die Ressourcen *Server A* und *Mobile Device M2*, nicht aber die Internetanbindung.

Rein formal kann man diese Ziffer unter »V« auch als Multiplikator sehen, mit dem die darüber stehenden Prozesskritikalitäten (Zeile »Gewichtete Schäden«) multipliziert und nach unten übertragen werden.

Für jede Ressource in der Tabelle werden nun die rechts stehenden Werte für die Kritikalitäten addiert – es handelt sich ja um Schäden –, die Summe wird links unter »Kritikalität« eingetragen.

Welche Schlussfolgerungen ergeben sich nun aus diesem Zahlenwerk?

Man erkennt z.B. an der Zeile »Mobile Device M2«, dass die Gesamtkritikalität dieser Ressource kräftig ansteigt – vor allem, weil sie von zwei Prozessen gleichzeitig genutzt wird. Ein längerer Ausfall dieser Ressource wirkt sich also besonders schädlich aus. Somit hat man zwei Alternativen: Entweder fällt diese Ressource (logisch) erst gar nicht aus, weil Redundanzen vorhanden sind, oder es gelingt in einer möglichst frühen Periode, diese Ressource wiederherzustellen.

Ob eine Wiederherstellung z.B. in der Periode A möglich ist, muss man abschätzen (siehe dazu den Abschnitt 5.4 »Notfallübungen«). Lässt sich das in der Periode A nicht bewerkstelligen, muss man es in der Periode B versuchen usw. Ist dies jedoch wegen der ansteigenden Schäden nicht akzeptabel, bleibt nur die Alternative mit der Redundanz.

Fazit: Auf Ebene der einzelnen Prozessressourcen kann man mit der vorgestellten Methodik erkennen, wo sich schnell steigende Kritikalitäten ergeben und ob man diesen durch klassische Reparatur- und Wiederanlaufprozesse begegnen kann oder (präventiv) mehr Redundanz vorsehen sollte.

Was könnte man im Zusammenhang mit mobilen Geräten als Redundanz vorsehen? In weniger kritischen Fällen können ein Pool von Ersatzgeräten sowie einschlägige Backup-Mechanismen für die gespeicherten Daten ausreichen. In hoch-kritischen Fällen sind Nutzer ggf. mit mehr als einem Gerät sowie einer synchronen Daten-Replikation auszustatten. Um präventive Maßnahmen dieses Typs geht es in Abschnitt 5.2 »Präventive Maßnahmen«.

Noch eine Anmerkung zu der Tabelle 5.2: »Vererbung von Kritikalitäten auf Prozessressourcen« 5.2:

Manchmal hat man den Fall, dass vergleichbare Ressourcen in der Tabelle nicht nach »V=1 (genutzt)« oder »V=0 (nicht genutzt)« zu charakterisieren sind, sondern beide einen unterschiedlichen *Nutzungsgrad* besitzen. Ein Beispiel hierfür sind zwei parallele Übertragungskanäle, die eine unterschiedlich hohe Bandbreite besitzen, und vom betrachteten Prozess unterschiedlich stark ausgelastet werden. Nehmen wir an, die zu übertragenden Daten werden im Verhältnis 80/20 aufgeteilt. Dann könnte man unter »V« in der Tabelle 0,8 für die eine und 0,2 für die andere Ressource eintragen. Diesen Nutzungsgrad nimmt man dann statt 0 oder 1 als Multiplikator – und rechnet analog weiter. Dementsprechend relativiert sich dann natürlich die Kritikalität beider Ressourcen.

Wenn sich ein Geschäftsprozess *nicht* im Normalbetrieb befindet, kann dies eine Reihe von Ursachen haben, die wir wie folgt zusammenfassen können: *Mindestens* eine vom Prozess benötigte Ressource »läuft« nicht im Normalbetrieb. Es kann sich aber durchaus auch um den gleichzeitigen Ausfall *mehrerer* Ressourcen handeln.

Die tatsächliche Wiederherstellungszeit WZ_P für einen Prozess P hängt von den Wiederherstellungszeiten der nicht im Normalbetrieb laufenden Ressourcen ab – ggf. noch einmal erhöht um den zeitlichen Overhead für den »Neustart« des Prozesses P. Haben wir bei einzelnen Ressourcen Redundanzen vorgesehen, so ist ggf. eine Umschaltzeit zu berücksichtigen; diese betrachten wir formal als Wiederherstellungszeit für diese Ressource.

Ist mehr als *eine* benötigte Ressource ausgefallen, kommt es darauf an, ob man die betreffenden Ressourcen zeitlich *parallel* oder nur *sequenziell* wiederherstellen kann. Das kann davon abhängen, wie die Ressourcen miteinander logisch verzahnt sind – aber auch ganz simpel davon, wie viel Personalkapazität für die Wiederherstellungsarbeiten zur Verfügung steht.

Die tatsächliche Wiederherstellungszeit WZ_P in einem solchen Szenario hängt offensichtlich von der Anzahl der ausgefallenen Ressourcen ab und liegt irgendwo zwischen dem

- **Maximum** der Wiederherstellungszeiten der ausgefallenen Ressourcen bei *paralleler* Wiederherstellung und der
- **Summe** ihrer Wiederherstellungszeiten bei *sequenzieller* Wiederherstellung.

Schritt 5: Für jeden Prozess P ist eine Liste der betrachteten Ausfallszenarien zu erstellen; für jedes Ausfallszenario A ist die erforderliche Wiederherstellungszeit $WZ_P(A)$ für den Prozess – wie oben erläutert – zu ermitteln. Sodann ist die jeweilige Wiederherstellungszeit mit der für den Geschäftsprozess festgelegten maximal zulässigen Wiederherstellungszeit T_O – siehe weiter oben – zu vergleichen.

Zeigt der Vergleich, dass die erforderliche Wiederherstellungszeit im zulässigen Bereich liegt, ist nichts weiter zu tun.

Wird jedoch der Grenzwert überschritten, muss man überlegen, ob man das Problem durch weitere Redundanzen bei den kritischen Ressourcen beheben kann – oder eine Redundanz für den *gesamten Prozess* erforderlich ist. Das könnte z.B. durch ein paralleles Rechenzentrum oder eine Zweitinstallation bei einem Dienstleister realisiert werden.

Last but not least: Führt keiner diese Ansätze zu einer Lösung, kann dies der dringende Hinweis darauf sein, eine Umstrukturierung des Geschäftsprozesses vorzunehmen oder ihn sogar einzustellen, weil in der vorliegenden Form kein akzeptabler Betrieb erreichbar ist.

Fazit: Mit der BIA lassen sich auf der Prozessebene Ausfallszenarien danach analysieren und bewerten, ob klassische Wiederherstellungsverfahren zielführend sind oder präventiv mehr Redundanz benötigt wird – oder ein Prozess insgesamt trotz aller Maßnahmen ein nicht akzeptables Schadenpotenzial besitzt.

5.2 Präventive Maßnahmen

Im Grunde hat man in unserem Kontext der zeitkritischen Prozesse drei Spielfelder: den Verlust bzw. Ausfall eines mobilen Gerätes, den (meist temporären) Verlust von Konnektivität sowie den Verlust von Daten auf dem mobilen Gerät.

5.2.1 Ersatzgeräte

Wie bekannt können mobile Geräte verloren, gestohlen oder zerstört werden, sodass sich in kritischen Infrastrukturen sofort die Frage nach Ersatz stellt.

Über die Frage einer Verlustmeldung haben wir schon in Kapitel 2 gesprochen. Hier muss ein geordnetes Verfahren etabliert sein – auch für den Fall, dass Geräte nicht mehr nutzbar sind, weil sich ein Defekt eingestellt hat.

Ist man z.B. als Mitglied eines Notfallteams auf ein mobiles Gerät angewiesen, um für den Fall der Fälle eine Alarmierungsmeldung zu erhalten und darauf unverzüglich reagieren zu können, steht und fällt das ganze System mit der Verfügbarkeit funktionsfähiger Kommunikationsgeräte und -verbindungen.

Die Vorhaltung einer ausreichenden Zahl von Ersatz*geräten* in einem *zentralen Pool* ist deshalb dringend zu empfehlen. Sie sollten bereits vorkonfiguriert sein und vor der Ausgabe ggf. mit dem letzten, per Backup gesicherten Datenbestand des betreffenden Nutzers versehen werden (wenn verfügbar).

Letztlich greift diese Maßnahme natürlich erst, wenn man als betroffener Nutzer wieder an den Unternehmensort zurückgekehrt ist und das Ersatzgerät in Empfang nehmen kann. Ist das aufgrund der räumlichen Distanz nicht möglich oder nicht wirtschaftlich, kann man auch an die Zustellung des Ersatzgerätes per (vertrauenswürdigem) Kurierdienst denken. Solche Vorkehrungen machen natürlich nur in Szenarien Sinn, in denen die dadurch bedingten Verzögerungen tolerabel sind. Ist das nicht der Fall, kann es sinnvoll sein, dem entsprechenden Nutzer von vornherein ein zweites Gerät zur Verfügung zu stellen (und möglichst Daten auf beiden in kurzen Intervallen zu replizieren).

5.2.2 Alternative Verbindungen

Die mögliche Störung von *Verbindungen* betrifft die Kommunikation generell, aber auch das Daten-Backup über Netzwerkverbindungen (siehe nächster Abschnitt).

Ein typischer Anwendungsfall ist die Kommunikation mit den Mitgliedern eines Incident-Response-Teams. Sie sollen über einen aktuellen Vorfall benachrichtigt werden, um sich dann geeignet kümmern zu können. Letzteres kann bedeuten, sich unverzüglich an den Unternehmensstandort zu begeben und dort dann die notwendigen Schritte durchzuführen – oder aber *remote* über ein mobiles System in die Unternehmens-IT einzugreifen und Fehler zu beheben (sofern sinnvoll und technisch möglich).

Hierbei kommt es vor allem darauf an, die Teammitglieder überhaupt zu erreichen. Störungen der Kommunikation, Ausfall von Providern, Funklöcher etc. können dies verhindern. Insofern sollten die verwendeten mobilen Geräte in der Lage sein, über mehrere alternative Netze kommunizieren zu können.

Dies hat natürlich zur Konsequenz, dass Alarmmeldungen stets über mehrere Netze versandt werden müssen.

5.2.3 Datensicherung

Der wesentliche Schutz vor Datenverlust ist ein typischer Fall von Redundanz, nämlich die klassische *Datensicherung* – auch von lokalen Daten mobiler Systeme. Dabei wird ein Datenbestand zu einem bestimmten Zeitpunkt an einem anderen Ort gedoppelt, sodass bei Ausfall eines Gerätes oder bei Datenverlust[6] ein mehr oder weniger aktueller Ersatz zur Verfügung steht.

Bei mobilen Geräten stellt sich zunächst die Frage nach dem *Ort* des Backups: Hier kommen separate lokale Datenträger (z.B. Speicherkarten) oder andere stationäre oder mobile IT-Systeme in Frage, die über eine permanente oder temporäre Netzwerkverbindung erreichbar sind.

Bei externen Speichern, die an mobile Geräte angeschlossen werden, hat man natürlich immer das Problem, dass sie – wie das mobile Gerät auch – geeignet beaufsichtigt und verwahrt werden müssen. Da solche Datenträger verloren gehen oder gestohlen werden können, muss man eine Verschlüsselung des Datenbestandes in Erwägung ziehen, sofern die Daten als sensibel anzusehen sind.

Lässt man z.B. Speicherkarten permanent im Gerät eingesteckt, wird man bei Verlust des mobilen Gerätes auch das Backup-Medium verlieren. Deshalb sollte das Medium nach jedem Backup gezogen und separat aufbewahrt werden.

An diesem einfachen Problem erkennt man wiederum den Vorteil eines Backups über eine Netzverbindung. Hierfür eignet sich ein *Remote Access* zum Unternehmensnetz oder die Nutzung einer kommerziellen oder unternehmenseigenen Cloud. Lokale (W)LAN-Verbindungen oder andere Funksysteme kommen ebenfalls in Frage – mindestens dann, wenn man an seinen stationären Arbeitsplatz im Unternehmen zurückgekehrt ist. Auch hier gilt: Bei der Sicherung sensibler Daten über eine Netzwerkverbindung sind die Daten zu verschlüsseln. Wird für ein Backup eine Funkverbindung verwendet, muss man sich auch mit dem Problem von Funklöchern, Verbindungsabbrüchen und Provider-Ausfall beschäftigen.

Je nach Sensibilität und Umfang der gespeicherten Daten sowie der Bearbeitungsfrequenz sind unterschiedliche *Backup-Verfahren* sinnvoll.

- Eine *synchrone* Datensicherung (Replikation) über eine permanent aktivierte Netzwerkverbindung mit einem anderen stationären oder mobilen System wird meist aus Gründen des Umfangs der Daten, des Performance-Verlustes bei den mobilen Geräten oder auch ggf. wegen der Ver-

6. Aus welchem Grund dies auch immer geschieht: durch technische Defekte, Manipulation, Sabotage etc.

bindungs- und Übertragungskosten vermieden. Nimmt man als Speicherort eine lokale Speicherkarte, kann eine Replikation durchaus eine Methode der Wahl sein, wenn sich dies technisch realisieren lässt.

- *Asynchrones* Backup – zeitgesteuert oder auf Kommando des Nutzers – kann dagegen die praktikablere Lösung sein. Dabei besteht natürlich immer das Risiko, dass neue Daten zwischen dem Backup-Zeitpunkt und der Zeit eines Ausfalls ungesichert bleiben, d.h. der gesicherte Stand ist mehr oder weniger *veraltet*. Die Backup-Frequenz muss danach ausgerichtet werden, welche Verluste man sich ggf. noch leisten kann.

Ein weiterer Aspekt ist die *Backup-Methode*: Ein Voll-Backup meint, dass die Gesamtheit aller vorgesehenen Daten bei jedem Backup *vollständig* gesichert wird – das kann (nicht nur) bei mobilen Systemen eine langwierige Operation sein. Eine gewisse Reduktion ließe sich hierbei durch den Einsatz *verlustfreier Kompressionsverfahren* erreichen. Wenn es sich softwaretechnisch realisieren lässt, sollte geprüft werden, ob man wie bei stationären Systemen *differenzielle/inkrementelle* Sicherungen nutzen kann, womit ebenfalls das Datenaufkommen verringert wird.

5

Bei allen mobilen Geräten wird natürlich vorausgesetzt, dass das mobile Gerät funktionstüchtig und ausreichend Batteriekapazität vorhanden ist, zumindest um ein Backup vollständig abzuschließen – auch solche elementaren Fragen unterliegen dem Management des Einsatzes mobiler Geräte und sollten Gegenstand einer Richtlinie für den Nutzer sein.

Weitere grundsätzliche Managementaspekte sind,

- die Nutzer mobiler Geräte für eine regelmäßige Datensicherung zu verpflichten (sie sind dazu ggf. zu schulen),
- das Restore von Daten periodisch zu trainieren,
- sensible Daten vor einer Reparatur – wenn noch möglich – oder bei der Rückgabe eines mobilen Gerätes letztmalig zu sichern und dann auf dem Gerät physisch zu löschen; alternativ darf eine Reparatur nur durch vertrauenswürdiges Personal erfolgen.

5.3 Reaktive Maßnahmen

Unter diese Überschrift fallen alle Vorkehrungen, die getroffen werden, um *nach Eintritt* eines kritischen Vorfalls möglichst schnell wieder in den Normalzustand zurückkehren zu können.

Auch wenn nicht jeder Vorfall ein Notfall sein muss, wollen wir die üblichen Strukturen am Beispiel und in der Terminologie des Notfallmanagements erläutern.

Zunächst sind Verantwortlichkeiten zu schaffen, die für das Management von Notfällen (z.B. ein Krisenstab) und deren Behebung (z.B. entsprechende Notfallteams) zuständig sind. Dann sind die Abläufe festzulegen, wie Vorfälle erfasst, klassifiziert, eskaliert, behoben und (später) ausgewertet werden. Solche Informationen findet man typischerweise in einem *Notfallkonzept*.

In größeren Unternehmen gibt es oft sehr unterschiedliche Notfallszenarien, die jeweils nur bestimmte Gruppen von Mitarbeitern, Kunden, Anwendungen etc. betreffen. Dem wird durch unterschiedliche *Notfallhandbücher* Rechnung getragen: Sie konkretisieren das einheitliche Notfallkonzept für *unterschiedliche* Personengruppen oder Anwendungen.

Anlagen zu solchen Notfallhandbüchern sind meist *Notfallpläne* bzw. *Wiederanlaufpläne*. In diesen Unterlagen wird für jedes (vorausplanbare) Notfallszenario eine Schritt-für-Schritt-Anleitung zur Wiederherstellung bzw. Reparatur einer Ressource oder Anwendung gegeben.

Der Einsatz mobiler Geräte in kritischen Geschäftsprozessen kann sich auf alle drei Ebenen (Notfallkonzept, Notfallhandbuch, Notfallpläne) auswirken:

- Sind mobile Geräte für die Kommunikation im Notfall wesentlich, wird man dazu Ausführungen im Notfallkonzept und den Notfallhandbüchern machen müssen – eben unter dem Stichwort *Notfallkommunikation* (Alarmierung, Bereitschaftsdienst ...).
- Werden mobile Geräte auch im Rahmen der Fehlerbehebung und des Wiederanlaufs genutzt (etwa als Informationsbasis, Notfalltools oder zum Eingriff in andere IT-Systeme), muss dies jeweils im entsprechenden Notfall- bzw. Wiederanlaufplan beschrieben werden.

Wir schließen diese allgemeinen Ausführungen mit dem Hinweis, dass mobile Geräte als Informationsbasis oder gar Notfalltools nur dann sinnvoll sind, wenn ihre Datenbasis regelmäßig aktualisiert wird. Hier ist eine *tägliche* Synchronisation mit einem zentralen aktuellen Datenbestand die Regel.

Letzteres setzt ein geordnetes *Change Management* voraus, um alle Änderungen an der IT und der Infrastruktur unter Genehmigungsvorbehalt zu stellen und nach Ausführung zeitnah aufzuzeichnen.

5.4 Notfallübungen

Bleiben wir beim Kontext des Notfallmanagements, bei dem Notfallübungen ein integraler Bestandteil sein müssen. Dabei werden unterschiedliche Zielrichtungen verfolgt:

- Die in Notfallhandbüchern und Notfallplänen beschriebenen Verfahren und Abläufe sollen geübt werden, um ihre Anwender so zu trainieren, dass sie die Vorgaben fehlerfrei und ohne vermeidbaren zeitlichen Verzug umsetzen können.
- Notfallübungen führen oft zu der Erkenntnis, dass vorgesehene Verfahren praktisch nicht anwendbar, fehlerträchtig oder zu aufwendig sind, weitergehende Qualifikationen beim Personal erfordern oder schlichtweg ungeeignet sind. Solche Erfahrungen müssen in die Verbesserung der Vorgaben einfließen.

Die hierbei gewonnenen Erkenntnisse sind umso verlässlicher, je präziser die Übungen mit der Realität übereinstimmen. Solche Übungen können je nach Risikobereitschaft an den betroffenen produktiven Systemen oder aber an möglichst identischen Testsystemen erfolgen: Je mehr die Testsysteme den produktiven Systemen entsprechen, umso aussagekräftiger sind die gewonnenen Daten.

- Bei der Durchführung der BIA werden möglichst realistische Schätzungen über den Zeitbedarf einzelner Arbeitsschritte bei der Notfallbewältigung (z.B. für einen Wiederanlauf) benötigt.

Eine Variante ist, diesen Zeitbedarf durch eine *Simulation* anhand der Notfall- und Wiederanlaufpläne zu ermitteln, d.h. der Zeitbedarf für jeden einzelnen Wiederherstellungsschritt wird abgeschätzt – die gesamte Wiederherstellungszeit WZ ergibt sich dann aus diesen Zeitbedarfen (im einfachsten Fall durch Addition).

Die Erfahrung zeigt allerdings, dass solche Simulationen nicht sehr verlässlich sind. Eine bessere Variante ist, WZ durch *(Notfall-)Übungen* zu ermitteln. Hieraus können *fundierte* Schätzungen gewonnen werden. Auch wenn man sich das nicht wünscht: Ein real eingetretener Vorfall ist natürlich immer die beste »Übung«.

Grundsätzlich können alle im Notfallkonzept und in den Notfallhandbüchern beschriebenen Ereignisse und Abläufe Gegenstand von Übungen sein. Welche Übungen sollte man nun speziell im Zusammenhang mit dem Einsatz *mobiler Geräte* durchführen? Nach unseren Ausführungen zu den präventiven und reaktiven Maßnahmen kann es darum gehen,

- das Backup und das Restore von Daten auf mobilen Geräten zu üben,
- Benachrichtigungen und mobiles Arbeiten über alternative Netzwerkverbindungen zu trainieren (wenn die üblichen Verbindungen ausgefallen oder gestört sind),
- das Verfahren der Ersatzbereitstellung mobiler Geräte nach Verlust- oder Defektmeldungen durchzuspielen.

Beim letzten Beispiel eingeschlossen ist das Verfahren, auf dem jeweilig neu auszugebenden Gerät die letzte Datensicherung wiedereinzuspielen.

Ist ein mobiles Gerät verloren gegangen bzw. gestohlen worden, wird man nach der Verlustmeldung auch versuchen, ggf. gespeicherte sensible Daten OTA zu löschen – auch diese kritische Funktion sollte Gegenstand regelmäßiger Übungen sein.

Ein letzter Hinweis: Notfallübungen sollte man grundsätzlich schriftlich planen, die Durchführung aufzeichnen und die Ergebnisse auswerten. Gute Hinweise zu diesen Tätigkeiten findet man z.B. in /BSI2006/ sowie in Kapitel 8 des BSI-Standards 100-4.

5.5 Messung von Kennzahlen

Die reale Sicherheit eines Unternehmens bzw. seiner Geschäftsprozesse hängt von vielen Faktoren ab: vorhandene Strategien, Planungen, Konzepte, die Umsetzung derselben, der Grad der Überwachung, die *tatsächliche* Sensibilisierung und Qualifikation des Personals, die *tatsächliche* Einhaltung organisatorischer Vorgaben, die *tatsächliche* Funktion und Effizienz technischer Maßnahmen.

Um die *reale* bzw. *tatsächliche* Sicherheit zu bestimmen, wird im Rahmen der ISO 27004 vorgeschlagen, wichtige Einflussfaktoren bzw. *Kennzahlen* zu messen – ähnlich wie man dies vom Quality Management her kennt. Die Ziele dabei sind,

- Daten über die Wirksamkeit des Sicherheitsmanagements und der Sicherheitsmaßnahmen zu gewinnen bzw. bisher unentdeckte Schwachstellen zu identifizieren,
- Daten über den Grad der Erfüllung von Anforderungen zu bekommen (z.B. für das Compliance Management),
- Aufwände für die Informationssicherheit an den Risiken der Firma zu spiegeln,
- gesicherte Daten als Input für Managemententscheidungen zu gewinnen.

Wir wollen dieses Thema nicht im Detail behandeln, sondern vielmehr anhand zweier Beispiele den groben Ablauf darstellen.

Das Beispiel 1 behandelt als *Messgegenstand* die Sensibilisierung des Personals im Umgang mit mobilen Geräten. Hierfür gibt es sicher sehr unterschiedliche Faktoren (»*Attribute*«), darunter auch den Abdeckungsgrad der Sensibilisierung: Wir zählen dazu

(1) die Anzahl der Mitarbeiter, für die eine Sensibilisierung erforderlich ist – also zumindest die dienstlichen Nutzer mobiler Geräte,

(2) die Anzahl der Mitarbeiter, die an mindestens einer Veranstaltung zu diesem Thema – z.B. innerhalb eines Jahres – teilgenommen haben.

Diese Vorgehensweise der Zählung stellt die *Messmethode* dar.

Aus den so gewonnenen *Rohdaten* bestimmen wir als *abgeleitete Größe* den prozentualen Anteil $p = 100*(2)/(1)$.

Aus dieser Zahl p ergibt sich direkt ein *Indikator*, der zu einem *Entscheidungskriterium* führt: Liegt der Wert z.B. bei 95 % oder höher, so wird man den Grad der Sensibilisierung möglicherweise als ausreichend ansehen; geringere Werte stellen ein Defizit dar und sollten nicht akzeptiert werden; sie müssen zu Folgemaßnahmen führen – etwa einer Zusatzveranstaltung für das noch nicht abgedeckte Personal.

Im zweiten Beispiel geht es als Messgegenstand um die Häufigkeit des Daten-Backups bei mobilen Geräten. Dabei wird unterstellt, dass gemäß Backup-Richtlinie mindestens einmal wöchentlich über eine Netzverbindung gesichert werden soll.

Als *Attribut* wird die regelmäßige Durchführung betrachtet. Die *Messmethode* besteht darin, das Datum festzustellen, und zwar

(1) das nach der Richtlinie späteste Datum des Backups im Vergleich zum letzten Backup und

(2) das Datum der tatsächlichen Durchführung des Backups.

Als abgeleitete Größe wird die Differenz D = (2) – (1) betrachtet. Ein negativer Werte bzw. 0 zeigt die Einhaltung der Richtlinie, ein positiver Wert eine Zeitüberschreitung an. Diese Differenz D allein könnte bereits eine verwertbare Aussage liefern.

Nun ist aber zweifelsohne die Missachtung der Backup-Richtlinie dann besonderes kritisch anzusehen, wenn im abgelaufenen Zeitintervall sehr viele Daten auf dem mobilen Gerät geändert bzw. erstellt wurden. Wir wählen insofern ein *analytisches Modell*, mit dem wir die Differenz D mit dem im Vergleich zum letzten Backup geänderten Datenvolumen gewichten, etwa nach folgender Einteilung: < 1 % Änderung ergibt 1 Punkt, zwischen 1 % und 10 % ergibt 2 Punkte, noch mehr Änderungen resultieren in 3 Punkten. Der *Indikator* D*Punktzahl wird für jedes Backup ermittelt und über einen festgelegten Zeitraum aufgezeichnet.

Aus der Verteilung dieser Indikatorwerte ergibt sich das Backup-Verhalten der Nutzer: Konzentrieren sich die Werte bei großen positiven Zahlen, hat man ein gravierendes Problem! Gibt es eine Häufung bei kleinen positiven Werten, handelt es sich um geringfügige Abweichungen von der Richtlinie, die man ggf. noch toleriert – sie könnten durch Ausfall von Netzverbindungen, Abwesenheit oder Dienstreisen begründet sein.

Auf der Basis solcher Auswertungen lassen sich dann Entscheidungskriterien festlegen und ggf. weitere erforderliche Maßnahmen planen.

Man erkennt aus den beiden Beispielen, wie das Schema der Messung von (Sicherheits-)Kennzahlen aufgebaut ist:

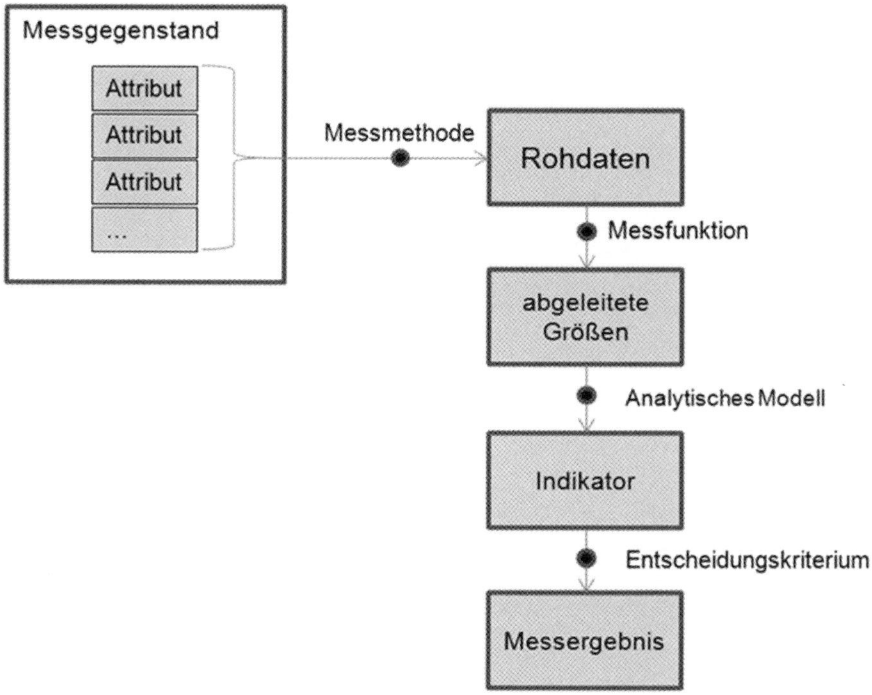

Abbildung 5.1: Kennzahlen messen

In der ISO 27004 finden sich in einem Anhang Tabellenkonstrukte, mit denen man solche Kennzahlenmessungen planen und dokumentieren kann.

6 Management einer heterogenen mobilen Infrastruktur

Häufig wird in den Unternehmen und Organisationen nicht *eine* mobile Plattform eingesetzt, sondern mehrere verschiedene Plattformen existieren parallel zueinander.

In diesem Kapitel stehen die Auswahl und die Einführung von Mobile Device Management-Systemen für eine heterogene mobile Infrastruktur im Mittelpunkt.

Die Heterogenität kann verschiedene Ursachen haben:

- Ein ehemaliger Unternehmensstandard läuft aus und wird durch einen anderen ersetzt, wobei durch den Übergang verschiedene Plattformen im Einsatz sind. Verbreitet findet man die Ablösung von BlackBerrys durch iOS-Geräte, oft ausgelöst durch das Management.
- Zusätzlich zu bereits vorhandenen Smartphones werden zur mobilen Unterstützung von Geschäftsprozessen Pad-Computer eines anderen Herstellers eingeführt.
- Die Firmenleitung entscheidet sich für »Bring Your Own Device« (BYOD), und jeder Mitarbeiter verwendet sein privates mobiles Endgerät auch für geschäftliche Zwecke.

Je größer die Heterogenität ist, je verschiedener die zu verwaltenden mobilen Plattformen sind, desto komplizierter und umfangreicher wird eine zentrale Verwaltung; Einschränkungen bei den vorher gesteckten Zielen sind unumgänglich.

6.1 Gegensätzliche Philosophien: BYOD oder unternehmenseigene Geräte

Zunächst bedeutet BYOD, dass private Hardware in der Firma benutzt werden darf. Mitarbeiter bringen ihre eigenen mobilen Endgeräte mit und erhalten Zugang zu Ressourcen im Unternehmen.

Mehrere Trends konvergieren bei BYOD:

- Die Grenzen zwischen Arbeitswelt und Privatleben lösen sich auf. Es gibt keinen Feierabend, sondern eine Work-Life-Balance.
- In sozialen Netzen wird Privates und Berufliches kaum noch voneinander getrennt.
- Durch Cloud Computing entwickeln sich flexibel nutzbare Anwendungen, die früher nur innerhalb von Firmengrenzen existierten.

Für das Unternehmen sinken die Anschaffungskosten für die Hardware, gleichzeitig werden Zufriedenheit und Motivation der Mitarbeiter gefördert. In der Realität muss man von der Verwendung von »jailbroken« und »rooted« Geräten und installierten Apps mit Spyware, Computerviren und Trojanern ausgehen; die gesamte mobile Umgebung ist als völlig unsicher anzusehen.

Die Mitarbeiter werden sich privat eher selten BlackBerrys kaufen; sie bevorzugen Androids und iPhones mit großem Angebot an Apps für Spiele und andere Freizeitvergnügen. Bei preiswerten Angeboten von Smartphones beim Discounter hat man es häufig mit Herstellern zu tun, die als Betriebssystem ein branded Android einsetzen, was zur weiteren Diversifikation der Plattformen führt.

Wegen der fehlenden einheitlichen Betriebssysteme und Hardwareplattformen werden die Verwaltung und der Betrieb sehr komplex. Man wird eine Einschränkung der unterstützten Plattformen vornehmen müssen, jedoch ist den Mitarbeitern eine strenge Reglementierung nur schwer vermittelbar.

Eine Unternehmenslösung zu Datensynchronisation und Management muss in dieser Umgebung das geforderte Sicherheitsniveau bieten. Bei den BYOD-Geräten müssen wir von einem Worst-Case-Szenario mit »gerooteten« und »jailbroken« Geräten und geladenen malignen Apps ausgehen. Für eine sichere Anbindung an das Unternehmensnetzwerk und die Administration der mobilen Endgeräte werden weitere Infrastrukturen wie Management-Server, isolierte Agents zur Synchronisation mit Unternehmensdaten auf den mobilen Endgeräten sowie Änderungen am Zugangsnetzwerk benötigt.

Da auch hier OTA-Eingriffe zu Verwaltung und Updates der Agents sowie Fernlöschung von Unternehmensdaten in den Agents bei Notfällen vorgenommen werden müssen, kommt man nicht ohne eine Online-Inventarisierung der Geräte und ihrer Betriebssysteme aus.

Da es sich bei BYOD um private Geräte mit privatem Datenbestand handelt, ist die Zustimmung des Betriebsrates bzw. Datenschutzbeauftragten zur Regelung der Details betrieblicher Verwendung, Ausführung von Audits, Behebung von Konflikten betrieblicher und privater Nutzung etc. einzuholen.

Für ein mobiles Computing mit mittlerem bis hohem Sicherheitsniveau sollte man von BYOD Abstand nehmen.

Hinweis

»Bring your own device« erscheint zunächst dem Zeitgeist entsprechend: »Ich spiele jetzt eine Runde *Angry Birds*, twittere für meine Follower, und dann bearbeite ich meine dienstlichen E-Mails; all das mit demselben mobilen Endgerät«. Es wirft aber viele Sicherheitsprobleme auf, die technisch nur mit relativ hohen Kosten gemildert werden können, von den arbeitsrechtlichen Fragen ganz zu schweigen.

Im Gegensatz zu BYOD sind unternehmenseigene mobile Endgeräte Eigentum des Unternehmens und werden als Inventar erfasst und verwaltet. Eine zentrale Stelle in der IT des Unternehmens ist für die Grundkonfiguration vor der Ausgabe an die Mitarbeiter verantwortlich.

Die Art der Geräte, installierte Apps, Betriebssystemversion, Patch- und Update-Status sind der zentralen Stelle bekannt und können in eine Inventardatenbank übernommen werden.

Die Wiederbeschaffung bei Verlust ist Aufgabe der zentralen Administration; bei BYOD ist zunächst der einzelne Besitzer des mobilen Endgeräts dafür zuständig, wobei heikle arbeitsrechtliche Fragen auftauchen können (Beispiel: Diebstahl des BYOD-Geräts während einer Dienstreise).

Das Gleiche gilt für Backup und Restore; bei BYOD sichert in der Regel das Unternehmen nur die mit dem Gerät zu synchronisierenden Daten auf den Servern in der stationären IT-Infrastruktur. Bei unternehmenseigenen Endgeräten lassen sich Richtlinien wie Sperren der Appstores oder regelmäßige Audits zur Einhaltung der Compliance mit Sicherheitsrichtlinien einfach durchsetzen.

Die Wahl der Unternehmensphilosophie »BYOD« oder »unternehmenseigene Endgeräte« bestimmt ganz wesentlich die Auswahl des geeigneten MDM-Systems bei vorgegebenen Sicherheitsanforderungen.

Es soll an dieser Stelle nicht unerwähnt bleiben, dass wegen der großen Nachteile von BYOD mittlerweile eine dritte Philosophie in den Unternehmen diskutiert wird, die beispielsweise bei der privaten Nutzung von Dienstwagen schon lange angewendet wird. »Private Use Of Company Equipment« (PUOCE) bedeutet die Verwendung unternehmenseigener mobiler Endgeräte für eine durch Richtlinien geregelte private Nutzung.

6.2 MDM-Modelle

Wie in den vorherigen Kapiteln schon anklang, gibt es mehrere Modelle zur Verwaltung einer mobilen Infrastruktur. Wir wollen die wesentlichen marktrelevanten Geschäftsmodelle mit ihren Vor- und Nachteilen näher beleuchten.

6.2.1 Full-Service-Anbieter

Mobilfunkunternehmen wie O_2 oder Telekom bieten neben ihren Verträgen und den SIM-Karten auch Hardware in Form von Smartphones oder Pad-Computer sowie deren Management als Full-Service an.

Wie die Mobilfunkunternehmen das Management in der Praxis bewerkstelligen, kann sehr unterschiedlich ausfallen: Das Unternehmen setzt als Value-added Reseller eine kommerzielle MDM-Lösung eines anderen Herstellers ein oder bietet das Management in einer Cloud an. Wichtig ist es, vor Vertragsabschluss genau den Leistungsumfang des MDM zu prüfen, da man auf die Angebote des Anbieters angewiesen ist. Häufig ist der Service eingeschränkt und unterstützt nur folgende Basisdienste:

- Überprüfen des Status aller am MDM angemeldeten Geräte,
- Installieren von Updates und Apps,
- Löschen von Apps,
- Aktualisierung von Virenschutz,
- Lokalisieren verlorener oder gestohlener Geräte,
- Fernlöschen,
- Konfiguration von VPN-Verbindungen.

Wenn diese Dienste ausreichen und die Art der Bereitstellung (Cloud) akzeptabel ist, kann ein Full-Service-Anbieter weitere Vorteile aufweisen:

- Man erhält die Hardware, die Mobilfunkdienste mit SIM-Karte und das Management aus einer Hand.
- Es gibt nur einen Ansprechpartner.
- Kompatibilitätsprobleme mit unterschiedlichen Plattformen und Branding sind vom Full-Service-Anbieter zu lösen.
- Es lassen sich bessere Gruppentarife aushandeln.
- Es gibt verhandelbare weitere Leistungen wie zum Beispiel kostenlose interne Gespräche.

6.2.2 MDM von Systemmanagementanbietern

Auf dem Markt bereits etablierte Anbieter von IT-Systemmanagement rüsten zunehmend ihre Produkte mit Plugins für MDM auf. MDM ist oft nur dann möglich, wenn bereits das zugrundeliegende Systemmanagement genutzt wird. Ein praktisches Beispiel für die Nutzung dieses Modells ist die Systemmanagementplattform Altiris von Symantec mit dem Plugin »Mobile Management«[1].

Ein übliches Prozedere zur Aufrüstung der Systemmanagementplattform ist der Zukauf kleinerer, auf MDM spezialisierter Firmen von dem etablierten Anbieter. Ein wichtiges Auswahlkriterium für den Anwender ist neben dem

1. http://eval.symantec.com/mktginfo/enterprise/fact_sheets/b-datasheet_mobile_management_04102010.pdf

hinzugekommenen Leistungsumfang auch die gelungene Integration in das Systemmanagement.

Für die Bereitstellung des MDM kann es die klassische Möglichkeit in Form von Software oder als Service vom Anbieter (»MDM as a Service«) geben. Oft ist auch das MDM in sich modular unterteilt, etwa in

- Mobile Application Management,
- Data Loss Prevention for Mobile,
- Certificate Center for Mobile,
- Security for Mobile etc.

Für einige Module muss ein zusätzlicher Client aus dem passenden Appstore geladen werden, andere verwenden den im mobilen Endgerät vorhandenen Exchange ActiveSync-Client oder MDM-Schnittstellen.

Man muss bei der Auswahl sehr genau prüfen, was für die Erfüllung der Anforderungen alles gebraucht wird und wie die Module effektiv kombiniert, ausgerollt und im Betrieb überwacht werden.

6.2.3 MDM von Anti-Malware-Anbietern

Einen anderen Ansatz verfolgen Anbieter von Sicherheitslösungen, die ihr Produktportfolio mit dem starken Zuwachs von Smartphones zunächst mit Antiviren-Scannern (AV-Scanner) für die mobilen Plattformen Android und Symbian erweiterten.

Um sich weitere Merkmale und Abgrenzungen gegenüber den Wettbewerbern auf dem Markt zu verschaffen, wurden die mobilen AV-Scanner mit weiteren Sicherheitsfunktionen wie

- Backup und Restore,
- Fernlöschen,
- Lokalisierung und
- Durchsetzen von Sicherheitsregelwerken

ausgestattet. Der Schwerpunkt bei den so entstandenen MDM-Lösungen liegt auf der Sicherheit der in den Endgeräten abgespeicherten Daten und der Einstellung von Sicherheitsmechanismen der einzelnen Plattformen.

6.2.4 Gerätehersteller mit Full-Service

Zur Zeit gibt es auf dem Markt nur Research in Motion (RIM) mit diesem Geschäftsmodell. Hardware, Betriebssysteme und Infrastruktur mit MDM werden von RIM aus einer Hand angeboten und haben Referenzcharakter erworben. Die Marktanteile von RIM haben sich in den letzten Jahren jedoch drastisch verkleinert. RIM verliert immer mehr an Boden gegen Apple mit seinen iPhones und vor allem gegen Android-Geräte aus dem Hause Samsung und HTC. Zuletzt kam RIM im US-Smartphone-Markt auf einen Marktanteil von rund 15 Prozent, bei Neugeräten geht der Trend allerdings in Richtung eines Marktanteils von nur noch fünf Prozent für RIM[2].

Top Six Smartphone Operating Systems, Shipments, and Market Share, 2012 Q1 (Units in Millions)

Mobile Operating System	1Q12 Unit Shipments	1Q12 Market Share	1Q11 Unit Shipments	1Q11 Market Share	Year-over-Year Change
Android	89.9	59.0%	36.7	36.1%	145.0%
iOS	35.1	23.0%	18.6	18.3%	88.7%
Symbian	10.4	6.8%	26.4	26.0%	-60.6%
BlackBerry OS	9.7	6.4%	13.8	13.6%	-29.7%
Linux	3.5	2.3%	3.2	3.1%	9.4%
Windows Phone 7/Windows Mobile	3.3	2.2%	2.6	2.6%	26.9%
Other	0.4	0.3%	0.3	0.3%	33.3%
Total	152.3	100.0%	101.6	100.0%	49.9%

Tabelle 6.1: Top Six Smartphone OS, Shipments & Market Share 2012 Q1 (in Mill.) [3]

Die Integration der MDM-Funktionen in die Application Programming Interfaces der iOS-Geräte und die Lokalisierungs- und Backup-Funktionen in der iCloud machen Apple fast zu einem Full-Service-Hersteller; es fehlt die MDM-Software.

Microsoft verfolgt ebenfalls – außer dem Angebot der Hardware – das Geschäftsmodell eines Full-Service-Herstellers und will MDM-Funktionen für WP7/WP8 über seinen Market anbieten.[4]

---

2. *http://www.it-times.de/news/hintergrundbericht/datum/2012/06/08/rim-ver-liert-mit-dem-blackberry-geld-marktanteile-und-manager/?tx_ttnews%5BsViewPointer%5D=3&cHash=c937772545*
3. *http://www.idc.com/getdoc.jsp?containerId=prUS23503312*
4. *http://www.mobiletechworld.com/tag/wp8/*

6.2.5 MDM-Startups

Zu MDM-Startups lassen sich Firmen zählen, deren Gründung bis zu zehn Jahre zurückliegt. Das Geschäftsmodell dieser Firmen ist es, ein möglichst umfassendes MDM-System anzubieten. Bei diesen Systemen handelt es sich um Neuentwicklungen: Sie beinhalten meist keine oder nur wenige Integrationsmöglichkeiten in bestehende Managementsysteme. MDM-Startups mussten bei ihren oft innovativen Produktentwicklungen keine Altlasten berücksichtigen oder Kompromisse für die Konsistenz ihres Produktportfolios eingehen. Good (Technology), Mobile Iron oder Air Watch zählen zu MDM-Startups – um nur einige Namen zu nennen.

Werfen wir einen Blick auf den Gartner MDM Report vom April 2011.

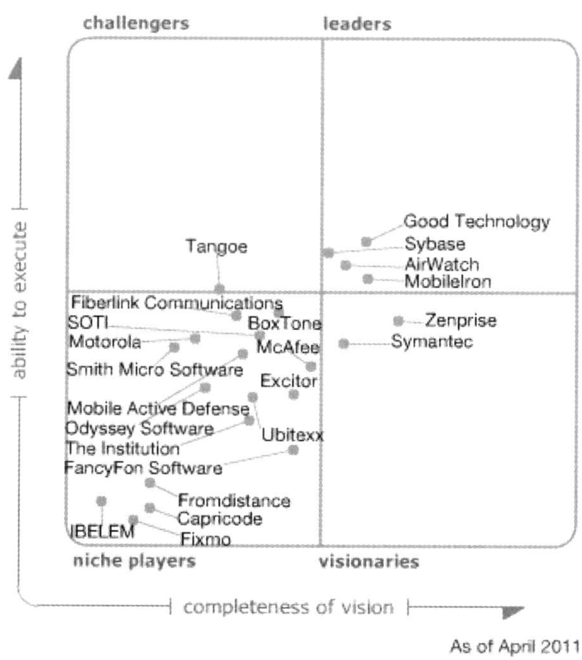

Abbildung 6.1: Gartner MDM Report[5]

5. GartnerReport_MDM_MQ_April2011.pdf

Es fällt auf, dass im Quadranten der »leaders« außer Sybase Afaria nur MDM-Startups aufgeführt sind. Die Produkte dieser Firmen weisen erweiterte Funktionalitäten auf wie

- die Unterstützung mehrerer Sprachen,
- die rollenbasierte Zugriffssteuerung auf die Verwaltungskonsole,
- der rollenbasierte Verwaltungszugriff durch Dritte, zum Beispiel Kunden und Partner,
- die Kostenkontrolle und Skalierbarkeit.

MDM-Anbieter müssen rasch auf die fortlaufenden Änderungen in der mobilen Infrastruktur reagieren und Anpassungen ihrer Software vornehmen. Die Änderungen werden durch ständig neue Hardware, neue Betriebssystemversionen und Patches sowie das Branding durch Mobilfunkanbieter und Hardwarehersteller hervorgerufen.

Die Diversifizierung der mobilen Infrastruktur ist ein herausragendes Problem – in besonderem Maße hervorgehoben durch BYOD. Allein die vier großen Mobilfunkanbieter Telekom, Vodafone, O_2 und E-Plus bieten auf ihren Webseiten (Stand Juni 2012) 170 verschiedene Endgeräte an. Bei der Auswahl des MDM-Systems sind die umfangreichen Kompatibilitätslisten sehr genau mit der zu verwaltenden mobilen Infrastruktur abzugleichen.

Erfahrungsgemäß reagieren MDM-Startups kundenorientiert auf die häufigen Änderungen in der Infrastruktur; es gehört zu ihrem Kerngeschäft.

Von den MDM-Startups bietet Good mit seinem Produkt »Good for Enterprise« eine Implementierung des in Abschnitt 4.4 aufgeführten MDM-Client-Server-Modells, wobei sich Good eng an der RIM-Architektur für BlackBerrys orientiert hat. In einer App, die für viele Plattformen verfügbar ist, wurde von Good – vereinfacht ausgedrückt – die Verwaltung und Sicherheit eines BlackBerrys implementiert. Wie bei RIM das Network Operation Center (NOC) wird ein eigenes Gateway zu den Mobilfunkanbietern eingesetzt, über das sämtliche Kommunikation mit den mobilen Endgeräten geroutet wird.

Country: Germany | Device: All | Network: E-Plus

SEARCH | RESET

Good Mobile Messaging

Country	Network	Device	Latest Supported Version	Support Level
All-Country-Carrier	All-Country-Carrier	Asus Eee Pad Transformer Prime	1.9.1	Certified
All-Country-Carrier	All-Country-Carrier	Cisco Cius	1.9.1	Certified
All-Country-Carrier	All-Country-Carrier	Dell Venue Pro	1.3.33	Certified
All-Country-Carrier	All-Country-Carrier	Google Nexus One	1.9.1	Certified
All-Country-Carrier	All-Country-Carrier	HTC HD7	1.3.33	Certified
All-Country-Carrier	All-Country-Carrier	HTC Mazaa	1.3.33	Certified
All-Country-Carrier	All-Country-Carrier	iPad 2 WiFi	1.9.9	Certified
All-Country-Carrier	All-Country-Carrier	iPad 2	1.9.9	Certified
All-Country-Carrier	All-Country-Carrier	iPad WiFi + 3G	1.9.9	Certified
All-Country-Carrier	All-Country-Carrier	iPad WiFi	1.9.9	Certified
All-Country-Carrier	All-Country-Carrier	iPhone 3G	1.9.9	Certified
All-Country-Carrier	All-Country-Carrier	iPhone 3GS	1.9.9	Certified
All-Country-Carrier	All-Country-Carrier	iPhone 4	1.9.9	Certified
All-Country-Carrier	All-Country-Carrier	iPhone 4S	1.9.9	Certified
All-Country-Carrier	All-Country-Carrier	iPhone	1.9.9	Certified
All-Country-Carrier	All-Country-Carrier	iPod Touch 2Gen	1.9.9	Certified
All-Country-Carrier	All-Country-Carrier	iPod Touch 3Gen	1.9.9	Certified
All-Country-Carrier	All-Country-Carrier	iPod Touch 4Gen	1.9.9	Certified
All-Country-Carrier	All-Country-Carrier	Kindle Fire	1.9.1	Certified
All-Country-Carrier	All-Country-Carrier	Motorola Xoom 2 WiFi	1.9.1	Certified

Showing 1 through 20 of 35 combinations. | Next

Abbildung 6.2: Von Good unterstützte mobile Endgeräte mit E-Plus-Vertrag in Deutschland[6]

6. *http://www1.good.com/support/devices-supported*

Innerhalb der Apps gibt es eigene Programmroutinen für E-Mail-Anwendung, Kalender, Aufgabenverwaltung, Kontakte und Browser. Die App benötigt zum Zugang ein eigenes Passwort, und die in ihr gespeicherten Daten sind mit einem proprietären Verfahren verschlüsselt, ebenso wie die Kommunikation zwischen Server und App. Das Verfahren für die E-Mail-Verschlüsselung ist FIPS 140-2[7]-zertifiziert.

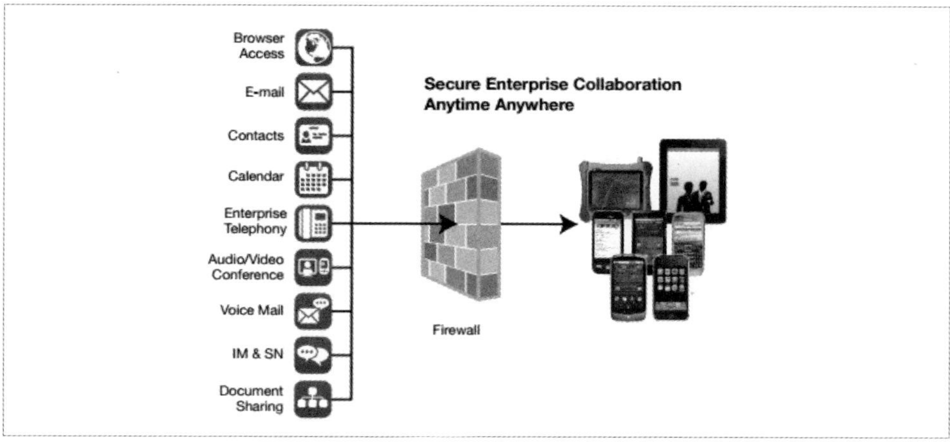

Abbildung 6.3: Good Security Overview[8]

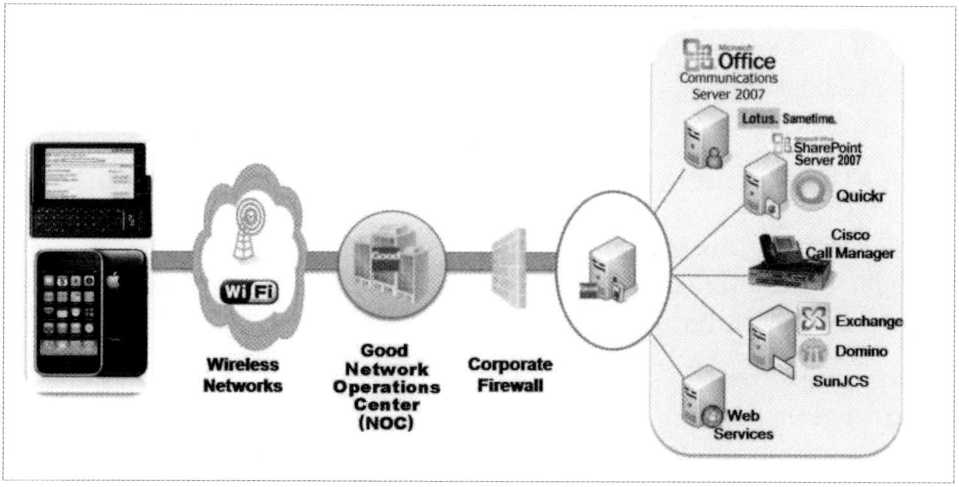

Abbildung 6.4: Topologie des Good MDM[9]

7. Federal Information Processing Standard (FIPS) Publication 140-2. Cryptographic Modules
8. Good Security Overview.pdf
9. Good Security Overview

Allerdings ist zu bedenken, dass das Good Network Operation Center in den USA steht und sämtliche Kommunikation von und zu den mobilen Endgeräten über das NOC läuft.

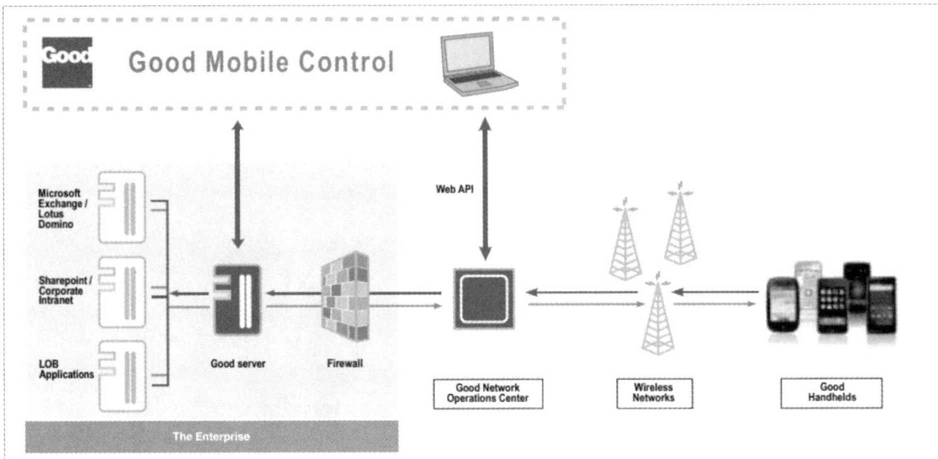

Abbildung 6.5: Die Sicherheitsarchitektur von Good[10]

Nach dem Überblick über Anbieter und deren Geschäftsmodelle wollen wir die weiteren Schritte der Einführung und des Betriebs eines Mobile Device Managements betrachten; die Beschaffung der MDM-Software bzw. der Abschluss eines Vertrages mit einem Service Provider ist nur ein Schritt hin zur Gesamtlösung.

6.3 MDM-Projekt: Planung, Ausführung und Betrieb

Häufig liegt in Unternehmen und Organisationen der Fall vor, dass der eigentliche Auslöser zur Einführung einer MDM-Lösung von einer proliferierenden mobilen Infrastruktur herrührt.

Ein typisches Szenario sieht häufig so aus: Mit einigen Smartphones für die Mitarbeiter im Außendienst beginnt es, dann wünscht das Management weitere Anschaffungen von iOS-Geräten, und plötzlich steht die IT vor der Einbindung von BYOD-Geräten und benötigt zur Bewältigung der neuen Anforderungen die Unterstützung eines MDM-Systems.

10. Good for Enterprise™ – iPhone, Android and webOS; Architecture and Security Whitepaper

Welche Stelle innerhalb des Unternehmens oder der Organisation ist für das Projekt MDM zuständig und verantwortlich?

Der Austausch von Informationen über E-Mails und Instant Messaging sind mit die wichtigsten Anwendungen in einer mobilen Infrastruktur. Liegt es da nicht nahe, die verantwortliche Stelle im Unternehmen für Messaging auch mit der Administration der mobilen Endgeräte zu betrauen?

Der Betrieb einer mobilen Infrastruktur beinhaltet aber wesentlich mehr als nur die Verwaltung der mobilen Endgeräte und ist eine Aufgabe des IT-Betriebs mit Personalplanung, Urlaubsregelungen, klar definierter Verantwortung, mit Betriebsrichtlinien und Betriebshandbüchern, Business Continuity Planung, 24/7-Betrieb, Helpdesk, Notfallmanagement, Schulung, Einsatz von Externen etc.

Das Projekt »Mobile Device Management« beinhaltet die Planung, Auswahl von Hard- und Software, Tests, Implementierung von Pilotanwendungen, Qualitätssicherung und den Übergang zum produktiven Betrieb.

Nachfolgende Tabelle zeigt als Beispiel Projektschritte und ausführende Rollen für das MDM einer mittleren bis größeren Anzahl von mobilen Endgeräten (ca. 200 bis mehrere Tausend) mit vielfältigen Integrationsmöglichkeiten zu Ressourcen (Datenbanken, ERP-Anwendungen, Personalsystem etc.) in der IT-Infrastruktur.

Was	**Wer**
MDM-Konzept in Schrift und Skizze	MDM-Architekt
Kostenschätzung und Genehmigung zum Start	Projekteigner (Sponsor)
Personal- und Ressourcenplanung	Projektleiter
Beschaffung der Netzwerkkomponenten	Netzbetrieb
Konfiguration der Netzwerkinfrastruktur	Netzbetrieb
Anpassung der Mobile Device Management (MDM) Plattform	Mobile Services
Anpassungen der PKI für Zertifikats-Rollout über MDM	Einheit für Verzeichnisdienste

Tabelle 6.2: MDM-Projektschritte und Verantwortlichkeiten

Was	Wer
Konfiguration der mobilen Geräte	Mobile Services
Erstellung eines Testplans	Alle
Durchführung Proof of Concept	Projektleitung
Dokumentation und Kommunikation	Kommunikation
Schulung von Support/Helpdesk	Mobile Services
Pilot-Rollout	Projektleitung
Feedback und Qualitätssicherung	Projektleitung
Übergabe in den Produktivbetrieb	Service Management
Abschlussbericht und Nachkalkulation	Projekteigner (Sponsor)

Tabelle 6.2: MDM-Projektschritte und Verantwortlichkeiten

Egal welches MDM-System man präferiert, ob Software oder Cloud Service – eine eigene Evaluierung über Tests und Pilotanwendungen kann man nur empfehlen. Auf der »Power Point Plattform« des Vertriebs der Hersteller funktioniert alles reibungslos; in der rauen Wirklichkeit der eigenen Infrastruktur sieht es häufig anders aus. Neben den Tests gibt eine Pilotanwendung mit einigen Testpersonen Anhaltspunkte, wie sich das MDM-System unter Last verhält und wie es um die Akzeptanz der Endbenutzer bestellt ist.

Zum produktiven Betrieb gehören neben der bereits aufgelisteten Problematik noch weitere Aufgaben, wie wir in den nachfolgenden Ausführungen zum Lebenszyklus eines MDM-Systems sehen werden.

6.4 Lebenszyklus eines MDM-Systems

Von der Entscheidung zur Durchführung eines MDM-Projekts bis zur Wartung sieht der Lebenszyklus eines MDM-Systems etwa wie folgt aus:

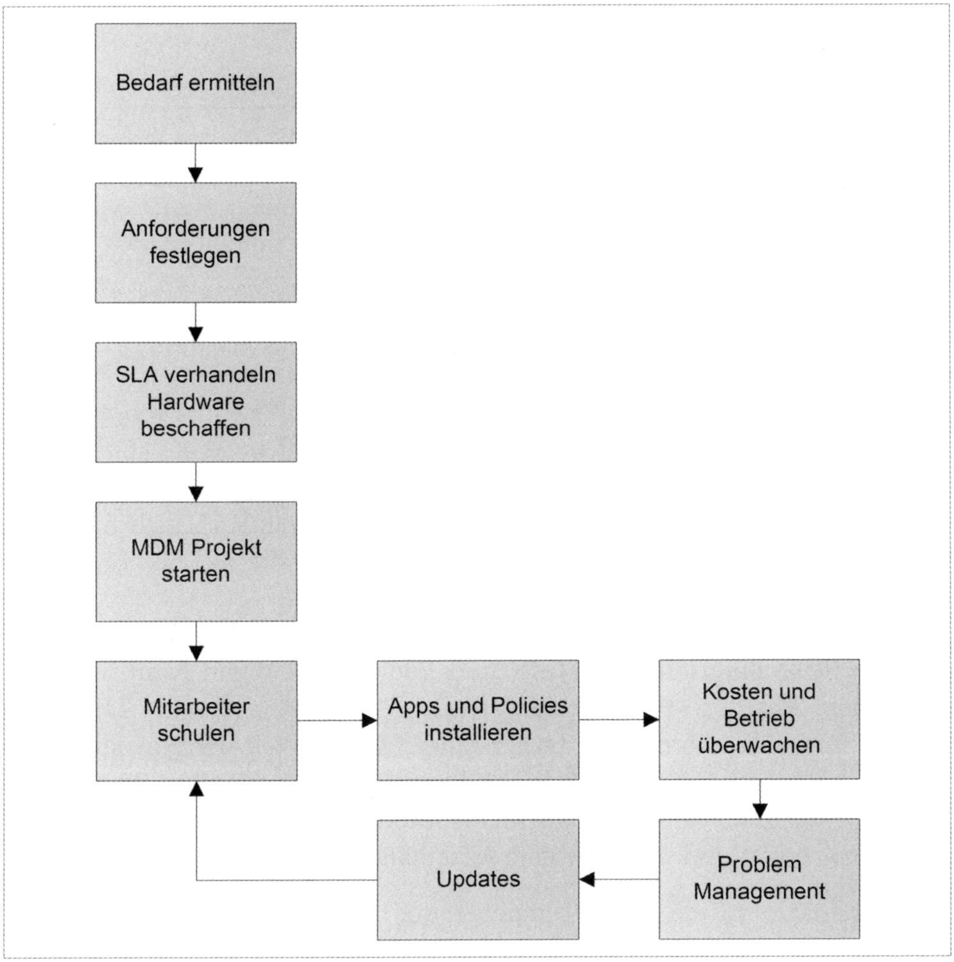

Abbildung 6.6: MDM-Lebenszyklus

Bedarf ermitteln

Am Anfang der Verwaltung einer mobilen Infrastruktur sollte schriftlich festgehalten und von der Geschäftsführung überprüft werden, welcher Bedarf an mobiler Unterstützung für welche Rolleninhaber im Unternehmen oder in der Organisation besteht.

Rolle/Position	Mobile Unterstützung für
Vertrieb Key Account	PIM-Synchronisation, Customer Relationship Management
Abteilungsleiter	PIM-Synchronisation, SAP HR, SAP ERP
Projektleiter	PIM-Synchronisation, lesender Zugriff auf Projektdatenbank

Tabelle 6.3: Beispiel der Bedarfserfassung

Bei der Bedarfserfassung nur die Anzahl der benötigten Smartphones und Pad-Computer festzulegen, reicht nicht aus: Die mobilen Geräte können beispielsweise bei einer Entscheidung der Unternehmensleitung für BYOD als vorhanden vorausgesetzt werden. Bei der nachfolgenden Festlegung der Anforderungen ist es wichtig zu wissen, wofür genau die mobilen Endgeräte eingesetzt und verwaltet werden sollen.

Anforderungen festlegen

Durch die Erfassung des Bedarfs ist bekannt, welche Daten in welchem Umfang mit den mobilen Endgeräten ausgetauscht und auf ihnen verarbeitet sowie gespeichert werden.

Sollte eine Klassifikation der Daten nach Verfügbarkeit, Integrität und Vertraulichkeit vorhanden sein, ist direkt abzuleiten, über welche Schutzmaßnahmen die mobile Plattform und die Kommunikationskanäle verfügen müssen.

Verarbeitung und Speicherung der Daten haben auch der Compliance des Unternehmens zu genügen. Besonders personenbezogene Daten stehen hier im Focus.

Die benötigte Art der mobilen Unterstützung aus der Bedarfserfassung determiniert die Art der Apps, die für die Unterstützung der erfassten Aufgaben einzusetzen sind.

Spätestens jetzt ist auch von der Geschäftsleitung zu entscheiden, ob unternehmenseigene Endgeräte eingesetzt werden sollen oder ob BYOD unterstützt wird.

Bei unternehmenseigenen Geräten gilt es, die geeignete Plattform auszuwählen, die den Anforderungen am besten genügt; bei BYOD steht die Auswahl des geeigneten MDM-Clients im Vordergrund.

SLA verhandeln

Entscheiden sich die MDM-Projektverantwortlichen für eine Lösung bei einem Full-Service-Anbieter oder für eine Cloud-MDM, stehen als nächster Punkt Verhandlungen über die Service Level Agreements an. Wichtige Verhandlungsthemen sind hier:

- Skalierung, Aufnahme neuer mobiler Endgeräte und Applikationen, aber auch Reduzierung der mobilen Infrastruktur.
- Einhaltung von Compliance und anderen Regularien, Vermeidung juristischer Konflikte.
- Wahrung der Sicherheit und Vertraulichkeit sensibler Daten.
- Verzögerungszeiten beim Zugriff auf Daten/Applikationen und die Garantie von Übertragungsbandbreiten.
- Verfügbarkeit und Zuverlässigkeit.
- Nachvollziehbares Patch- und Konfigurationsmanagement.
- Qualitätsgesicherte Updates.
- Malware-Scanner.
- Überprüfbare Grundsicherheit des Cloud-Anbieters.
- Überprüfung der Einhaltung von Sicherheitsstandards (z.B. ISO 27001).
- Regelmäßige Auswertung von Log-Dateien.
- Vier-Augen-Prinzip (»Segregation of Duty«).
- Notfallplanung/Disaster Management für Ausfälle der vereinbarten Services.

Hardware beschaffen

Für das MDM-System werden Server benötigt, die je nach Verfügbarkeitsanforderungen redundant ausgelegt sind. Weitere Hardware muss eventuell für die benötigten Kommunikationskanäle bereitgestellt werden. Bei der Wahl von Full-Service-Anbietern oder Cloud-MDM entfällt dieser Punkt.

MDM-Projekt starten

Sind die zuvor beschriebenen vorbereitenden Schritte abgeschlossen und von der Geschäftsführung die verantwortlichen Personen benannt und mit den notwendigen Kompetenzen und Budgets ausgestattet worden, folgt als Nächstes die Initiierung des MDM-Projekts. Weitere Aufgaben innerhalb der Initiierung sind die Festlegung der Projektorganisation sowie die Aufwands- und Kostenschätzung.

Mitarbeiterschulung

Es ist empfehlenswert, sowohl die IT-Mitarbeiter von Helpdesk und der zentralen Mobile Device Management-Stelle als auch die Endanwender zu schulen.

Erstere Gruppe von Personen muss mit der Handhabung der MDM-Lösung vertraut werden, wobei erfahrungsgemäß die Handhabung von Zertifikaten zur Authentifizierung oft gewöhnungsbedürftig ist.

Die Endanwender benötigen zumindest die Anleitung, wie sie ihr mobiles Endgerät an dem MDM-System OTA neu anmelden, falls eine Vorkonfiguration vor der Aushändigung ausscheidet und jederzeit bei Verlust oder Diebstahl neue Geräte von unterwegs angemeldet werden sollen.

Es gibt verschiedene Wege, diese Information zur Verfügung zu stellen: durch eine Schulung, durch gedruckte oder elektronische Dokumentation oder über eine entsprechende Webseite.

Die Mitarbeiter benötigen auch die Kontaktinformation zum Helpdesk als ihre »Home Base«, die Anlaufstelle bei jeder Art von Problemen mit dem mobilen Endgerät.

Mitarbeiterschulungen wiederholen sich in der Regel turnusgemäß, da es in der mobilen Infrastruktur ständig Updates, neue Apps usw. gibt.

Apps und Policies installieren

Entscheidet man sich für eine Vorkonfiguration vor der Auslieferung, ist das Basis-Set der Apps und der Sicherheitsrichtlinien des Unternehmens vor der Weitergabe an die Endbenutzer zu installieren, nur die Änderungen werden OTA übertragen.

Bei BYOD oder der Festlegung, die mobilen Endgeräte mit allen Apps und Sicherheitsrichtlinien prinzipiell OTA zu provisionieren, scheidet eine Vorinstallation aus. iOS-Geräte können nur OTA mit sogenannten In-house-Apps, die unter der Regie von Apple zu entwickeln sind und nicht im App Store zur Verfügung stehen, ausgerüstet werden. Alle anderen Apps sind für iOS-Geräte nur über den Apple App Store zu beziehen. Dazu sind entsprechende iTunes Accounts und eventuell Volumenlizenzen zu beschaffen.

Kosten/Betrieb überwachen

Der erfolgreiche Betrieb und die auflaufenden Kosten dafür sind durch Erhebung aussagefähiger Kenndaten zu überwachen. Wie wir in den Kapiteln zuvor gesehen haben, können aus den mobilen Endgeräten ohne manuelle Benutzereingriffe und ohne deren explizite Information vielfältige Daten vom MDM-System ermittelt werden. Einige dieser Systeme bieten die Verdichtung dieser Daten in Form von Reports an, bei anderen hat man mit den übertragenen Daten eigene Analysen durchzuführen.

Bei BYOD-Geräten müssen in der Regel Betriebsvereinbarungen über den Zweck und die Form der Erhebung von Daten aus den privaten Geräten mit deren Eigentümern getroffen werden.

Problem Management

Beim Betrieb des MDM-Systems werden wie bei jeder komplexen Komponente unerwartete Ereignisse auftreten, die sich zu einem Problem auswachsen können – beispielsweise, wenn die OTA-Provisionierung mobiler Endgeräte ständig unterbrochen wird, der MDM-Server in der eigenen Infrastruktur Kommunikationsschwierigkeiten mit den Backend-Systemen hat oder er seit seinem Update der Software bestimmte mobile Endgeräte nicht mehr erreichen kann.

Wie bei anderen IT-Problemen hat das Problem Management des Unternehmens das anstehende Problem gemäß seiner Notfallprozesse und Wiederanlaufprozeduren zu lösen.

Hat man sich für einen Full-Service-Anbieter oder eine Cloud-MDM entschieden, ist das Problem Management Sache des Outsourcers. In den SLAs sollte vereinbart sein, dass der Anbieter das Help Desk oder die Einheit, welche die »Home Base« für das »Mobile Computing« betreibt, frühzeitig über das Problem in Kenntnis setzt. Die »Home Base« hat die Endbenutzer über eventuelle Einschränkungen des MDM zu informieren.

Updates

Innerhalb des eingesetzten MDM-Systems fallen Updates für die Software des Systems oder, falls man sich für ein Full-Service-Angebot mit oder ohne Cloud entschieden hat, für die Zugriffe und Authentifizierungsverfahren zu dem MDM-System an.

Bei der Verwendung elektronischer Zertifikate zur Authentifizierung ist davon auszugehen, dass die Zertifikate nur eine Gültigkeitsdauer von 1-2 Jahren haben und dann erneuert werden müssen.

Neue Releases und Updates zur Erweiterung der unterstützenden Plattformen, bei denen die Firmware ebenfalls Updates unterliegt, sind Inhalt der Anpassungen, falls man sich für eine Softwarelösung für das MDM entschieden hat.

6.5 MDM Rollout

Nach dem Test des MDM-Systems durch die IT und die involvierten Fachbereiche werden bei dem Einsatz von unternehmenseigenen Endgeräten die Geräte und die SIM-Karten den zukünftigen Anwendern zugeordnet. Für jedes Gerät ist in dem MDM-System gemäß der Rolle der Person im Unternehmen das entsprechende Profil zu aktivieren.

Empfehlenswert ist, dem Anwender bei Aushändigung der Geräte gleichzeitig die zugehörigen Unternehmensrichtlinien zu übergeben und sich den Empfang und die zukünftige Befolgung der Richtlinien schriftlich bestätigen zu lassen. Diese Schritte sind bei BYOD entsprechend anders zu organisieren.

Als Nächstes melden sich die Benutzer mit den mobilen Endgeräten OTA an dem MDM-System an und starten dort die Abarbeitung entsprechender Aufgaben wie das Konfigurieren der Netzwerkverbindungen und VPN, Einrichten der Sicherheitsrichtlinien auf dem mobilen Endgerät, Installieren von Apps etc.

Beim Rollout muss nach den vorher geschilderten Schritten ein sogenanntes Enrollment von Authentifizierungsmerkmalen, Konfigurationen, Management-Apps etc. erfolgen, um das mobile Endgerät in die Lage zu versetzen, in Zukunft ohne manuelle Interaktionen mit dem Managementsystem kommunizieren zu können.

Das Enrollment erfolgt OTA in drei Schritten über ein vom Unternehmen oder Service-Anbieter eingerichtetes Webportal:

1. Authentifizierung des Endanwenders: Es muss sichergestellt werden, dass nur berechtigte mobile Endgeräte an das Device Management angemeldet werden und vor der eigentlichen Anmeldung die Daten des Geräts gespeichert werden. Die Endanwender können durch die Versendung der URL des Anmelde-Webportals über E-Mail oder SMS zur Anmeldung aufgefordert werden.
2. Bereitstellen von Zertifikaten: Nach der Authentifizierung sendet das mobile Endgerät eine Anforderung, meist über das Simple Certificate Enrollment Protocol (SCEP), für die Bereitstellung eines Zertifikats. Das Endgerät kommuniziert direkt mit der Certificate Authority (CA) des Unternehmens oder des Service-Anbieters und erhält als Antwort ein Zertifikat, das zum Nachweis seiner Identität dient.
3. Konfiguration des Endgeräts: Nach Installation des gültigen Zertifikats erhält das mobile Endgerät verschlüsselte Informationen für seine Konfiguration zur Kommunikation mit dem Mobile Device Management Server.

6.6 Ausmustern der mobilen Endgeräte

Bei unternehmenseigenen Endgeräten ist es üblich, die Hardware turnusmäßig oder nach Modellwechseln auszutauschen. Wird auch die SIM-Karte ausgetauscht, ist auch der Vertrag mit dem Mobilfunkanbieter zu kündigen.

Die Daten des ausgemusterten Endgeräts sind aus dem MDM-System zu löschen.

Bei dem ausgemusterten Endgerät muss der Flashspeicher sicher gelöscht, d.h. überschrieben werden – egal ob das Gerät später vernichtet oder einem Recycling zugeführt werden soll. Hier besteht die Gefahr des unerwünschten Datenabflusses. Löschen über die Firmware genügt nicht, da die Daten nur logisch gelöscht werden, aber noch im Flashspeicher vorhanden sind.

7 Praxis: Auswahl eines Mobile Device Management Systems

Ein Unternehmen oder eine Organisation hat sich entschieden, für seine mobile Infrastruktur ein Mobile Device Management einzuführen. Bevor der Betriebsprozess für das MDM, wie in Kapitel 6 beschrieben, starten kann, muss das MDM-System ausgewählt werden. Wir wollen in diesem Kapitel praxisorientierte Auswahlkriterien vorstellen und das Auswahlverfahren in drei unterschiedlichen Szenarien beispielhaft beschreiben.

7.1 Evaluierung von MDM-Produkten

Wie sollte eine MDM-Lösung ausgewählt werden? Wenn die Entscheidung für die Einführung eines MDM gefallen ist, sollten sich die IT-Verantwortlichen mit den Verantwortlichen für die Unternehmenssicherheit und den Fachabteilungsverantwortlichen dahingehend abstimmen, welche Funktionen eine MDM-Lösung in welchem Umfang haben muss und wie wichtig eine derartige Funktion ist.

Durch die Bewertung der einzelnen Funktionen der einzelnen Anbieter gelangt man relativ schnell zu einer Liste mit drei bis fünf potenziell geeigneten Lösungen, die nach aufgestellten Kriterien mit deren individueller Gewichtung in eine Rangfolge einzustufen sind. Es sollte eine einzige Lösung genutzt werden und nicht eine pro Art des mobilen Endgerätes.

Hinweis

Von dieser Praxis sollte lediglich eine Ausnahme gemacht werden: Wenn schon heute klar ist, dass eine bestehende RIM-/BlackBerry-Infrastruktur in den nächsten 12 Monaten abgelöst werden soll, so kann es sinnvoll sein, die bestehende RIM-spezifische Lösung nicht in die neu zu beschaffende MDM-Lösung zu integrieren und damit temporär zwei Lösungen zu betreiben.

Die Bewertung von MDM-Produkten gestaltet sich recht komplex. Um einen objektiven Vergleichsmaßstab zu haben, benötigt man ein Bewertungskonzept, das einheitlich auf alle in Frage kommenden MDM-Produkte anzuwenden ist. Das Problem liegt in der Definition bzw. Bestimmung der Kriterien, anhand derer ein MDM-Produkt bewertet wird.

Die folgende Tabelle von Kriterien und deren Gewichtung für die Gesamtbewertung soll als Ansatz aus der Praxis verstanden werden und ist keinesfalls allgemeingültig.

Kriterien	Gewichtung
Funktionalität (Basis und erweiterte Funktionalität)	30 %
Kosten (Total Cost of Ownership für 3 Jahre)	20 %
Benutzerfreundlichkeit für Administratoren und Endbenutzer	30 %
Architektur (Skalierbarkeit, Anforderungen an die Infrastruktur)	20 %

Tabelle 7.1: MDM-Auswahlkriterien und deren Gewichtung

Für den Erfüllungsgrad ist jeweils eine Skalierung, beispielsweise in Form von 0–10 Punkten, festzulegen.

Die Funktionalität einer MDM-Lösung besteht in der Regel aus einem ganzen Katalog einzelner Funktionen, der bei den Produkten verschiedener Anbieter sehr unterschiedlich sein kann. Der wesentliche Funktionsumfang einer MDM-Lösung, wie in Kapitel 4 vorgestellt, lässt sich für den Vergleich als Grundlage verwenden.

Auch hier folgt nun wieder eine praxisorientierte Tabelle von Funktionen der MDM-Lösungen.

Funktion	Beschreibung/Details
Administration von Benutzergruppen und Provisionierung	Automatisierte Bereitstellung Einrichten von Benutzergruppen Anwendung von Gruppenrichtlinien Überprüfung und Änderung von Richtlinien Falls MDM-Lösung mit MDM-Client: Verteilung des MDM-Agents per Webportal oder E-Mail

Tabelle 7.2: MDM-Funktionalität

Funktion	Beschreibung/Details
Service-Management und Reporting	Reports über Endgeräte- und Netzwerk-Performance Inventory Management
Mobile App-Management	Liste aktuell installierter Apps Whitelist/Blacklist-Funktionen OTA-Löschung von Apps Unterstützung des gesamten Prozesses der Softwareverteilung, von der Bereitstellung über die Übertragung bis zur automatischen Installation. Dies beinhaltet auch das Patch Management.
Unterstützte Plattformen	Mindestens iOS, Android, BlackBerry und Symbian
OTA-Konfigurationsmanagement	Rollenbasierte Konfiguration Einfache Erstellung und einfacher Wechsel von Rollen
Security Management	Fernlöschen mit Quittierung Fernsperren mit Quittierung Selektives Fernlöschen Jailbreak: Erkennung und Meldung Passwortverwaltung Separierung persönlicher und geschäftlicher Daten Restriktive Deaktivierung von Funktionen des mobilen Endgerätes wie Kamera, Browser, App Store, WLAN, Bluetooth etc. Verschlüsselung geschäftlicher Daten bei Speicherung und Datenübertragung Verschlüsselte Datenübertragung zwischen MDM-Server und Client. Authentifizierungsmethoden für Synchronisation der geschäftlichen Daten Überwachung der SIM-Karte und Festlegung von Aktionen bei Entfernen oder Änderungen Erstellung von Compliance-Berichten, zyklisch oder auf Anforderung
Lokalisierung	Bestimmung des Aufenthaltsortes des Endgerätes
Inventur	Seriennummer, MAC-Adresse, IP-Adresse etc.
Benachrichtigung der Endbenutzer	Einzeln, in Gruppen, Broadcast

Tabelle 7.2: MDM-Funktionalität

Funktion	Beschreibung/Details
Beschaffen von Apps	Lizenzüberwachung App Store-Empfehlungen Administration von Apps
Verwendung von Clouds	Öffentliche oder private Clouds
Integration	Einbindung in die IT-Infrastruktur, Exchange Client, LDAP Client etc.
Backup und Restore	Ausstatten eines neuen, mobilen Endgeräts mit gleicher Konfiguration und Ausstattung sowie den gespeicherten Daten nach Verlust eines mobilen Endgerätes
Performance Monitoring	Anwendungsnutzung Netzwerknutzung Proaktive Alarmierung, Frühwarnung

Tabelle 7.2: MDM-Funktionalität

Wendet man die Kriterien auf die in Frage kommenden MDM-Systeme an, erhält man als Ergebnis die folgende erweiterte Tabelle:UE_0

Kriterien	Gewichtung	MDM_1	MDM_2	MDM_3	MDM_4
Funktionalität (Basis und erweiterte Funktionalität)	30 %	W_1 Pkt	W_2 Pkt	W_3 Pkt	W_4 Pkt
Kosten (Total Cost of Ownership für 3 Jahre)	20 %	X_1 Pkt	X_2 Pkt	X_3 Pkt	X_4 Pkt
Benutzerfreundlichkeit für Administratoren und Endbenutzer	30 %	Y_1 Pkt	Y_2 Pkt	Y_3 Pkt	Y_4 Pkt
Architektur (Skalierbarkeit, Anforderungen an die Infrastruktur)	20 %	Z_1 Pkt	Z_2 Pkt	Z_3 Pkt	Z_4 Pkt
Summe Bewertung		A Pkt	B Pkt	C Pkt	D Pkt

Tabelle 7.3: Entscheidungsmatrix MDM

7.2 Szenarien für den Einsatz der MDM-Lösung

Welche Anforderungen man an die MDM-Lösung stellt, hängt stark vom Szenario des geplanten Einsatzes der mobilen Infrastruktur ab. Zur Beschreibung des Szenarios gehören Anforderungen, Schwachstellen und Risiken sowie Unternehmensphilosophien und Strategien, die Einfluss auf die Auswahl der MDM-Lösung haben.

7.2.1 Externe und interne Anforderungen

Anforderungen können sowohl von extern als auch von intern kommen. Externe Anforderungen sind:

- Gesetzeslage (beispielsweise BDSG, KonTraG, TKG, ggf. Signaturgesetz)
- Richtlinien, Verordnungen
- vorgegebene einzuhaltende Standards wie ISO 27001, BSI, FDA, GMP, GoBS etc.
- Anforderungen von Kunden in Form von Verträgen

Tipp

Hilfreich für die Auflistung der Anforderung ist es, eine sogenannte GRSV-Liste aufzustellen (GRSV: Gesetze, Richtlinien, Standards, Verträge).

Zu den internen Anforderungen gehören

- eigene Managementvorgaben
- eigene Sicherheitsgrundsätze
- Regeln der Interoperabilität

7.2.2 Risiken und Schwachstellen

Die Auswahl des MDM-Systems wird wesentlich durch das notwendige Maß an Sicherheit bestimmt. Für das Szenario des Einsatzes ist aufzuführen, welche Risiken für die Organisation und die mobile Infrastruktur bestehen. Gab es in der Vergangenheit bereits Bedrohungen durch Hacker, Innentäter, Konkurrenz, Geheimdienste, unerwünschte Veröffentlichungen in der Presse, Datenabflüsse?

Gibt es branchenabhängige Risiken? Eine Großbäckerei ist z.B. anderen Risiken ausgesetzt als ein Rüstungsbetrieb. Wie ist die »politische« Einschätzung der Sicherheitslage durch die Unternehmensleitung? Wird der IT-Sicherheit eine hohe Priorität gegeben und ein angemessenes Budget dafür bereitgestellt?

Aus der aktuellen Risikoanalyse, falls vorhanden, lassen sich meist Risiken entnehmen, die auch die mobile Infrastruktur betreffen.

7.2.3 Unternehmensphilosophien und Strategien

Von großem Einfluss auf die passende MDM-Lösung ist die Entscheidung der Unternehmensleitung, wie die Bereitstellung der mobilen Endgeräte vorgenommen wird. Werden die mobilen Endgeräte vom Unternehmen den Mitarbeitern zur Verfügung gestellt oder wird eine BYOD-Politik vertreten?

Wenn das Unternehmen die mobilen Endgeräte zur Verfügung stellt, lassen sich folgende Funktionen mit dem MDM realisieren:

- Zentrale Aktivierung,
- Grundkonfiguration durch zentrale Stelle vor Ausgabe,
- Art der Geräte, Apps, Betriebssystemversion, Patch- und Update-Status sind der Zentrale bekannt,
- Einrichtung von »Homebase«, Gerätepass, Inventardatenbank,
- Wiederbeschaffung bei Verlust,
- Einrichtung von Backup und Restore,
- Sperren von Appstores,
- regelmäßige Audits bzgl. Compliance mit Richtlinien.

Wenn sich das Unternehmen für BYOD entscheidet, verwendet der Mitarbeiter sein privates mobiles Endgerät für betriebliche Zwecke. Man hat dann vom »Worst Case« für das Endgerät und dessen Umgebung auszugehen:

- völlig unsichere, unbekannte Systemumgebung,
- häufiger Wechsel des Mobilfunkanbieters,
- maligne Apps sind installiert,
- beliebige Konfiguration ohne Sicherheitseinstellungen,

- Gerät »jailbroken« oder »gerootet«,
- keine aktuellen Versionen der Betriebssysteme.

Die MDM-Lösung zur Datensynchronisation und zum Management der meist sensiblen Unternehmensdaten muss in dieser Umgebung das geforderte Sicherheitsniveau bieten. Für die Trennung von privater und geschäftlicher Nutzung muss ein MDM-Client (Agent) auf dem mobilen Endgerät installiert werden, der in der Regel nicht für alle BYOD-Plattformen verfügbar ist. Einschränkungen sind hier zur Verringerung der Komplexität vorzunehmen.

Ein nächster Konflikt zwischen betrieblicher und privater Nutzung liegt in der Regelung der betrieblichen Verwendung mit Online-Inventarisierung, Audits, Lokalisierung etc. und dem Bedarf der Abstimmung mit Betriebsrat und Datenschutzbeauftragten.

7.3 Szenarien

Zum Abschluss des Kapitels 7 sollen drei Szenarien betrachtet werden, wie man sie häufig in der Praxis vorfindet.

7.3.1 Szenario 1

In diesem Szenario wird bei einem kleineren Mittelständler, der mit ca. 100 Mitarbeitern, davon 40 im Außendienst, zum verarbeitenden Gewerbe zählt, für den weltweit tätigen Außendienst eine MDM-Lösung gesucht. Die Firma hat so gut wie keine eigene IT; die für die Geschäftsprozesse notwendigen IT-Services werden von einem Dienstleister bezogen. Über die mobilen Endgeräte sollen lediglich PIM-Daten, die nicht als vertraulich eingestuft sind, ausgetauscht werden. Die mobilen Endgeräte werden vom Unternehmen beschafft.

Externe/interne Anforderungen: Falls die Geräte verloren gehen oder gestohlen werden, soll Fernsperren und als Eskalation Fernlöschen erfolgen. Jeder Mitarbeiter soll beim Empfang des mobilen Endgeräts Hinweise zum erlaubten Einsatzzweck und zur Meldung von Verlust des Geräts sowie eine Warnung vor der Installation bösartiger Apps erhalten.

Schwachstellen/Risiken: Verlust der mobilen Endgeräte; bei der Wahl von mobilen Endgeräten mit offenen Plattformen besteht die Gefahr der Infiltration mit Malware.

Unternehmensphilosophie/Strategie: Möglichst kostengünstig und ohne zusätzlichen Personalbedarf. Für das Unternehmen ist in naher Zukunft kein Wachstum durch Zukauf oder Erweiterung des Produkt-Portfolios geplant.

Auswahlkriterien

Kriterien	Gewichtung	MDM_1	MDM_2	MDM_3	MDM_4
Funktionalität (Basis und erweiterte Funktionalität)	5 %	W_1 Pkt	W_2 Pkt	W_3 Pkt	W_4 Pkt
Kosten (Total Cost of Ownership für 3 Jahre)	80 %	X_1 Pkt	X_2 Pkt	X_3 Pkt	X_4 Pkt
Benutzerfreundlichkeit für Administratoren und Endbenutzer	10 %	Y_1 Pkt	Y_2 Pkt	Y_3 Pkt	Y_4 Pkt
Architektur (Skalierbarkeit, Anforderungen an die Infrastruktur)	5 %	Z_1 Pkt	Z_2 Pkt	Z_3 Pkt	Z_4 Pkt
Summe Bewertung		A Pkt	B Pkt	C Pkt	D Pkt

Tabelle 7.4: Entscheidungsmatrix MDM für Szenario 1

Für das vorgestellte Unternehmen mit geringen Anforderungen bezüglich Funktionalität und Sicherheit eignen sich kostengünstige Lösungen von Full-Service-Anbietern. Auf den mobilen Endgeräten ist vor der Aushändigung an die Endbenutzer ein Anti-Malware-Scanner zu installieren, sofern es sich um offene Plattformen handelt. Beim OTA-Management wird nur Fernsperren und Fernlöschen benötigt, was viele Mobilfunkanbieter schon mit mobilen Endgeräten anbieten, die European Telecommunication Standards (ETS) unterstützen.

7.3.2 Szenario 2

Szenario 2 behandelt den Bedarf eines größeren Unternehmens mit mehreren Tausend Mitarbeitern, von denen Mitarbeiter ab Gruppenleiterebene mit mobilen Endgeräten ausgestattet werden; es ist mit ca. 300 mobilen Endgeräten zu rechnen. Das Unternehmen hat eine eigene IT-Infrastruktur, die überwiegend mit Microsoft-Komponenten bestückt ist; es gibt einen Exchange Server als auch einen Domain Controller. Das Unternehmen besitzt geistiges Eigentum und schützt es mit entsprechenden Maßnahmen.

Externe/interne Anforderungen: Auf den mobilen Endgeräten können sich personenbezogene Daten befinden, weshalb die Anforderungen des Bundesdatenschutzgesetzes zu beachten sind. Die synchronisierten Daten dürfen nur verschlüsselt im mobilen Endgerät gespeichert werden. Falls die Geräte verloren gehen oder gestohlen werden, soll Fernsperren und als Eskalation Fernlöschen erfolgen. OTA-Inventarisierung und Audits sind nach festgelegten Richtlinien durchzuführen. Jeder Mitarbeiter soll beim Empfang des mobilen Endgerätes Hinweise zum erlaubten Einsatzzweck und zur Meldung über den Verlust des Geräts sowie eine Warnung vor der Installation bösartiger Apps erhalten.

Schwachstellen/Risiken: Verlust der mobilen Endgeräte; bei der Wahl von mobilen Endgeräten mit offenen Plattformen besteht die Gefahr der Infiltration mit Malware; unerwünschter Abfluss von sensiblen Daten, Installation von Spionage-Software möglich.

Unternehmensphilosophie/Strategie: Budget und Personal für Anschaffung und Betrieb des MDM sind vorhanden. Für das Unternehmen ist in naher Zukunft starkes Wachstum der mobilen Infrastruktur zu erwarten.

Auswahlkriterien

Kriterien	Gewichtung	MDM_1	MDM_2	MDM_3	MDM_4
Funktionalität (Basis und erweiterte Funktionalität)	40 %	W_1 Pkt	W_2 Pkt	W_3 Pkt	W_4 Pkt
Kosten (Total Cost of Ownership für 3 Jahre)	20 %	X_1 Pkt	X_2 Pkt	X_3 Pkt	X_4 Pkt
Benutzerfreundlichkeit für Administratoren und Endbenutzer	20 %	Y_1 Pkt	Y_2 Pkt	Y_3 Pkt	Y_4 Pkt

Tabelle 7.5: Entscheidungsmatrix für Szenario 2

Kriterien	Gewichtung	MDM_1	MDM_2	MDM_3	MDM_4
Architektur (Skalierbarkeit, Anforderungen an die Infrastruktur)	20 %	Z_1 Pkt	Z_2 Pkt	Z_3 Pkt	Z_4 Pkt
Summe Bewertung		A Pkt	B Pkt	C Pkt	D Pkt

Tabelle 7.5: Entscheidungsmatrix für Szenario 2

Wegen der geforderten Verschlüsselung der Daten auf den mobilen Endgeräten kommen iOS und Android (ab Version 3) Geräte oder BlackBerrys in Frage. Wegen der derzeitigen wirtschaftlichen Situation von RIM sollte man sich die Wahl von BlackBerrys gut überlegen. Da das Unternehmen Exchange Server und Domain Controller bereits in seiner Infrastruktur hat, ist die Verwendung von Exchange als MDM kostengünstig, allerdings mit Einschränkungen (siehe Kapitel 4) behaftet. Cloud MDM oder eine MDM-Lösung von Sicherheitsanbietern wären bei diesem Szenario ebenfalls eine Option.

7

7.3.3 Szenario 3

In Szenario 3 betrachten wir einen Konzern mit vielen Tausend Mitarbeitern, von denen mehrere Tausend Mitarbeiter Unternehmensdaten mit mobilen Endgeräten bearbeiten werden. Der Konzern hat eine eigene umfangreiche, heterogene IT-Infrastruktur an mehreren Standorten. Der Konzern betreibt umfangreiche Forschung und Entwicklung und besitzt daher schützenswertes geistiges Eigentum in großem Umfang.

Externe/interne Anforderungen: Auf den mobilen Endgeräten können sich personenbezogene Daten befinden, weshalb die Anforderungen des Bundesdatenschutzgesetzes zu beachten sind. Die synchronisierten Daten einschließlich E-Mail-Anhänge sind sensibel und dürfen nur verschlüsselt übertragen und im mobilen Endgerät gespeichert werden. Falls die Geräte verloren gehen oder gestohlen werden, soll Fernsperren und als Eskalation Fernlöschen der Unternehmensdaten erfolgen. OTA-Inventarisierung, Softwareverteilung, Durchsetzung von Sicherheitsrichtlinien sowie Audits der Unternehmensdaten sind nach festgelegten Richtlinien durchzuführen. Für BYOD existiert ein spezieller Richtlinienkatalog, der mit dem Betriebsrat abgestimmt ist (siehe Kapitel 8).

Schwachstellen/Risiken: Verlust der mobilen Endgeräte; bei der Wahl von mobilen Endgeräten mit offenen Plattformen besteht die Gefahr der Infiltration mit Malware; unerwünschter Abfluss von sensiblen Daten durch unsichere Kommunikation, Installation von Spionage-Software.

Unternehmensphilosophie/Strategie: Der CIO des Unternehmens hat sich für BYOD entschieden. Es ist von unsicheren mobilen Endgeräten und deren Umgebung auszugehen. Für das Unternehmen ist in naher Zukunft starkes Wachstum der mobilen Infrastruktur zu erwarten.

Auswahlkriterien

Kriterien	Gewichtung	MDM_1	MDM_2	MDM_3	MDM_4
Funktionalität (Basis und erweiterte Funktionalität)	50 %	W_1 Pkt	W_2 Pkt	W_3 Pkt	W_4 Pkt
Kosten (Total Cost of Ownership für 3 Jahre)	10 %	X_1 Pkt	X_2 Pkt	X_3 Pkt	X_4 Pkt
Benutzerfreundlichkeit für Administratoren und Endbenutzer	20 %	Y_1 Pkt	Y_2 Pkt	Y_3 Pkt	Y_4 Pkt
Architektur (Skalierbarkeit, Anforderungen an die Infrastruktur)	20 %	Z_1 Pkt	Z_2 Pkt	Z_3 Pkt	Z_4 Pkt
Summe Bewertung		A Pkt	B Pkt	C Pkt	D Pkt

Tabelle 7.6: Entscheidungsmatrix für Szenario 3

Die MDM-Lösung muss wegen der Entscheidung für BYOD eine strenge Trennung zwischen privater und geschäftlicher Nutzung unterstützen. Dafür eignen sich MDM-Systeme mit Client-Server-Architektur, bei der die gesamte Synchronisation, Verarbeitung und Speicherung der Unternehmensdaten in einem Agenten auf dem mobilen Endgerät stattfindet. Der Agent muss dafür die geforderte Sicherheit bieten. Hier kommen in erster Linie MDM-Systeme von Startups in Frage, die speziell BYOD unterstützen.

Für Anwender stellt sich die Frage, ob eine Investition in eine derartig dynamische Lösung wirklich sinnvoll ist. Eine Festlegung auf einen Startup-Anbieter beinhaltet ein nicht zu unterschätzendes Risiko des Marktaustritts des jeweiligen Anbieters. Betrachtet man noch den Umstand, dass für die MDM-Lösungen auch Mitarbeiter rekrutiert und geschult werden müssen, stellt sich schnell die Frage, ob ein interner Betrieb wirklich zielführend ist oder ob der Betrieb von BYOD-Endgeräten nicht besser an einen geeigneten Dienstleister vergeben wird.

7.4 Fazit

Umfangreiche MDM-Lösungen sind mit einem nicht zu unterschätzenden finanziellen und personellen Aufwand verbunden. Vor allem bei kleinen und mittelgroßen Unternehmen, die über begrenzte personelle und finanzielle Mittel verfügen, kann die Option von Managed Services durch Full-Service-Anbieter oder Cloud-Lösungen attraktiv sein. In diesen Fällen übernimmt ein spezialisierter externer Dienstleister die gesamte Verantwortung für den Betrieb und das Management der MDM-Lösung. Die anfallenden Servicekosten werden meist monatlich abgerechnet. Diese Optionen sollten KMU für sich prüfen.

Die Strategie »BYOD« hat zwar durch wegfallende Beschaffungskosten und Administration der mobilen Endgeräte ihren Reiz für die Unternehmensleitung; es entstehen aber beträchtliche Sicherheitsrisiken und Kosten für die komplexe MDM-Lösung.

8 Unternehmensrichtlinien für den Einsatz mobiler Endgeräte

MDM-Systeme können mobile Endgeräte nicht völlig absichern. Je nach Art des mobilen Endgerätes könnten z.B. einige Sicherheitseinstellungen nicht stringent durchgesetzt werden. Als Beispiel sei hier bei iOS-Geräten die dauerhafte Abschaltung von Bluetooth oder WLAN genannt.

Wie bei jedem IT-Einsatz ist für die Sicherheit in einer mobilen Infrastruktur auch der Umgang des Endnutzers mit den mobilen Geräten wesentlich. Welche Einflussmöglichkeiten bestehen hier?

Die eine Variante lautet, Sicherheitsrichtlinien zu erlassen, um den richtigen Umgang mit den mobilen Geräten und ihren Anwendungen in der Praxis vorzuschreiben. Die Erfahrung besagt aber, dass solche Richtlinien in Unternehmen oft mehr der juristischen Absicherung als einer Verbesserung der Sicherheit dienen. Der wesentliche Punkt ist der Faktor *Mensch* – oder noch prägnanter: die *Schwachstelle Mensch*, welche die Wirksamkeit solcher Regelungen arg begrenzt.

Eine andere Möglichkeit ist, verstärkt auf *Awareness* zu setzen, d.h. Sensibilisierung, Schulung und Training zu intensivieren, um Sicherheitsbewusstsein und Sicherheitswissen zu vermitteln – in der Hoffnung, dann auch sicherheitsgerechtes Verhalten motivieren und erreichen zu können.

Beide Alternativen gemeinsam einzusetzen, führt in der Regel dazu, dass die Sinnhaftigkeit bestimmter Regelungen deutlicher, fahrlässiges Verhalten seltener wird und Sicherheitsziele sich leichter erreichen lassen. Wir wollen deshalb beide Themen in den folgenden Abschnitten besprechen.

In Abschnitt 8.1 gehen wir zunächst auf drei Regelungsbereiche ein:

- Integration mobilen Arbeitens in die Sicherheitsleitlinie eines Unternehmens,
- Sicherheitsrichtlinien (R1) für die Nutzer mobiler Geräte,
- Sicherheitsrichtlinien (R2) für das Management einer mobilen Infrastruktur.

8.1 Richtlinien für mobiles Arbeiten

Hat man sich dazu entschlossen, Regelungen für mobile Endgeräte und mobiles Arbeiten zu erlassen, stellt sich Frage, wo und wie das am besten geschieht.

8.1.1 Sicherheitsleitlinie

Wir hatten schon in Kapitel 2 einiges dazu erarbeitet. Danach wird zunächst vorschlagen, in der Sicherheitsleitlinie des Unternehmens ein klare Vorgabe aufzunehmen, die jedem Mitarbeiter deutlich macht,

- ob die Verwendung mobiler Geräte für dienstliche Zwecke grundsätzlich gestattet oder untersagt ist (Grundsatz),
- ob ggf. eigene Geräte der Mitarbeiter (BYOD) oder unternehmenseigene Geräte – oder beides, ggf. differenziert nach der Art der Anwendung – zum Einsatz kommen dürfen (Policy),
- wo ggf. die detaillierten Vorgaben für dieses Thema nachzulesen sind – etwa in einer spezifischen *Sicherheitsrichtlinie für mobiles Arbeiten* (Richtlinien) und
- ob gesonderte vertragliche Vereinbarungen zwischen dem Unternehmen und den betroffenen Mitarbeitern erforderlich sind (Vertragliches).

Einfache Textbausteine für die drei Abschnitte *Geltungsbereich, Risiken, grundsätzliche Regelungen* in einer Sicherheitsleitlinie haben wir bereits in Kapitel 2 angegeben.

Wir differenzieren bzw. detaillieren nun unseren Vorschlag aus Kapitel 2 betreffend der *grundsätzlichen Regelungen* und geben folgende Formulierungsempfehlung; die spitzen Klammern sind – wie anschließend erläutert – geeignet zu ersetzen:

> *Diese Sicherheitsleitlinie umfasst auch das Arbeiten mit mobilen IT-Systemen, soweit diese durch berechtigtes Personal <Nutzerkreis> und für <Einsatzzweck> genutzt werden. Die organisatorischen und technischen Voraussetzungen sind in einer gesonderten Sicherheitsrichtlinie <Verweis> beschrieben und ohne Ausnahme zu erfüllen. Für die mobilen Geräte kommt folgende Policy zur Anwendung: <Policy>. Für folgende Fälle setzt das mobile Arbeiten den Abschluss geeigneter Vereinbarungen voraus: <Beschreibung der Fälle>.*

Wenn es möglich ist, den Kreis der berechtigten Nutzer mobiler Geräte für dienstliche Zwecke kurz und knapp (!) zu beschreiben, kann dies unter <Nutzerkreis> erfolgen. Typische Beispiele wären Vertriebs-/Außendienstmitarbeiter, Führungskräfte, Mitarbeiter in Bereitschaft, Mitglieder von Notfallteams etc. Ansonsten kann diese Aufzählung auch noch in der späteren Sicherheitsrichtlinie erscheinen.

Für den <Einsatzzweck> kann es beispielsweise folgende Alternativen geben:

- ausschließlich dienstliche Zwecke,
- folgende dienstliche Tätigkeiten <Aufzählung>,
- dienstliche, ggf. aber auch private Tätigkeiten.

Die erste Alternative ist grundsätzlich vorzuziehen, da sie sich am leichtesten handhaben lässt. Die letzte Variante ist letztlich schwer zu realisieren, da bei allen Aspekten (Management der Geräte, Kosten, Sicherheitsprobleme, Überprüfungen) immer wieder das Problem der Abgrenzung zwischen dienstlicher und privater Verwendung aufschlägt – ganz zu schweigen von dem sich zwangsläufig einstellenden Problem heterogener Gerätelandschaften.

Unter <Verweis> im obigen Textbaustein wird man z.B. den genauen Titel bzw. die Fundstelle angeben (sofern in dieser Phase schon bekannt).

Für <Policy> sind alternativ folgende Eintragungen möglich:

- Alle mobilen Geräte werden ausnahmslos durch das Unternehmen zur Verfügung gestellt.
- Es können – ggf. neben Geräten, die vom Unternehmen ausgegeben werden, auch – private mobile Geräte der berechtigten Mitarbeiter verwendet werden.
- Je nach Anwendungsfall bzw. Art der mobilen Tätigkeit werden die entsprechenden Geräte zentral durch das Unternehmen ausgegeben bzw. können auch private Geräte zum Einsatz kommen.

In aller Regel wird man zumindest für den Fall, dass private Geräte verwendet werden dürfen, eine vertragliche Vereinbarung vorsehen, die diese Gestattung, aber auch die Kontrolle und Überprüfungen dienstlicher Daten durch das Unternehmen regelt. Ein anderer möglicherweise zu regelnder Fall liegt vor, wenn mit den mobilen Geräten auf hoch-kritische Informationen und Anwendungen des Unternehmens zugegriffen werden soll und hierfür hohe

Sicherheitsanforderungen zu stellen sind. Hier möchte man sich der Bedeutung der Daten wegen eventuell stärker absichern. Hinweise auf solche Fälle vertraglicher Vereinbarungen und Regelungen sind dann unter *<Beschreibung der Fälle>* einzutragen.

Grundsätzlich sollte an dieser Stelle jedoch beachtet werden, dass das Thema *Mobiles Arbeiten* in der Sicherheitsleitlinie ein Aspekt unter vielen ist und die Texte dazu nicht ausufern dürfen. Mehr Platz bietet ja dann die Sicherheitsrichtlinie, auf die in der Leitlinie verwiesen wird.

Insoweit sind wir bisher davon ausgegangen, dass mobiles Arbeiten unter gewissen Restriktionen und Auflagen erlaubt wird. Kommt man nach reiflicher Überlegung jedoch dazu, dass keine dienstliche Notwendigkeit für die Nutzung mobiler Geräte gesehen wird oder sich z.B. die Sicherheitsprobleme nicht lösen lassen, sollte die Leitlinie mindestens einen Passus folgender Art enthalten:

> *Die Nutzung mobiler Geräte wie Smartphones, Pads, ... für dienstliche Zwecke ist grundsätzlich untersagt. Zuwiderhandlungen können <Angaben möglicher Konsequenzen> zur Folge haben.*

8.1.2 Sicherheitsrichtlinie R1 (Nutzer)

Kommen wir nun zu den *Sicherheitsrichtlinien für mobiles Arbeiten* (sofern dieses gestattet wurde, andernfalls entfallen sie).

Sicherheitsrichtlinien adressieren stets ein in sich geschlossenes Sicherheitsthema – hier: mobiles Arbeiten – und bestimmte Zielgruppen – hier einerseits die Nutzer mobiler Geräte, andererseits das Personal, das mit der Provisionierung der Geräte und dem betrieblichen Management befasst ist.

Betrachten wir zunächst die Richtlinie für den Adressatenkreis der **Nutzer**, welche wir in Kapitel 2 mit **R1** bezeichnet haben. Dort finden Sie auch eine erste Übersicht über die zu treffenden Regelungen. Wir greifen diese Punkte der Reihe nach auf und kommentieren sie.

R1.1 Ansprechpartner für mobiles Arbeiten im Unternehmen

Eine entsprechende Information ist – am besten auf der Titelseite der Richtlinie – anzugeben, etwa durch Angabe einer Telefonnummer bzw. einer E-Mail-Adresse. Eine *namentliche* Nennung des Ansprechpartners kann erfolgen, hat aber den Nachteil, dass bei einer Umbesetzung dieser Stelle die Richtlinie geändert werden muss – besser also eine *neutrale* Angabe einer Kontaktstelle.

R1.2 Zulässige Einsatzzwecke und Kreis der Berechtigten

Hier ist darzustellen, welche Einsatzzwecke vorgesehen bzw. zugelassen sind. Als Beispiele seien hier die Nutzung von PIM-Diensten, E-Mail, Mobiltelefon, Zugriff auf Unternehmensdaten (lesend, schreibend), Einbindung in unternehmenseigene Geschäftsprozesse etwa bei der Störungsbearbeitung, Nutzung von Cloud Services etc. für dienstliche Zwecke genannt.

Welche dieser Möglichkeiten zur Anwendung kommen sollen bzw. dürfen, hängt von den betrieblichen Erfordernissen und der jeweiligen Rolle des Mitarbeiters ab – natürlich auch von den Kosten und davon, welche Sicherheitsprobleme bestehen und ob man die damit verbundenen Risiken tolerieren kann.

Es könnte eine gute Idee sein, unerwünschte Nutzungsarten und Anwendungen in der Sicherheitsrichtlinie *explizit* auszuschließen.

Ein weiterer wichtiger Aspekt ist, ob und inwieweit parallel zur dienstlichen Nutzung eine private Nutzung des mobilen Geräts gestattet wird – wovon wir generell abraten. Es sollte insoweit klar geregelt sein, dass auf den mobilen Endgeräten keine privaten Daten wie Urlaubsfotos, Videos oder sogar kritische Kontodaten etc. gespeichert werden dürfen!

R1.3 Genehmigungsverfahren

Es muss in der Richtlinie klargestellt sein, dass Mitarbeiter nicht nach freiem Ermessen mobile Geräte für dienstliche Zwecke verwenden können, sondern dafür eine formelle Gestattung bzw. Genehmigung erforderlich ist.

Eine solche Genehmigung könnte so aussehen, dass der betreffende Mitarbeiter ein Antragsformular ausfüllt (Name, Organisationsbezeichnung, Art der Verwendung des mobilen Geräts, Begründung des Antrags ...), von seinem Vorgesetzten abzeichnen lässt und dies dann der Ansprechstelle für mobiles Arbeiten zuleitet. Ob schon auf der Ebene des Vorgesetzten oder erst in der zentralen Ansprechstelle die eigentliche Genehmigung stattfindet, hängt von den Gegebenheiten im Unternehmen ab.

R1.4 Schriftliche Vereinbarungen

Wird das zuvor genannte Antragsformular etwas erweitert – nämlich um den Hinweis auf die entsprechende Sicherheitsrichtlinie, die Zusicherung des Mitarbeiters, diese zur Kenntnis genommen zu haben und in der Zukunft zu beachten –, hat man mit dem Antrag im Grunde schon eine Vereinbarung geschlossen. Soweit nur unternehmenseigene Geräte verwendet werden dürfen, mag diese *implizite* Vereinbarung bereits alle wichtigen Aspekte abdecken und somit genügen.

Falls BYOD zum Einsatz kommen soll, wird dringend geraten, wegen der besonderen rechtlichen Probleme – Datenschutz für persönliche Daten, Überprüfungsrecht bei Unternehmensdaten und hinsichtlich der sicheren Nutzung, Abgrenzung zwischen beiden Bereichen – eine *explizite* Vereinbarung zwischen dem Unternehmen und dem betreffenden Mitarbeiter zu schließen. Dies hat auch eine viel stärkere Warnfunktion. Weiter unten werden wir auf typische Inhalte einer solchen Vereinbarung näher eingehen.

Diese Stelle der Sicherheitsrichtlinie ist auch ein guter Platz, um darzustellen, dass bei Missachtung der geltenden Regelungen und der damit zusammenhängenden Verfahren Sanktionen drohen.

Es könnte eine weitere Überlegung sein, die Laufzeit solcher Vereinbarungen und Gestattungen zu begrenzen, Anträge also z.B. nach zwei Jahren erneut stellen zu lassen bzw. neue Vereinbarungen zu schließen. Der Hintergrund dafür sind die schnellen Technologiesprünge bei den Gerätschaften mit der Folge heute noch unbekannter Anwendungsmöglichkeiten (und Sicherheitslücken), aber auch die Änderung (sicherheits-)technischer Vorgaben des Unternehmens für das mobile Arbeiten. Eine Laufzeitbegrenzung setzt natürlich einen entsprechenden Managementprozess voraus, der die Ablauftermine im Blick hat und die weiteren Schritte anstößt.

Es sei der Vollständigkeit halber noch darauf hingewiesen, dass solche Antragsformulare bzw. Vereinbarungen ordnungsgemäß aufbewahrt und archiviert werden müssen.

R1.5 Zulässige mobile Geräte und deren Auslieferung

Spätestens hier ist festzuhalten, ob unternehmenseigene mobile Geräte ausgegeben werden oder private Geräte der Mitarbeiter für dienstliche Zwecke (BYOD) genutzt werden dürfen.

Im Einzelnen ist dann festzulegen, wie der Prozess der Ausgabe unternehmenseigener Geräte – aus Sicht der Mitarbeiter – aussieht, d.h. wo und wie Geräte abgeholt bzw. übergeben werden können, nachdem sie entsprechend für den Einsatz vorbereitet worden sind.

Auch bei der Nutzung privater Geräte werden in aller Regel bestimmte Konfigurationsschritte erforderlich sein: Einrichten betrieblicher Anwendungen bzw. Apps, Einstellen von Sicherheitsfunktionen, Einrichtung von Backup und Restore etc. Diese Schritte sind in der Richtlinie anzugeben: Wer führt sie in welcher Weise und zu welchem Zeitpunkt durch?

Bei Geräten des Unternehmens wird es relativ leicht sein, eine gewisse Einheitlichkeit herzustellen, um das Management der mobilen Infrastruktur zu vereinfachen. Sind private Geräte zugelassen, dürfte dies eher nicht gelingen. Hier muss also überlegt werden, ob der »Motivationsgewinn« der Mitarbeiter und die zunächst geringeren Kosten die zusätzlichen Managementaufwendungen und -kosten für eine heterogene Landschaft rechtfertigen. Um die Heterogenität nicht ausufern zu lassen, wäre zu überlegen, ob die privaten Geräte gewissen technischen Mindestvoraussetzungen genügen müssen (z.B. die Kompatibilität mit einem bestimmten MDM-Produkt).

8

R1.6 Nutzung der mobilen Geräte

Hier ist zunächst klarzustellen, dass der Anwender für die Sicherheit seines mobilen Geräts und der Informationen, die dort gespeichert und verarbeitet werden, verantwortlich ist – zumindest insoweit, als die geltenden Regeln zu beachten sind.

In diesem Abschnitt einer Richtlinie sollen deshalb die typischen Risiken bei der Nutzung mobiler Geräte in verständlicher Form beschrieben werden. Dies betrifft auch die unternehmensseitig vorhandenen Sicherheitsmaßnahmen. Ziel ist, dass den Anwendern die mit der Verwendung mobiler Geräte verbundenen Gefahren bekannt sind. Anschließend sind die zu beachtenden Verhaltensregeln darzustellen.

Wir führen einige Beispiele auf:

- Die Beaufsichtigungspflicht: Sie dient der Vermeidung der unbefugten Nutzung des mobilen Geräts, beugt Geräteverlust und Diebstahl vor und vermeidet in der Folge die Preisgabe sensibler Unternehmensdaten.

- Die alleinige Nutzung: Die Benutzung des mobilen Endgerätes durch andere Personen ist untersagt. Dies gilt auch für Vorgesetzte, Kollegen, Familienmitglieder und erst recht für Fremde.
- Die Arbeitsumgebung: Sie ist auf Sicherheitslücken, leichtes Abhören etc. zu prüfen. Anwender, die unternehmenseigene mobile Endgeräte transportieren oder diese in öffentlichen Einrichtungen, Konferenzräume und anderen ungeschützten Zonen (z.B. Hotspots) verwenden, dürfen diese Geräte zu keiner Zeit unbeaufsichtigt lassen und haben alle zumutbaren Vorsichtsmaßnahmen zum Schutz dieser Geräte vor unbefugtem physischen Zugriff, Manipulation, Verlust oder Diebstahl zu treffen.
- Die Software: Es ist die ausschließliche Nutzung der vom Unternehmen freigegebenen Software zu regeln, Lizenzregelungen sind zu beachten. Den Nutzern ist darzustellen, wie sie sich verhalten müssen, um das Risiko des Eindringens von Malware (Viren, Würmern und Trojanern) zu minimieren.
- Die Authentifizierung: Es sind die für alle IT-Systeme geltenden Anforderungen zu erfüllen: Wahl »guter« Passwörter, regelmäßiges Wechseln, sicheres Speichern (wenn überhaupt, dann nur in verschlüsselter Form).
- Die sensiblen Unternehmensdaten: Hier geht es um die Aspekte Vertraulichkeit, Integrität und Verfügbarkeit.
  - Auf den mobilen Endgeräten dürfen keine als **vertraulich** eingestuften Informationen des Unternehmens unverschlüsselt gespeichert werden. Die Verschlüsselung der zu speichernden Daten darf nur mit dem vom Unternehmen freigegebenen und im Gerät installierten Verschlüsselungsverfahren erfolgen.

    Für die Speicherung von Unternehmensdaten in dem mobilen Endgerät gilt generell: Es werden nur solche Daten gespeichert, die für die Ausführung des damit verbundenen Geschäftsprozesses unbedingt notwendig sind. Die Daten werden nur für die Gültigkeitsdauer des damit verbundenen Geschäftsprozesses gespeichert.
  - Die zuvor genannte Verschlüsselung bietet auch eine gewissen Schutz vor Beeinträchtigungen der **Datenintegrität**; wenn immer möglich, sollten zusätzliche Verfahren der Signatur verwendet werden.
  - Um die **Verfügbarkeit** sicherzustellen, sind wichtige Daten in den mobilen Geräten regelmäßig zu sichern und bei Verlust oder Neuin-

stallation vom Sicherungsmedium wiederherzustellen. Weitere Details zu diesem Punkt finden Sie in Abschnitt 5.2.3 dieses Buchs.

- Die Meldepflichten: Wie sind Sicherheitsprobleme, Sicherheitsvorfälle, Geräteverlust etc. zu melden? Die Vorgehensweise ist darzustellen: Für den Fall, dass ein mobiles Endgerät mit betrieblichen Daten verloren, gestohlen oder verlegt wird, und/oder der Anwender festgestellt hat, dass ein unbefugter Zugriff aufgetreten ist, hat der Anwender unverzüglich die zuständige Stelle (z.B. das zentrale Helpdesk) des Unternehmens von dem Vorfall in Kenntnis zu setzen.

R1.7 Rückgabe, Wechsel und Weitergabe von Geräten

Hier gelten die grundsätzlichen Vorgaben für alle IT-Systeme und Speicher: Sie sind vor einer neuen Verwendung entsprechend *wiederaufzubereiten*, d.h. persönliche Sicherheitscodes (Passwörter, PINs etc.) sind ebenso zu löschen wie personengebundene Daten etwa aus PIM-Anwendungen. Wird ein mobiles Gerät einer völlig anderen Verwendung zugeführt oder sogar ausgemustert, ist sicherzustellen, dass Schlüssel für den Zugriff auf Unternehmensdaten sicher entfernt wurden und lizenzgebundene Software deinstalliert und gelöscht wurde. Auf diese Aktionen kann man ggf. dann verzichten, wenn auszumusternde Geräte sicher geschreddert werden.

Die einzelnen Verfahren der Wiederaufbereitung sind in der Richtlinie zu beschreiben.

R1.8 Kontrollen, Inspektionen und Audits

Unter dieser Überschrift muss in der Sicherheitsrichtlinie erläutert werden, welche Daten auf dem mobilen Endgerät Gegenstand von Kontrollen, Inspektionen oder Audits sein können. Eine solche Überprüfung kann in regelmäßigen Abständen oder bei besonderen Anlässen (z.B. bei Verdacht auf Abfluss sensibler Daten oder Missachtung von Vorgaben) erfolgen. Dabei können Autorisierungsdaten, gespeicherte Unternehmensdaten, Protokolldaten, Geräteinformationen überprüft werden. Solche Überprüfungen sind einerseits aus betrieblichem Schutzinteresse geboten, andererseits aber auch Gegenstand einschlägiger Standards (z.B. ISO 27001, Controls unter A.11).

An anderer Stelle haben wir bereits dargestellt, dass Audits unter BYOD immer als kritisch zu beurteilen sind, da – berechtigt oder unberechtigt – vermutet bzw. unterstellt wird, dass dabei auch persönliche Daten gelesen und ausgewertet werden. Sollte BYOD tatsächlich als Policy zum Einsatz kommen, ist diesem Überprüfungsaspekt und seiner Ab- und Begrenzung besonderes Augenmerk zu widmen, und zwar sowohl auf der Regelungsseite wie auch bei der konkreten Durchführung.

BYOD

Schauen wir uns noch einige spezifische Regelungen an, die in einer Sicherheitsrichtlinie unter der Policy BYOD sinnvoll sein könnten:

- BYOD-Endgeräte sind vom Zugriff auf das Intranet des Unternehmens ausgeschlossen. Der Zugriff ist strikt verboten.
- BYOD-Endgeräte werden nicht für den Unternehmenseinsatz mit Mobilfunkdiensten ausgestattet; falls dies aus betrieblichen Zwecken benötigt wird, ist ein unternehmenseigenes Gerät zu verwenden.

Solche restriktiven Regelungen sind einfach vor dem Hintergrund der massiven Sicherheitsprobleme im BYOD-Umfeld zu sehen.

- Das Unternehmen übernimmt weder Verantwortung für persönliche Daten noch ist das Unternehmen zu irgendeiner Kompensation verpflichtet, wenn persönliche Daten verloren gehen.
- Das Unternehmen ersetzt oder erstattet keine BYOD-Endgeräte, die beim dienstlichen Einsatz beschädigt werden oder verloren gehen. Das Unternehmen erstattet keine Mobilfunkgebühren.

Mit diesen Regelungen wird versucht, juristisch und kostenmäßig eine Abgrenzung der dienstlichen Belange zur privaten Nutzung herzustellen.

- Das Unternehmen versucht, PIM-Daten mit dem BYOD-Endgerät zu synchronisieren. Es übernimmt keine Garantie auf Erfolg.
- Das Unternehmen hat das Recht, zu jeder Zeit PIM-Daten auf dem BYOD-Gerät zu löschen.

Ob sich bei der im Unternehmen vorhandenen MDM-Lösung in allen Fällen eine sichere Synchronisation der PIM-Daten erreichen lässt, kann nicht garantiert werden, sofern sich die Nutzer ihr mobiles Gerät selbst auswählen können. Bei den PIM-Daten ist es darüber hinaus besonders schwer, wenn nicht gar unmöglich, dienstliche und private Nutzung sauber zu trennen;

insofern wird mit der zweiten Regel auf mögliche »Kollateralschäden« hingewiesen.

8.1.3 Sicherheitsrichtlinie R2 (Management)

Kommen wir nun zu den Regelungen für das **administrative Personal**, d.h. die Personen, die für das Management einer mobilen Infrastruktur verantwortlich sind. Auch hierfür haben wir bereits in Kapitel 2 eine erste Übersicht gegeben.

Die Frage ist, ob man alle dort angesprochenen Punkte in einer *gemeinsamen* Sicherheitsrichtlinie berücksichtigt – oder nach den einzelnen Aufgaben und Tätigkeiten differenzierte Vorgaben erstellt. Die Entscheidung für eine von beiden Alternativen muss die Komplexität des Managements, vorhandene verteilte Zuständigkeiten sowie den Aufwand für Pflegeprozesse der Richtlinie berücksichtigen.

Wir gehen für das Folgende von einem vereinfachten Modell aus, bei dem eine zentrale Beschaffung IT-Systeme einkauft, eine für mobiles Arbeiten zuständige Stelle eventuell erforderliche Genehmigungen zur Nutzung erteilt, die IT-Abteilung die technische Vorbereitung der mobilen Geräte übernimmt und die weiteren technischen Anforderungen (Kommunikationsanbindungen, Protokollierungen, Backup/ Recovery) realisiert, ggf. unter Nutzung einer MDM-Lösung.

Die folgenden Punkte sollten dann inhaltlich in den Vorgaben enthalten sein.

R2.1 Auswahl und Beschaffung mobiler Geräte

Sofern nicht ausschließlich BYOD zum Einsatz kommt, muss es Regeln für die Auswahl und Beschaffung mobiler Geräte geben. Diese sollen einerseits

- eine gewisse Einheitlichkeit und somit ein leichtes Management der funktionalen und sicherheitstechnischen Aspekte ermöglichen, andererseits
- technische Innovationen nutzbar machen und Kosteneinsparungen durch Bestellungen größerer Chargen erlauben.

Werden Geräte zentral beschafft, sollte die zuständige IT-Abteilung genaue Vorgaben über Art und Typ der Geräte machen, damit die genannten Ziele erreicht werden können.

R2.2 Genehmigungen und Vereinbarungen

Die zuständige Stelle braucht einen genauen Plan, für welche Geschäftsprozesse und Tätigkeiten die Nutzung mobiler Geräte in Frage kommt und welcher Personenkreis zu den Berechtigten zählt.

Der Ablauf des Genehmigungsverfahrens und ggf. der Abschluss separater Vereinbarungen (etwa bei BYOD) ist von dieser Stelle zu managen. Die Anträge und Vereinbarungen sind zu archivieren, ggf. nach Ablauf zu erneuern. Auch der Entzug einer Genehmigung (etwa bei Sicherheitsproblemen oder nach Fehlverhalten) sollte von der Zuständigkeit her hier angesiedelt sein.

Für Anträge und Vereinbarungen sind natürlich einheitliche Muster zu verwenden.

R2.3 Vorbereitung der Geräte für den Einsatz

Dieser Abschnitt der Richtlinie R2 muss die Einsatzvorbereitung der mobilen Geräte sowie das Management der für den Betrieb notwendigen stationären IT-Infrastruktur (ggf. mit MDM-Lösung) beschreiben.

Nach unserem Modell obliegt der IT-Abteilung das technische Management der mobilen Infrastruktur. Sobald neue mobile Geräte eingetroffen sind, sollten sie der IT-Abteilung zur Konfiguration und Vorbereitung der Auslieferung an die Nutzer übergeben werden.

Die *Einsatzvorbereitung* beinhaltet zunächst die Inbetriebnahme der mobilen Geräte, die technische Konfiguration, die Installation erforderlicher Software für die geplanten dienstlichen Zwecke bzw. Geschäftsprozesse, das Aktivieren von Sicherheitsfunktionen, ggf. die Integration unternehmenseigener Schlüssel für Authentifizierung, Datenverschlüsselung und Integritätswahrung, Einstellung von Backup-Mechanismen und Protokollierungsfunktionen.

Es ist weiterhin sicherzustellen, dass die mobilen Endgeräte mit (freigegebener) aktueller Antivirensoftware, Personal Firewalls, Intrusion Detection etc. ausgestattet sind.

Die Geräte sind so zu konfigurieren, dass Endanwender die installierten Sicherheitsmechanismen nicht umgehen oder abschalten können.

Weiterhin geht es um die Deaktivierung unerwünschter bzw. nicht benötigter Funktionen: In den mobilen Endgeräten sollten zentral grundsätzlich nur die Funktionalitäten des Gerätes aktiviert werden, die zur erfolgreichen Abarbeitung der zugeordneten Geschäftsprozesse unbedingt erforderlich sind.

Kommunikationsschnittstellen wie WLAN, Bluetooth oder Infrarot sind im Grundzustand zu deaktivieren. Zur Datenübertragung dürfen diese Schnittstellen nur für die dazu benötigte Zeitspanne aktiviert werden.

Sofern unternehmenseigene Geräte zum Einsatz kommen, wird man für die Erfüllung aller solcher Anforderungen eine Musterkonfigurationen erstellen und mithilfe eines MDM-Systems in die mobilen Geräte übertragen.

Falls BYOD zum Einsatz kommt, ist besonders darauf zu achten, dass bei allen genutzten Gerätetypen Sicherheitsregeln für ihre Grundkonfiguration, für zentral administrierte mobile Applikationen, für die Erstellung von Inhouse-Apps, für die Authentifizierung und Autorisierung, die verschlüsselte Speicherung von Daten mit freigegebenen Kryptoverfahren und das OTA-Management der Zugriffsrechte aufgestellt und eingehalten werden.

Für beide Policies gilt: Die Funktionstüchtigkeit der Geräte, speziell der Sicherheitsmechanismen sowie deren Wirksamkeit, sollte nach einem vorher festgelegten Testplan überprüft werden.

Für die *Betriebsphase* sind in der stationären IT des Unternehmens spiegelbildlich Vorkehrungen zu treffen, um – soweit jeweils vorgesehen – eine Datensicherung (Backup und Restore), den Zugriff zu Unternehmensdaten und -anwendungen zu ermöglichen, eine Synchronisation von PIM-Daten zu realisieren usw. In diesem Zusammenhang sind auch die weiteren Managementaspekte der OTA-Verwaltung von Zugriffsrechten und das Patch-Management für die Betriebssysteme und Anwendungen zu realisieren.

R2.4 Ausgabe mobiler Geräte an die Nutzer

Der Überprozess ist – zumindest für unternehmenseigene Geräte – entsprechend zu planen: Werden die Geräte per Hauspost zugestellt oder sind sie persönlich abzuholen? Letzteres ist vorzuziehen, da einerseits Geräte »unterwegs« nicht verloren gehen können und andererseits der Empfang direkt quittiert werden kann; zudem ist ggf. eine nochmalige Einweisung in die Funktion und in die Sicherheitsmerkmale möglich.

Möglicherweise gibt es eine entsprechende Schulung, die auf die Nutzung der Geräte vorbereitet. Man könnte dann die Teilnahme zur Pflicht machen und spätestens vor der Übergabe eines Gerätes entsprechende Teilnehmerverzeichnisse überprüfen.

R2.5 Mitteilungen der Nutzer

Entsprechend der Richtlinie für *Nutzer* mobiler Geräte sind diese verpflichtet, besondere Vorkommnisse zentral zu melden: Verlust eines Gerätes, Sicherheitsvorfälle (Verdacht auf Kompromittierung von Schlüsseln, Nutzung des Geräts durch Dritte usw.) sowie technische Probleme bei der Nutzung des Geräts (Fehler, Funktionsprobleme, Inkompatibilitäten etc.).

Solche Meldungen sollten beim zentralen Ansprechpartner für mobiles Arbeiten landen und – soweit es technische Fragen betrifft – von diesem an die IT-Abteilung weitergeleitet werden. Gegebenenfalls kann hier ein entsprechendes Incident Management-System genutzt und ein »Ticket« eröffnet werden.

Besonders bei Meldungen über Geräteverlust und aufgetretene Sicherheitsvorfälle wird die zentrale Stelle vom Nutzer einen genauen Bericht verlangen, in dem der Vorfall dargestellt ist. Dies dient einerseits der Abschätzung möglicher Auswirkungen des konkreten Vorfalls auf die Unternehmenssicherheit, aber auch der zukünftigen Verbesserung von Sicherheitsmaßnahmen.

R2.6 Rücknahme mobiler Geräte

Irgendwann wird ein genutztes mobiles Gerät aus dem Verkehr gezogen, weil es entweder defekt oder technisch überholt ist, durch eine neue Architektur bzw. ein neues Produkt ersetzt werden soll oder schlicht der Genehmigungstatbestand für die Nutzung nicht mehr vorliegt.

Im Ergebnis wird ein solches Gerät entweder ausgemustert oder einem anderen Nutzer übergeben. Letzteres ist dann im Ablauf wie eine Neuausgabe zu behandeln (Ziffern R2.2 bis R2.4 dieser Aufzählung).

Beim Ausmustern ist besonderes darauf zu achten, dass lizenzierte Software deinstalliert und gelöscht wird, alle Sicherheitsmerkmale deaktiviert und Geheimnisse (Passwörter, Schlüssel) entfernt bzw. sicher gelöscht werden.

Ein anderer Grund für eine »Rücknahme« liegt dann vor, wenn z.B. Schlüssel in einem mobilen Gerät kompromittiert wurden. Hier muss ggf. schnell gehandelt werden, da die Gefahr besteht, dass nunmehr Unbefugte Zugriff auf Unternehmensdaten haben. In der stationären IT sind Zugriffe mit den kompromittierten Schlüsseln sofort zu deaktivieren. Anschließend sind neue Schlüssel zu erzeugen, zu aktivieren und in das betreffende mobile Gerät einzubringen.

Handelt es sich um kompromittierte Schlüssel, die in mehreren mobilen Geräten gespeichert sind, kann aus der Rücknahme eine größere »Rückrufaktion« werden.

R2.7 Durchführung von Audits/Kontrollen

Alle auf einem mobilen Endgerät befindlichen Daten können Gegenstand eines von der Unternehmensleitung angeordneten Audits sein. Die beim Audit erhobenen Daten umfassen die Autorisierung des Benutzers zur Datenspeicherung, Geräteinformationen, die Art der gespeicherten Daten und ihre Weitergabe.

In der Sicherheitsrichtlinie sollte deshalb festgehalten werden,

- welche Kontrollen bei Audits vorgesehen sind,
- zu welchem Zwecke bzw. bei welchem Anlass diese durchgeführt werden,
- wer die Kontrollen durchführt,
- wie die Kontrollen aufzuzeichnen sind,
- wem die Ergebnisse mitgeteilt werden,
- wie ein konkretes Audit abgeschlossen wird (z.B. mit dem Ergebnis »nichts Relevantes festgestellt«, »weitere Aktivitäten erforderlich«, »alle Vorgaben eingehalten« usw.).

Aufzeichnungen aus einzelnen Kontrollen oder umfangreichen Audits sind zu archivieren. Sind im Rahmen der Überprüfung Defizite festgestellt worden, ist die Erledigung der notwendigen Folgeaktivitäten zu überwachen. Letzteres sollte durch den zentralen Ansprechpartner für das mobile Arbeiten erfolgen.

Kontrollen dieser Art könnten als Leistungskontrolle angesehen und zumindest dazu genutzt werden. Aus einem anderen Blickwinkel entspricht ein solches Audit zudem der Überprüfung eines stationären Arbeitsplatzes bzw. des Arbeitsplatzinhabers. Damit läuft man direkt in bekannte Konfliktsituationen hinein, die sich nur durch klare regulative Vorgaben (Richtlinien) und durch Beteiligung der Personalvertretung (Personal-/Betriebsart) bei konkreten Kontrollen vermeiden lassen.

Bei dem besonders sensiblen Bereich der Kontrolle sollte darauf geachtet werden, dass diese im Einzelfall von der Unternehmensleitung angeordnet sind oder für regelmäßige Kontrollen eine entsprechende Weisung erteilt wurde.

Wir schließen diesen Abschnitt 8.1 mit einem Fazit ab:

Auch wenn in der Praxis mit Sicherheitsrichtlinien für mobile Endgeräte eher locker umgegangen wird (sofern sie überhaupt vorhanden sind), ist festzuhalten, dass ein sicherer und zuverlässiger, rechtlich abgesicherter Betrieb einer mobilen Infrastruktur nur bei Existenz solcher Richtlinien und ihrer Kontrolle möglich ist.

8.2 Intensivierung der Awareness

Zum Schluss wollen wir noch den Aspekt ansprechen, dass die zuvor beschriebenen Richtlinien erst dann eine gewisse Bedeutung erlangen werden, wenn sie

- offiziell (z.B. durch die Leitungsebene) in Kraft gesetzt worden sind,
- den Mitarbeitern kommuniziert wurden – einschließlich der Konsequenzen bei Nichtbeachtung,
- falls erforderlich Schulungen zum Verständnis der Richtlinien angeboten werden,
- die Wirksamkeit der Richtlinien in irgendeiner Form festgestellt oder gemessen wird.

Der erste Punkt ist ggf. über die Sicherheitsleitlinie des Unternehmens realisierbar, die ja von der Leitungsebene in Kraft gesetzt wird und auf das mobile Arbeiten und deren Regeln verweist. Wenn eine solche Leitlinie *nicht* existiert, muss die Sicherheitsrichtlinie für mobiles Arbeiten separat in Kraft gesetzt werden.

Der zweiten Anforderung, die Sicherheitsrichtlinie den betroffenen Mitarbeitern bekannt zu geben, kann man leicht entsprechen: Die Richtlinie wird klassisch per Hauspost in gedruckter Form, per E-Mail im Anhang oder durch Posten auf einer Intranet-Seite (und Mitteilung des Links) bekannt gemacht. Wir haben bereits Hinweise dazu gegeben, dass die Mitarbeiter vor der Nutzung mobiler Geräte die Einhaltung der entsprechenden Sicherheitsrichtlinie schriftlich zusichern müssen (besonders wichtig bei BYOD).

Zum letzten Aufzählungspunkt, der Überprüfung bzw. Messung der Wirksamkeit, haben wir bereits in Abschnitt 5.5 einige Informationen und Beispiele gegeben.

Es verbleibt somit das Problem, über die Inhalte der Sicherheitsrichtlinie und das sichere mobile Arbeiten generell Informationen zu vermitteln. Dazu könnte z.B. die IT-Abteilung des Unternehmens ein dokumentiertes *Awareness-Programm* entwickeln.

Woraus sollte ein solches Programm bestehen? Es hat sich bewährt, das Awareness-Thema auf drei Ebenen anzugehen.

Sensibilisierung

Hier geht es darum, die betroffenen Mitarbeiter mit der Problematik, speziell auch den Sicherheitsrisiken mobilen Arbeitens bekannt zu machen. Dazu können Informationsveranstaltungen durchgeführt oder Präsentationen webbasiert angeboten werden.

Wichtig ist: Die Sensibilisierung nimmt mit der Zeit ab. Sie muss deshalb regelmäßig (möglichst in jeweils anderer Form) wiederholt werden.

Schulung

Nach den Ausführungen zu den Sicherheitsrichtlinien dürfte klar sein, dass diese nicht gerade leicht zu verstehen sind, der Sinn mancher Vorgaben sich nicht direkt jedem Nutzer erschließen wird. Manches wird als überzogen oder nicht praktikabel angesehen werden.

Hier gilt es zunächst, die einzelnen Vorgaben darzustellen und ihren Sinn zu erläutern, sodann aber auch die konkrete Nutzung von Funktionalitäten und Sicherheitsfunktionen zu erklären.

Bei Letzterem sind praktische Demonstrationen sehr hilfreich – auch um die Berührungsängste mit dem Thema Sicherheit abzubauen.

Training

Sobald die funktionalen Möglichkeiten mobiler Geräte, aber auch die Anwendung ihrer Sicherheitsfunktionen eine gewisse Komplexität übersteigen, wird es notwendig, diese Verfahren und die Einhaltung von Regeln konkret zu üben.

Eine Frontalschulung reicht dann meist nicht mehr aus – was man in einer Vorführung gesehen und verstanden zu haben glaubt, wird etwas später bei eigenen Versuchen möglicherweise nicht mehr nachvollziehbar sein.

Um dem abzuhelfen, sind Trainingseinheiten zu planen, in deren Verlauf die Nutzer an Testgeräten üben und die vorgesehenen Abläufe durchspielen können. Möglicherweise werden hier auch zu lösende Aufgaben gestellt (und die Ergebnisse ausgewertet?).

Vergleichen Sie auch die Ausführungen in Abschnitt 5.4 zum Thema Notfallübungen, die ebenfalls in den Kontext dieses Trainings einbezogen werden können.

Fazit und Aufgabe: Erstellen Sie (als zuständiger Manager) Jahrespläne für das Thema Awareness. Planen Sie regelmäßige Aktivitäten zur Sensibilisierung, Schulung und zum Training von Nutzern mobiler Geräte.

A Quellen und Literatur

/BD2011/ Blazakis D.: The Apple Sandbox, Securityevaluators, 2011, *www.securityevaluators.com*

/BR2011/ Basso M., Redman P.: Critical Capabilities for Mobile Device Management, Research Note G00213877, 2011, *www.gartner.com*

/BSI100-4/ Notfallmanagement, Bundesamt für Sicherheit in der Informationstechnik, *www.bsi.de*, unter: IT-Grundschutz/IT-Grundschutz-Standards

/BSI2006/ COMCHECK und ALEX: Beschreibungen, Checkliste und Hilfen für Kommunikationsüberprüfungen und Alarmierungsübungen, Bundesamt für Sicherheit in der Informationstechnik, *www.bsi.de*, unter Themen/IT-Krisenmanagement/IT-Krisenreaktionszentrum/Übungen

/GFE2009/ Good for Enterprise™ – iPhone, Android and webOS:Architecture and Security Whitepaper, 2009, *www.good.com*

/GFE2009/ Good for Enterprise™ – Security Overview, 2009, *www.good.com*

/ISO 27001/ ISO/IEC 27001:2005 Information Technology – Security Techniques – Information Security Management Systems – Requirements, *www.iso.org* (Deutsche Fassung 2008, *www.beuth.de*)

/ISO 27002/ ISO/IEC 27002:2005 Information Technology – Security Techniques – Code of Practice for Information Security Management, *www.iso.org* (Deutsche Fassung 2008, *www.beuth.de*)

/ISO 27003/ ISO/IEC 27003:2010 Information Technology – Security Techniques – Information Security Management System Implementation Guidance, *www.iso.org*

/ISO 27004/ ISO/IEC 27004:2009 Information Technology – Security Techniques – Information Security Management – Measurement, *www.iso.org*

/IT 2011/ Info~Tech research group: Vendor Landscape: Mobile Device Management, 2011, *www.infotech.com*

/KK2012/ Kersten H., Klett G.: Der IT Security Manager: Aktuelles Praxiswissen, ISBN 978-3-8348-8287-5, 3. Auflage, Wiesbaden, 2012

/KRS2011/ Kersten H., Reuter J., Schröder K.W.: IT-Sicherheitsmanagement nach ISO 27001 und Grundschutz: Der Weg zur Zertifizierung, ISBN 978-3-8348-0178-4, 3. Auflage, Wiesbaden, 2011

/KSK2011/ Klett G., Schröder K.W., Kersten H.: IT-Notfallmanagement mit System: Notfälle bei der Informationsverarbeitung sicher beherrschen, ISBN 978-3-8348-1288-9, Wiesbaden, 2011

/PRG2011/ Research in Motion: Policy Reference Guide, Version 4.1, Service Pack 6, *http://docs.blackberry.com*

A

B Tabellen und Abbildungen

Tabellen

Abbildungen

B

B

C Verwendete Abkürzungen

AES	Advanced Encryption Standard (Kryptoalgorithmus)
AOSP	Android Open Source Project
API	Application Programming Interface
APK	Application Package File
APN	Access Point Name
APNS	Apple Push Notification Server
AV-	Antiviren-
BCM	Business Continuity Management
BDSG	Bundesdatenschutzgesetz
BES	BlackBerry Enterprise Server
BIA	Business Impact Analysis
BSC	Base Station Controller
BSD	Berkeley Software Distribution
BSI	Bundesamt für Sicherheit in der Informationstechnik
BTS	Base Transceiver Station
BYOD	Bring Your Own Device
CA	Certificate Authority
CIO	Chief Information Officer
CERT	Computer Emergency Response Team
DVD	Digital Versatile Disc
EAS	Exchange ActiveSync
EDGE	Enhanced Data Rates for GSM Evolution

ERP	Enterprise Resource Planning
FDA	Food and Drug Administration (USA)
FIPS	Federal Information Processing Standard
FOTA	Firmware Updates Over-The-Air
FQDN	Fully Qualified Domain Name
GMP	Good Manufacturing Practices
GoBS	Grundsätze ordnungsmäßiger DV-gestützter Buchführungssysteme
GPRS	General Packet Radio Service
GPS	Global Positioning System
GSM	Global System for Communications
HR	Human Resources
HSDPA	High Speed Downlink Packet Access
HTML	Hypertext Markup Language
IEEE	Institute of Electrical and Electronics Engineers
IMAP	Internet Message Access Protocol
IMSI	International Mobile Subscriber Identity
IP	Internet Protocol
ISMS	Information Security Management System
ISO	International Standards Organization
IT	Informationstechnik, informationstechnisch ...
JTAG	Joint Access Test Group
KMU	Kleine und mittlere Unternehmen
KontraG	Gesetz zur Kontrolle und Transparenz im Unternehmensbereich
LAN	Local Area Network
LDAP	Lightweight Directory Access Protocol

C

LTE	Long Term Evolution
MAC	Media Access Control
MDM	Mobile Device Management
MMS	Multimedia Messaging Service
MSC	Mobile Switching Center
mTAN	Mobile TAN
MTPD	Maximum Tolerable Period of Disruption
NDK	Native Development Kit
NFC	Near Field Communication
NOC	Network Operation Center
OMA	Open Mobile Alliance
OS	Operating System
OTA	Over the Air
PAN	Personal Area Network
PC	Personal Computer
PDA	Personal Digital Assistant
PIM	Personal Information Manager
PIN	Personal Identification Number
PKI	Public Key Infrastructure
POP	Post Office Protocol
POSIX	Portable Operating System Interface
QR-Code	Quick Response Code
RAM	Random Access Memory
RFID	Radio-Frequency Identification
ROM	Read-Only-Memory
RSA	Rivest-Shamir-Adleman (Kryptoalgorithmus)

S/MIME	Secure/Multipurpose Internet Mail Extensions
SCEP	Simple Certificate Enrollment Protocol
SCOTA	Software Components Over the Air
SD	Single Density
SDK	Software Development Kit
SHA	Secure Hash Algorithm
SIM	Subscriber Identity Module
SLA	Service Level Agreements
SMS	Short Message Service
SSID	Service Set Identifier
SSL	Secure Socket Layer
TKG	Telekommunikationsgesetz
TLS	Transport Layer Security
UMTS	Universal Mobile Telecommunications System
URL	Uniform Resource Locator
USB	Universal Serial Bus
VPN	Virtual Private Network
WAP	Wireless Application Protocol
WEP	Wired Equivalent Privacy
WLAN	Wireless LAN
WP	Windows Phone
WPA	Wi-Fi Protected Access
XML	Extensible Markup Language
ZitMo	ZeuS-in-the-Mobile

Index